世界兵学双璧

《孙子兵法》与《战争论》比较

薛国安 著

新时代出版社

图书在版编目（CIP）数据

世界兵学双璧:《孙子兵法》与《战争论》比较 /
薛国安著. -- 修订本. 北京 : 新时代出版社, 2025. 6.
-- ISBN 978-7-5042-2664-8

Ⅰ. E892.25；E0

中国国家版本馆CIP数据核字第202569XG79号

※

新时代出版社 出版发行

（北京市海淀区紫竹院南路 23 号　邮政编码 100048）
雅迪云印（天津）科技有限公司印刷
新华书店经售

*

开本 710×1000　1/16　印张 25　字数 273 千字
2025 年 6 月第 1 版第 1 次印刷　定价 78.00 元

（本书如有印装错误，我社负责调换）

国防书店：（010）88540777　　书店传真：（010）88540776
发行业务：（010）88540717　　发行传真：（010）88540762

目 录

前言 //1

第一篇 东方兵学圣人孙武及其经典兵书 //001

 第一章 东方千古兵圣奇人奇书 //002
  一、《孙子兵法》的作者之谜 //002
  二、孙武年少著就奇书之谜 //005
  三、《孙子兵法》的神奇之处 //011

 第二章 先计后战的庙算制胜论 //015
  一、战略运筹的出发点 //016
  二、战略运筹的关键要素 //021
  三、战略运筹的基本方法 //025

 第三章 谋形造势的实力制胜论 //029
  一、实力与态势的辩证关系 //029
  二、提升实力与营造态势的方法 //031
  三、实力与态势结合的最佳状态 //036

 第四章 全胜为上的综合制胜论 //039
  一、全胜思想的核心要义 //039
  二、全与破的辩证关系 //045

三、全破论的当代价值 //048

第五章　攻虚击弱的虚实制胜论 //050

　　一、虚实的多种表现形态 //050

　　二、巧施谋略，转化虚实 //052

　　三、攻虚击弱的若干方法 //055

第六章　变化常规的奇正制胜论 //060

　　一、奇正概念的基本涵义 //060

　　二、奇正变化，全力制胜 //062

　　三、出奇制胜思想的延伸 //065

第七章　变易主客的攻守制胜论 //067

　　一、为客之道贵在速战速决 //067

　　二、为主之道重在分合之变 //072

　　三、变易主客，攻守兼用 //074

第八章　活用天地的三才制胜论 //076

　　一、天地人"三才"联合制胜 //076

　　二、知天知地，得之便利 //078

　　三、天时地利，因其所宜 //080

第九章　因粮于敌的粮草制胜论 //087

　　一、振聋发聩的"三亡论" //087

　　二、"取用于国"，夯实后勤保障的基础 //090

　　三、"因粮于敌"，战时粮草补充的良方 //091

第十章　文武相济的管理制胜论 //097

　　一、以情带兵，爱之有度 //098

　　二、兵非多益，贵在于练 //101

三、文令武齐，严于治军 //104

第十一章　五德兼备的人才制胜论 //109

一、车辅相依，君将同心 //109

二、五德兼备，为将根本 //112

三、静幽正治，将军之要 //116

第二篇　西方军事巨匠克氏及其经典著作 //119

第十二章　西方兵圣克劳塞维茨其人其书 //121

一、少年从军，幸遇恩师 //121

二、亲王副官，战败被俘 //127

三、投身改革，屡遭重挫 //133

四、曲线救国，大败法军 //137

五、擢升将军，潜心著书 //145

六、染病沙场，遗留巨著 //148

第十三章　史论结合的军事方法论 //150

一、熔炼"纯金属小颗粒"，不务虚言 //150

二、由简入繁，从局部到整体 //152

三、研究活理论而非死规定 //154

四、大量解剖战例，以史为鉴 //157

第十四章　三位一体的战争本质论 //159

一、战争是一种征服敌人的暴力行为 //159

二、战争是一种富于变化的精神活动 //161

三、战争是一种从属政治的有限暴力 //164

第十五章　注重战斗的战略制胜论 //168
　　一、战略是运用战斗的学问，必须到战场上去 //168
　　二、战略五要素，精神居首位 //170
　　三、军队武德是最重要的精神力量之一 //173

第十六章　尽歼敌军的主力会战论 //176
　　一、战斗是实现战争目的的唯一手段 //176
　　二、消灭敌人军队是战争中的长子 //179
　　三、主力会战是战争的真正重心 //180

第十七章　以攻为守的积极防御论 //184
　　一、防御是比进攻强的一种作战形式 //184
　　二、防御是由巧妙的打击组成的盾牌 //187

第十八章　借助民力的民众战争论 //192
　　一、民众武装是巨大的战略防御力量 //192
　　二、民众武装的任务及使用原则 //195

第十九章　以力制胜的战略进攻论 //200
　　一、把尽量多的军队投入战场 //200
　　二、在决定性地点上造成相对的优势 //202
　　三、应该永远打击敌人的重心 //204
　　四、不能超越进攻的顶点 //206

第二十章　基于政治的有限目标论 //210
　　一、绝对战争与现实战争的区别 //210
　　二、根据政治目的确定战争目标 //213

第二十一章　重视智力的军事天才论 //218
　　一、军事天才是各种精神力量铸就的"合金" //218

二、卓越的军事统帅必须是杰出的政治家 //222

　　三、军事统帅必须善于思考大问题 //224

第三篇　东西方"兵经"思想精要的异同 //229

第二十二章　源远流长的思想文化基础 //231

　　一、兵农合一文化孕育的战争智慧 //231

　　二、千年战争传统铸就的思想基石 //234

　　三、东西方军事文化传统的异同 //239

第二十三章　风格迥然的理性思维方法 //244

　　一、博采众家之长的兵家思维方法 //244

　　二、兼取大师精髓的哲学思维方法 //256

　　三、东西方军事巨匠的思维差异 //259

第二十四章　各有千秋的兵书著述方式 //263

　　一、舍事言理与史论结合 //263

　　二、建造兵学大厦与熔炼金属小颗粒 //266

　　三、辞如珠玉的语言与严谨论证式表达 //268

第二十五章　崇尚谋略与崇尚暴力的战争观 //272

　　一、对于战争本质的认识差异 //273

　　二、对于战争特性的认识差异 //275

第二十六章　谋求全胜与力求战胜的战略思想 //279

　　一、争取胜利与消灭敌人的战略目的差异 //279

　　二、以人为主与侧重物质的战略要素差异 //283

　　三、非利不动与政治至上的战略决策差异 //284

第二十七章 因形而变与讲究规则的作战思想 //288

一、避实击虚与打击重心的作战目标论 //288

二、量敌用兵与数量优势的兵力运用论 //290

三、因敌制胜与严守计划的战场指挥论 //291

四、尽知敌情与敢于赌博的战场侦察论 //292

五、四治之法与克服阻力的战场控制论 //293

六、兵以诈立与不以诈伪的诡道之术论 //295

七、偏重进攻与偏重防守的攻守兼备论 //298

第二十八章 五德俱备与铸造"合金"的为将理论 //301

一、对于将帅智力的要求 //301

二、对于将帅勇气的要求 //304

三、对于将帅心理素质的要求 //306

四、对于将帅政治素质的要求 //307

五、对于将帅治军艺术的要求 //309

第二十九章 文武兼重与崇尚武德的治军思想 //312

一、激励诸列之勇与培养军人武德——思想治军的异同 //313

二、活用四治之法与发挥精神力量——精神治军的异同 //317

三、注重文武兼施与培养方法主义——法规治军的异同 //320

第三十章 东西方"兵经"的思想局限性 //325

一、《孙子兵法》的思想局限性 //325

二、《战争论》的思想局限性 //328

三、辩证认识东西方"兵经"的思想局限性 //330

第三十一章　流传久远的不朽"兵经" //331

　　一、中国历史上的兵学瑰宝 //331

　　二、西方世界的军事"圣经" //341

第三十二章　信息时代的制胜圭臬 //358

　　一、走进现代军事决策的殿堂 //358

　　二、影响 21 世纪的战争智慧 //368

第三十三章　如何学习和借鉴东西方"兵经"的精髓 //373

　　一、学习辩证思维方法，创新发展军事理论 //373

　　二、掌握基本战争观念，探索战争特点规律 //374

　　三、运用谋略思维方法，研究战争战略战术 //375

附录　中外名家论《孙子兵法》《战争论》异同 //379

后记 //387

前　言

《孙子兵法》和《战争论》是世界公认的优秀军事著作，备受世人瞩目，前者享有"东方兵学瑰宝"之盛誉，后者素有"西方兵学圣经"之美称。《孙子兵法》和《战争论》，一个产生于公元前6世纪左右，一个问世于公元19世纪初，虽然彼此相差2000多年，但分别代表了东西方古代、近代军事文化的最高成就，都在人类漫长的战争历程中发挥了重要的思想指导作用。在当代世界军事领域中，《孙子兵法》和《战争论》仍然熠熠发光，被东西方军事家奉为圭臬，堪称世界军事领域的"双璧"。

近年来，学术界分别介绍《孙子兵法》《战争论》的书不少，有力地推动了我们对世界传统经典军事著作的研究。然而，将二者综合起来进行比较研究的作品尚不多见。事实上，当代军事实践中，《孙子兵法》和《战争论》确实如"双璧"一般，其智慧的光芒从不同的角度启迪着人们的思想。因此，我们有必要将二者结合起来研究，以便在比较研究过程中进一步发掘其思想精华，把握其思维特点。

有人认为，《孙子兵法》与《战争论》相差的时间过于久远，而且是两种完全不同战争形态的产物，前者反映的是冷兵器时代初期的战争规律，后者反映的是热兵器时代成熟时期的战争规律，二者没有什么可比性。诚然，孙子和克劳塞维茨所处的时代条件和文化背景确实差异很大，但是文化的发展是渐进的，尤其是底层逻辑的思维，基本规律性的东西具有相对的稳定性，虽越千年，"乡味"犹浓。更为重要的是，这两部军事著作分别代表了东西方军事思想的高峰，都是举世公认的战略学专著，并且在当代军事斗争中共同放射着智慧的光芒，从不同的方面为人们提供着参考和借鉴。通过对二者进行比较分析，无疑有益于我们了解东西方军事思维的特点，掌握东西方有关战争、战略、作战、治军等方面的传统理论精华，从而使我们在军事理论创新过程中做到知彼知己，博采众家之长。

不可否认的是，将时间上相距2000年之久，而且文化背景相差极大的两部军事经典放在一起进行比较研究，难度确实相当大。或许是因为这个原因，至今鲜有人涉足此领域。笔者不揣冒昧，三十多年前就抖胆确立这一选题，撰写出《世界兵学双璧——孙子兵法与战争论比较研究》。自出版迄今，学术界和广大读者评价尚可，甚至有不少年轻人读着这本书走上了研究军事的道路。三十多年之后的今天，新时代出版社独具慧眼，从万千选题中青睐此书，建议笔者在新的历史条件下结合当前新时代变化重新撰写。

写作是一门遗憾的艺术，得失寸心知。随着学识的增长和研究的深入，笔者深感此课题尚有很大的研究空间，值得再下一番功夫。于是，笔者重新展开研究和撰写，力求全面比较研究二者在军事上的奇思妙想，为繁荣我军当代军事理论提供些许参考和借鉴。基于这一目的，本书拟分三篇论述。第一篇着重分析东方兵圣孙武及其《孙子兵法》中的经典谋略思想；第二篇着重分析西方军事巨匠克氏及其《战争论》中仍然具有生命力的军事思想观点；第三篇则在综合分析东西方军事文化差异的基础上，从思维方法、研究方法、战略战术、为将之道、治军思想、历史作用、现实意义等方面全面比较二者的异同，以期充分展现"东西方兵学圣典"的宝贵价值。

第一篇 东方兵学圣人孙武及其经典兵书

第一章　东方千古兵圣奇人奇书

《孙子兵法》流传2500多年而不败，人们称它为"兵家宝典""智慧宝库"，甚至在当今时代，《孙子兵法》在世界上广受热捧，堪称"千古奇书"。那么，这是一本什么样的神奇兵书？它承载着怎样的东方战争智慧？它的作者究竟是谁？让我们开启《孙子兵法》的智慧之门，一起探寻这些问题的答案。

一、《孙子兵法》的作者之谜

对于当代读者而言，《孙子兵法》的作者已是广为人知的事实，他便是春秋末期吴国的将领孙武。可是，几十年前《孙子兵法》的作者究竟是谁的问题却是人们争论千年之久的谜案。究其原因，在于春秋战国时期，中国曾涌现出两位声名显赫的军事家，他们皆被尊称为"孙子"。一位是活跃于春秋末年的吴国将领孙武，另一位则是战国中期齐国的军事家孙膑。二人虽同享"孙子"之名，却生活在截然不同的时空——相隔约160年，且分别效力于吴、齐两国。据《汉书·艺文志》等史书记载，当时曾有两部以"孙"姓人士所著的兵书流传于世，一部名为《孙子兵法》，另一部名为《孙膑兵法》。韩非子亦曾言："境内皆言兵，藏孙、吴之书者家有之。"由此可推断，至少在秦朝统一之前，《孙子兵法》与《孙膑兵法》便已并驾齐驱，成为当时社会上层竞相珍藏的军事秘籍。

然而，秦汉战争连年，社会动荡不安，大批文化典籍散失殆尽。东汉以后，《孙膑兵法》不见踪影，再无史册记载，只有《孙子兵法》流传于世。这样一来，人们虽然知道有两位大军事家都叫"孙子"，却只见能到一部"孙"姓兵书，这便引发了关于《孙子兵法》作者身份的激烈争论。归纳起来，主要有以下三种观点：其一，主流意见认为，鉴于司马迁在《史记》中明确记载孙武以兵法十三篇献于吴王阖闾，故《孙子兵法》的作者当属孙武无疑，而孙膑则另有其兵书，即《孙膑兵法》；其二，部分学者依据《左传》中未载孙武之名，断言历史上并无孙武此人，孙武与孙膑实为同一人，武为其名，膑为其绰号，因此《孙膑兵法》与《孙子兵法》实为同一部兵书；其三，还有一种折中观点认为，《孙子兵法》最初由孙武撰写，最终完成于孙膑。

千百年来，人们围绕这一问题长期争论不休，公说公有理，婆说婆有理，可又谁都说服不了谁，一直僵持着、争论着。直到1972年，这个千年疑问才一下子迎刃而解了。

1972年4月10日，在山东临沂银雀山的一个基建工地上挖掘出了一座汉武帝时期的古墓，出土了大量竹简。当时，卫生局想修建一个地下室，在挖掘的时候发现了一个古墓，逐渐挖开之后，发现了一个大棺材。古代棺材一般是外层为椁，里层为棺。按照国家文物挖掘规定，凡是发现古墓都要报告当地文物管理部门。施工单位将此事报告了山东省文物管理单位，很快，有关专家便赶到了现场，要求保护棺椁，不要破坏。但是为了看看里面究竟有些什么宝贝，他们在椁板上凿了一个洞，然后伸手进去摸，里面全是泥水，费了很大的劲才摸出来一些漆器和陶器。同时，还带出来一些沾满稀泥的细长条状的东西，有的人以为是草，随意甩在一边。这时，有位叫吴九龙的专家注意到这些看上去像草的东西，长短都差不多，两边都很整齐，很像是竹片子。他拿起来细看，居然隐约看到用黑墨写的"吴王问"等字样，吴先生十分兴奋，立刻断定，这不是草，是竹简！

竹简自东汉时期蔡伦发明纸张之后逐渐用得越来越少，大概从魏晋开始，竹简在人们生活中消失。现在一下子发现了一大批，共有七千多枚，自然是一个震惊世界的大发现。更让人兴奋的是，这一发现居然一下子解开了一个人们争论了千年的疑问，那就是《孙子兵法》这部兵书的作者究竟是谁。

考古人员经过种种去污处理很快就辨认了大多数竹简的文字，发现竹简上撰写的内容大多是兵法战策，其中大量竹简上清楚地写有《孙子兵法》和《孙膑兵法》，并且一部分竹简上记载了春秋末期孙武与吴王阖闾的对话内容，另一部分竹简上记载了战国中期孙膑与齐威王的对话内容。事实胜于雄辩。两部兵书同时出土，证实了历史上孙武、孙膑确实各有其人，并且各有兵书传世，孙武是《孙子兵法》的作者，而孙膑则是《孙膑兵法》的作者。而且，孙膑是孙武的后代，大概是孙武的第六代子孙。至此，持续千年的争论终于尘埃落定。

银雀山竹简考证结果公之于世后，立刻在国际上一石激起千层浪。日本、美国等国家的汉学家，以及中国香港、台湾地区的考古学家、历史学家纷纷发表文章评论这件大事。消息很快传到毛泽东主席那里。毛泽东在湖南第一师范学校学习时就读过《孙子兵法》，而且还抄录了《谋攻篇》全文及其他经典名言，他在延安时期又专门研读过这本兵书，在《论持久战》《中国革命战争战略问题》等著名篇章中多次直接引用了孙子的经典名言。现在得知出土了西汉时期的竹简《孙子兵法》，毛泽东便要一睹为快。考古专家、历史学家、语言学家们立刻加班加点地解读、编辑、印刷，1974年初编出大字本的竹简《孙子兵法》呈送给毛泽东阅读。81岁高龄，视力和身体状况已经很不好的情况下，毛泽东还要亲眼看一看最新发现的《孙子兵法》，足见他老人家对这部兵书的关注和偏爱。

二、孙武年少著就奇书之谜

据《史记·孙子吴起列传》记载，孙子曾经带着自己撰写的兵法十三篇到吴王阖闾的宫殿觐见吴王，这件事情发生在公元前512年。当时孙子究竟多大岁数呢？史书上没有关于孙子出生年月的记载，后世学者只能根据相关事件的时间记载来推断，一些学者认为当时的孙子在25岁左右，另有一些学者认为是35岁左右。说起来确实不太好理解，二三十岁的年轻人，没有打过仗，即使在文化高度发达的今天，别说二十几岁，就是三四十岁的人，或者说有过战争经历的人，也未必能写出《孙子兵法》这样深刻的兵书来。那么，二三十岁的孙子，没有打仗的经验，怎么就能够写出蕴含如此丰富谋略的兵书呢？

虽然有关孙子生平事迹的记录很少，但是从《史记》《国语》等史册的相关记载来看，孙子并不是什么先知先觉的仙人，生下来就会写兵书，其实他的兵书并不是一瞬间完成的，而是经历了一个比较漫长的孕育和形成的过程。总体上来说，《孙子兵法》是植根于中华文化的土壤之上，孕育于春秋争霸的时代氛围之中，形成于齐国兵学文化的熏陶之下，定型于吴国与越国两国的征战之际。

之所以说《孙子兵法》深受齐国兵学文化的熏陶，主要有两个方面的原因。

一是因为春秋时期齐国兵学兴盛，兵家辈出。孙子最初是齐国人。春秋时期的齐国是一个兵学大国，尽管战乱频繁，但是文化发达，特别是军事文化发育很早，有很多著名的军事家，也有一系列著名的军事著作。齐国的始祖姜太公，就是中国历史上精通兵法的第一人，被人们称为兵家始祖。商朝末年，他曾用谋略帮助周武王打败商纣王，所运用的那些谋略思想被后人汇集成兵书，那就是著名的《太公兵法》。春秋初期的齐桓公和管仲，君臣二人都擅长谋略，运用一系列奇谋妙计，"九合诸侯，一匡天下"，齐桓公成为春秋时期第一位天下霸主。到了春秋末期又出现了一位著名的军事家，那就是以精通兵法、执法如山闻名的将军司马穰苴，《司马法》也与他有关，是兵家战将必读的教科书。孙子就生活在这样一个军事文化大国之中，深受兵家思想的影响。同时，孙子也天天生活在战乱环境之中。据《春秋》《左传》记载及现代学者统计，春秋时期242年间可考的各种战争发生480多次，平均每年两次。这使得孙子对战争有着切身的体会和直观的认识。

二是因为孙子生活在军事世家，深受先辈的影响。孙子不仅生长在一个军事大国，而且出生于一个军事世家。他的曾祖父、祖父都是善于带兵打仗的将领。其实，孙子的家族最初不姓孙，而姓陈，是西周时期陈国的后代。公元前672年，陈国发生宫廷内乱，陈厉公之子陈完为躲避迫害逃到齐国，因其贵族身份和出色的才能，受到齐桓公的接纳和任用。一说，齐桓公任命其为工正，并封他于"田"地，遂以采地为氏，称为田姓。另一说，由于齐国人语言习惯中陈、田发音接近，所以陈完到了齐国以后，便改为田氏，名为田完。田完为人谦逊有礼，一向很有贤名，颇受齐桓公赏识，逐渐在齐国上层社会打开局面，为田氏家族后世子孙的发展奠定了良好的基础。

公元前523年，孙子的爷爷田书奉命攻打齐国的附庸小国——莒。当时莒国国君叫莒共公，他躲在坚固的城池中顽抗。田书事先已派了一些人潜入城中作为内应。攻城之时，内应在城上放下绳梯，田书让士兵迅速攀绳梯登城，登上去60多人时，绳梯断了，难以继续攻城。这时，田书指挥城上、城下的士兵一起击鼓呐喊，虚张声势，莒共公竟然被这种声势给吓坏了，连忙打开西面的城门仓皇逃跑。田书顺利地拿下了纪鄣城，降服了莒国。齐景公非常高兴，赏给田书大量钱财，同时还给他一个特殊荣誉，那就是赐给他一个新的姓氏——孙。赐予新的姓氏，意味着可以另立门户，成为一个新姓氏的掌门人，后世姓孙的人都要尊其为始祖，这是很高的荣誉。从此，孙子的爷爷就由田书改姓为孙书。

孙子父亲孙凭也曾高居卿位。这样的高级干部家庭自然对孙子寄予了厚望，望子成龙。所以，当孙子出生之际，父亲给他取了一个响亮的名——"武"，并以"长卿"为其字，希望他一生尚武，继承祖辈的事业，在军事上建功立业，能在齐国取得高贵的军事和政治地位。

生长在这样一个军事世家之中，孙子从小耳濡目染战争之事，熟悉军营生活，甚至可能亲耳聆听祖父谈论排兵布阵、运筹帷幄的战术故事。更重要的是，在这样的家庭中他还能够直接接触到各种兵书。有的人说《孙子兵法》是历史上最早的一本兵书，这种说法不准确，只能说它是现存的，今天人们所能看到的最早的一本兵书。其实，在孙子写兵书之前，当时的社会上已经有几本兵书，如《军志》《军政》《令典》等。当然，这些兵书还很简单，没有系统的理论，只是用语录体形式记载了带兵打仗的一些法令法规。在今天的环境中，兵书多如牛毛，遍地都是，已经完全大众化了。然而，在孙子那个年代，兵书通常是藏于密室之中的，叫秘籍，只有国君和高级将帅才有资格阅读，一般人是接触不到的，偷看兵书是要杀头的。孙子则有条件看到各种兵书。

把这两方面原因综合起来看，一方面孙子置身于一个兵家云集、战乱频繁的战争环境之中，深受其军事文化和战争智慧的影响；另一方面，孙子生活于军事世家之中，既从祖辈身上潜移默化地获得了一些有关战争的感性认识，又有条件直接研究前人兵书，这就为他兵法思想的产生提供了得天独厚的条件，同时为他以后撰写兵书提供了丰富的素材。应当说，《孙子兵法》的字字句句并不完全都是孙子独创的，其中也借用了一些前人的观点和语句，比如"兵法曰""《军政》曰"这些字眼后面的话都直接取自于前人的兵书。这些情况说明，孙子确实曾经饱读兵书。

既然《孙子兵法》的思想形成于齐国兵学文化氛围之中，或者说十月怀胎于齐国，但为什么没有在齐国一朝分娩，而是最终定型于吴越争霸战争之中？这也有两个方面的重要原因。

一是孙子的命运曾经发生了一个重大的转折。孙子出生在显赫的军事世家之中，有父辈的呵护、关照，而且生长于齐国这样一个当时最发达、最强盛的大国之中，按照常理来说，他应当在齐国顺利发展，大显身手。然而，他一生最光彩、最有作为的时间并不是在齐国，而是在远离家乡的吴国。他在齐国好端端的为什么偏偏要跑到偏僻的吴国去？

最直接的原因是，齐景公执政时，齐国陷入了四姓之乱的恶劣局面。齐国虽然表面上强盛，但长期存在着卿大夫集团之间激烈的权势之争，到齐景公执政时越演越烈。四大家族，即鲍、陈、栾、高四姓集团为了争夺土地、赋税、人口和财富，彼此激烈争斗，相互兼并，搞得齐国战乱频繁，动荡不安。虽然孙氏家族最初是由陈姓家族分支出来的，与陈姓有着千丝万缕的联系，在这场兼并斗争中理应站在陈氏一边。但是自孙子的祖父另起门户之后，与陈氏逐渐疏远，作为一个小的姓氏，处于四姓争斗的夹缝之中，很容易成为牺牲品。这时的孙子已经长大成人，大概20岁，早已有了自己的独立分析能力。孙子虽然少有壮志，希望治国平天下，但面对齐国卿大夫相互斗争、战乱不已的状况，他非常失望，认为没人能够收拾齐国这个烂摊子，已经不可救药了。因而，他面临着人生道路上第一个重大选择。那就是继续在齐国做卿大夫斗争的殉葬品，还是投奔其他能够施展理想抱负的地方？

经过一番深思熟虑，孙子决定离开齐国，远走他乡。他环视天下，西面的晋国和西北面的燕国，与齐国时战时和，时而是朋友，时而是敌人，而且也长期处于战乱之中，国力每况愈下，不是施展理想和抱负的地方。南面的吴国，虽然比中原地区落后贫穷，但已经开始出现新兴气象。孙子以他特有的远见卓识，认定吴国是自己应该去的地方。于是，大约在公元前517年，20岁的孙子离开齐国，长途跋涉来到吴国。也有一种说法，认为孙子大约30来岁才离开齐国。他在齐国时已经结婚生子，他的岳父是齐国的史官，相当于当时的文史馆馆长，这使得孙子有条件阅读大量史书和兵书。他30多岁投奔吴国之后还曾经一度在吴王军队里当了一年多的士兵，然后才写出《孙子兵法》。这样算来，他写成《孙子兵法》的时候应当在35岁左右。这种说法似乎更容易被人们所接受，但仅仅是一种推测，没有确切的史料记载，很难考证。所以，姑且存之。目前，学者大多持第一种观点。但是，不管多大岁数，有一点是肯定的，那就是孙子勇敢地迈出了人生的第一步，离开了生他养他的故乡，来到陌生的吴国开创事业。

吴国人口众多，为什么只有孙子能够写出这本千古奇书？这就涉及第二个原因，那就是孙子在吴国度过了5年隐居著书的生活。

孙子到了吴国之后，并不是急于走门子、托关系，以求得一官半职。而是先在吴国首都姑苏城（今苏州）外的罗浮山下隐居起来。

隐居在罗浮山下的原因大致有两个。一个原因，孙子知道，有实力才会有机会，有作为才能有地位，靠家族地位不是本事，也难以长久。要想在吴国找到用武之地，实现一统天下的远大抱负，必须有超乎众人的本事。其实，这也是他兵法思想中的一条重要原则。他在《形篇》中写过一句经典名言："昔之善战者，先为不可胜，以待敌之可胜。不可胜在己，可胜在敌。"也就是说，古往今来，凡是善于指挥打仗的人，总是首先想办法使自己处于不可被战胜的地位，以等待敌人出现可以被我战胜的机会。至于能不能使自己处于不可被战胜的地位，主要靠自己的主观努力，而敌人是否出现可以被我战胜的机会又主要在于敌人是否做出错误的分析判断和错误的决策行动。这就是俗话说的"打铁必须自身硬"，干大事先得有杰出的才能和本钱。正是基于这种思想，他决定先隐居起来，潜心研究兵法，撰写兵书，提高自己的谋略能力，积累非一般人所能具有的特殊资本。

另一个原因，罗浮山距离吴国首都姑苏城不远，隐居在这里可谓一举三得。一是可以躲开闹市潜心研究，"兵者，国之大事，死生之地，存亡之道，不可不察也"。"察"就是研究，不是一般性地研究，而是要平心静气地深入研究。偏僻的郊区正是静心研究兵法的好地方。二是可以随时了解吴国情况，观察天下大势。孙子虽然是齐国人，但《孙子兵法》中没有直接提到过齐国的任何情况，却两次直接提到了吴国和越国的纷争。比如，孙子认为关键时候也可以化敌为友，吴越两国虽然是仇敌，但是如果同坐一条船过河，遇到大风时也可能互相救援。这些文字说明，孙子撰写兵书时已经身处吴国境内，密切关注吴国动向，考虑为吴王出谋划策。三是便于结交朋友，这期间孙子结识了伍子胥等人，为日后进入政治舞台打下了基础。

孙子就在这样的环境中一直隐居了5年，过着自耕自种，深居简出的生活。在这5年中，孙子系统整理曾经在齐国读过的兵书，博采众家之长，一字一句地将自己的兵法思想写在竹简上，然后将竹简一枚一枚地连缀起来，形成了独具特色的兵法十三篇。可以说，孙子之所以能够写出一本旷世奇书，与他在姑苏城外隐居5年，刻苦研究兵法有着密切的关系。显然，如果没有这5年的刻苦钻研，就不可能有流传千古的《孙子兵法》，也不可能有古今仰慕的伟大军事家——孙子。

三、《孙子兵法》的神奇之处

《孙子兵法》问世之后，随着时间的推移越传越广，被人们誉为千古奇书。那么，它究竟奇在何处？一般来说，人们普遍对它三个方面的特点称奇叫绝。或者说，它有三个不可思议之处。

第一个不可思议，是全书只有六千字左右，却涵盖了战争主要阶段、主要方面、主要问题的基本规律和谋略思路。六千多字，在如今的博士论文或学术专著中，很可能还只是一个序言，还没有开始进入正题，孙子却已经写成了一部战略学的百科全书。真是不可思议。

第二个不可思议，是《孙子兵法》几乎每一句话都简单明了地揭示了一条战争哲理或者谋略思路，而且道前人之所未道，言前人之所未言，堪称奇思妙想。比如，战争规律是战而胜敌，孙子却提出"不战而屈人之兵"。当人们以为，"不战"便是避免使用一切形式的战争手段时，他又言简意赅地阐明，所谓"不战"并非完全放弃刀戈，而是要综合使用"上兵伐谋，其次伐交，其次伐兵，其下攻城"四种办法。十六个字，多一字不可，少一字不行，非常简练地提出了四种途径，四种办法。诸如此类的奇思妙想，《孙子兵法》中比比皆是。所以，有人赞叹说：《孙子兵法》是"一句一理，字字珠玑"。

第三个不可思议，是2500多年过去了，《孙子兵法》这个"老古董"不仅没有随着时间的流逝而过时，反而越来越时兴，被当代一些发达国家的军事家、政治家、外交家、企业家，甚至教练员用于战场、商场、赛场、职场，形成了世界范围的"孙子兵法热"的现象。何来如此长久而旺盛的生命力？这似乎也不可思议。

深入研究《孙子兵法》便不难发现，这些神奇现象绝非"吹"出来的，而是源自孙子超凡脱俗的思维方式，以及别具一格的书写方式。

孙子的兵书是写在竹片上的，称竹简。竹简通常有三种尺寸。短的8寸，中等的1.2尺，长的3尺。中短竹简通常用来写子书，诸子百家的书。长的用于写律书，有关法律、规定等。银雀山汉墓出土的竹简《孙子兵法》是用1.2尺简写的，不到一厘米宽，薄一至两毫米。每枚竹简大约写30个字，有的稍多一点，有的稍少一点。如果用竹简来写今天的博士论文，恐怕一篇博士论文的竹简就可以堆起一座小山了。显然，这种书写方式不允许一篇文章或一本书写得太长，而要字字斟酌，惜墨如金。

正是由于这种客观要求，春秋时期的哲学家、思想家们思考研究问题通常采用渐悟和顿悟的方法，平时对日常生活中的大量事实在头脑中进行分析和思考，越琢磨越深入，越深入越明白，忽然间领悟了其中的道理，然后把它写出来。往竹简上书写的时候又不能写太多文字，他们便采用了一种方法，那就是"舍事而言理"，也就是舍弃在头脑中翻来覆去琢磨过的具体事情，直接写出从中领悟的深刻道理，这样就节省文字了，几个字，或者一句话，就阐明了一个道理。《孙子兵法》就是这样，全文没有一个具体案例，从不去讲某一场战争的具体过程，而是直接讲兵法原则。每一句话都揭示了一条战争哲理，每一个字都蕴含有深刻的思想。这样就使《孙子兵法》以尽可能少的文字，表达尽可能丰富的思想。

其实，这一特点并非《孙子兵法》所独有。与《孙子兵法》差不多同时代的哲学家老子，他写的《道德经》也仅仅五千来字。而孔子的《论语》也只有一万多字。篇幅都很小，文字都很少，但内容丰富，思想深刻。可以说，这几本小册子奠定了中国传统文化的基石。《道德经》是道家学派的奠基石，《论语》是儒家学派的奠基石，而《孙子兵法》则是兵家学派的奠基石。

《孙子兵法》之所以能够成为中国兵家学派的奠基石，关键在于其中所蕴含的思想大多揭示了战争的基本规律和主要谋略思路。犹如长江、黄河的河床，尽管在漫长的岁月中也多少有些改道，但其基本方向是不变的，总是由高处流向低处，由西面流向东面，由小川汇入大海。战争规律也是如此。人类战争的具体形式和作战方法可以随着科技的进步和时代的变迁而改变，但战争的基本规律和思维方式却有相对的稳定性。比如"知彼知己，百战不殆"，是孙子十分看重的一条战争原则，在他生活的那个年代，是否做到知彼知己，确实关系到战争的胜负。今天的信息化战争强调精确打击，精确制导弹药可以从遥远的距离准确地飞入对方最高指挥官的窗户，但是，首先要搞清楚哪一扇窗子是最高指挥官的，搞不清楚的话，再精确的武器也无济于事。所以，信息化战争更要讲究知彼知己，而且要求用更多手段和方法去实现知彼知己。至于像"不战而屈人之兵""出奇制胜""避实击虚""攻其无备，出其不意"的经典名言所揭示的战争哲理和谋略思路都完全适用于当代战争，乃至各种竞争领域。

我们的祖先在2500多年前就能写出如此远见卓识的兵书，确实令人敬佩。所以，不论是中国学者，还是外国学者，都认为《孙子兵法》是中国军事思想成熟的标志，是世界上现存最早的兵书。美国学者柯林斯曾评价孙子，认为其是世界上最早形成战略思想的伟大人物。

第二章　先计后战的庙算制胜论

　　人们普遍认为,《孙子兵法》是中国古代兵书成熟的标志。相比较于古希腊、古罗马的《伯罗奔尼撒战争史》《远征记》《高卢战记》等传记式军事著作,《孙子兵法》不仅在时间上早了一至两个世纪,而且在思想层次、理论完善程度、体例完备性、语言优美性等方面都远超其上。究其原因,除了文化发展因素之外,方法论的差异恐怕是至关重要的原因。马克思曾说过,任何一门科学,只有在充分地应用了数学之后,才算达到了真正完善的地步。按照这个观点,《孙子兵法》之所以早熟,关键就在于古人早在丘牛大车时代就已经创造性地将数学运算引入军事领域,从而使军事谋划逐渐摆脱了求神问蓍的原始形式,战略决策由"神授"转变为"人谋",或者说,由唯心转变为唯物。

　　孙子开篇言"计",借用传统的"庙算"形式形象地说明战前对敌我双方情况进行全面计算和准确预测的问题。所谓"计",至少有三层含义。一是计算,二是计划,三是计谋。计算天下大势和双方实力,然后根据计算的结果制定相应的计划,再综合分析战场形势,筹划实现计划的计谋。《孙子兵法·计篇》篇末总结说:"夫未战而庙算胜者,得算多也;未战而庙算不胜者,得算少也。多算胜,少算不胜,而况于无算乎!吾以此观之,胜负见矣。"由此可知,所谓"庙算",实乃关系战争胜败的大事,是孙子谋求战争制胜的前提和基础,用今天的军事术语来说,就是谋划战争全局问题的战略运筹。

一、战略运筹的出发点

春秋是社会关系大变革的时期。在这一时期，新兴地主阶级为摆脱奴隶主贵族阶级的束缚而进行着各种斗争，其中最为经常、最为激烈的斗争形式是战争。可以说，战争在封建制代替奴隶制的进程中是功不可没的。诚然，当时也确实频繁地发生不义之战。一些君主王侯往往恃强凌弱，动辄征伐。有的可能为一位美女、一块宝玉而剑拔弩张，有的则可能仅仅为了一匹良马、一件貂裘而兵戎相见，结果导致兵连祸结，败军辱国。无怪乎，孟子曾说："春秋无义战。"大概主要是针对这些战争而言。孙子极力反对这种不义之战，他的庙算制胜论无疑是对视战争为儿戏、盲目浪战的否定。他主张在战争问题上一定要慎之又慎。可以说，这是他最基本的战争观，也是庙算论的根本出发点。

"兵凶战危"，孙子对此有着十分清醒的认识。在一部《孙子兵法》中没有一丝一毫黩武主义的气味，而是时时处处都不忘记兵之凶险、战之危害，反映出孙子谨慎从事战争的态度。他在《计篇》中开篇就指出："兵者，国之大事，死生之地，存亡之道，不可不察也。"这句话与其说是孙子为重视战争而强调研究战争，毋宁说是为慎重对待战争而强调研究战争。《作战篇》中强调："知兵之将，生民之司命，国家安危之主也。"充分说明，国君和将领只有深知战争规律，精通指挥艺术，才能更好地使用战争工具，维护民众和国家的利益。

孙子之所以如此注重慎战，既有其特定的时代背景，又与他重民尊君的世界观有密切联系。

我们知道，春秋时代伴随着社会关系的大变革，人们的思想观念也获得了大解放，在新兴地主阶级与奴隶主贵族阶级斗争过程中，民本主义思想逐渐萌芽，民众问题日益提到重要的地位。《左传·桓公六年》记载，季梁对隋侯说："夫民，神之主也，是以圣王先成民而后致力于神。"以民为神，重民轻神，这是新兴地主阶级争取民众的重要途径，客观上促进了人们思想观念的进步和解放。

孙子继承了这一重民思想。他从军事角度多次向国君呼吁要以民为主，考虑民众利益。当然，作为新兴地主阶级的成员之一，孙子重民并非完全出自维护人民的利益，其真正目的还是为了维护新兴地主集团的利益。他在《地形篇》中指出"故进不求名，退不避罪，唯人是保，而利合于主，国之宝也"，鲜明地反映了这一思想。既要唯人是保，又要利合于主，这就是孙子慎战的内在动机。

孙子认为，在保民和利主的立场上筹划战争，必须慎重地把握三条原则：一是非利不动，二是非得不用，三是非危不战。为准确把握这三条原则，孙子提出了一系列谋略原则。

首先，孙子认为"兵以诈立，以利动"，用兵打仗往往以谋略为基本手段，以利益为战争的最终目的。一旦面临非战不可的情况时，战略决策必须以寻求最大效益为根本原则，否则，"非利不动"。孙子是一个功利主义者。"兵，利也，非好也"（《银雀山汉墓竹简·孙子兵法·见吴王》），集中反映了他重利的思想。在他看来，打不打仗，打到什么程度，并不取决于国君或将帅的喜怒哀乐，关键在于是否有利。"合于利而动，不合于利而止"，绝不做蚀本生意，而是要做费力最小却收效最大的战争交易。基于这一思想，《孙子兵法》中大量使用了"利"字。

值得注意的是，孙子虽然重利，但并非唯利是图，所重之"利"是国之存亡、民之死生的核心大利。所以，他判断一场战争是否有利总是站在国家全局的高度，以"安国全军"为目的，以"掠乡分众，廓地分利"为具体准则。一次军事行动，从军事角度看是有利的，从国家全局看是不利的，军事就要服从国家大局。为了确保战争的效益，孙子主张决策要兼顾利害两个方面，机动行事，不为表面小利诱惑而招致大害。如果一场战争打下来，不能"安国全军"而是亡国败军，不是"分众""分利"而是一无所得，或者即使"战胜攻取"，但又"不修其功"（打了胜仗而不修明政治，及时论功行赏，激扬士气，以巩固胜利成果），弄得天怒人怨，或前功尽弃，这样的战争孙子是反对的。公元前258年，秦昭王不谙此理，贪图小利而败军辱国就是最好的例子。

长平之战后，战败的赵国厉兵秣马，重整军备，并结好楚、齐、魏等国，决心抗秦。秦昭王想再用白起为将攻打赵国都城邯郸，但白起坚辞不肯为将。他从秦国利益出发，认为秦虽胜于长平，但自己伤亡也有一半，国内空虚，已无力远征别国。相反，赵军以逸待劳，各国援军里应外合，在这种情况下强行攻打赵国，秦军必败。秦昭王奈何不了白起，只好命王龁为将率军攻赵，果然遭到三国联军的夹击，大败而归。于是秦昭王再次敦促白起领兵出征。白起仍然称病，不肯从命，并严肃地说："即使我率军攻赵，也一定会失败，同样要获罪；而如果我拒绝率军攻赵，则将被大王处死。但是，现在的确不是攻赵的时机，应当休兵养民，以观诸侯之变。因此，我宁伏重诛而死，不忍为辱军之将。"不久之后，白起因拒不服从国君之命，被秦昭王赐死。白起与昭王，一明一昏。白起明于战争利弊，昭王昏于个人脸面。如果秦昭王遵循孙子的遗教，听从白起的劝告，稍稍计算一下利害得失，恐怕不至于惨败。

其次，孙子强调不战则已，战则必胜。战争是一柄双刃剑，既可以保民利国，又可以伤民害国。孙子从庙算入手，提醒国君、主将做出战争决策前一定要计算清楚战争态势、双方强弱等重要问题，力争在决策前预见战争胜负。如果通过分析计算，确认自己态势不利，实力不强，没有取胜的把握，就应当坚持"非得不用"的原则，不要轻举妄动。公元前512年，孙子就曾坚持这一原则，阻止了吴王阖闾的错误决策。

当时，吴王阖闾在先后灭掉归附楚国的小国徐国和钟吾国之后，决定趁机大举进攻楚国。但孙子冷静分析形势，认为楚国实力仍然很强，此时攻楚难有胜算，便进言道："民劳，未可，且待之。"（《史记·吴太伯世家》）意思是说，我军已经连灭两国，人疲马乏，军资消耗巨大，不如暂且收兵，蓄精养锐，再等良机。吴王深以为然，同意了孙子的谏言，并采纳了伍子胥提出的"三师肄楚"的建议，即将吴军分为三支部队，轮番骚扰楚军。当吴军的第一支部队袭击楚境的时候，楚国即派大军迎击。等楚军出动，吴军便回撤，而楚军返回时，吴军的第二支部队又从另一方向攻入楚境。如此轮番袭扰楚国长达6年之久，致使楚军疲于奔命，斗志沮丧，人力、物力、财力都大量耗费，国内十分空虚。

公元前506年，楚国内乱严重，又大举攻打邻国，陷入内忧外患的困境。孙子认为，攻打楚国的时机已然成熟，于是建议吴王以救援唐、蔡等国为名大举伐楚。于是，吴王亲自挂帅，以孙子为主将，率领3万吴国军队远程奔袭楚国，在柏举（今湖北省麻城市境内，一说湖北汉川北）击败楚军20万主力，继而攻破楚国国都郢城。试想，当时如果孙子一味顺从吴王，明知不可为，而勉强为之，恐怕难有柏举之战的胜利。

最后，孙子认为战争是关乎人民生死、国家存亡的大事，而不是君王之间的儿戏，不到万不得已不可轻举妄动。《火攻篇》的一大段论述集中地、完备地表达了他的这一观点，他说："主不可以怒而兴师，将不可以愠而致战。合于利而动，不合于利而止。怒可以复喜，愠可以复悦；亡国不可以复存，死者不可以复生。故明君慎之，良将警之。此安国全军之道也。"这段话清楚不过地表明，孙子并不是反对战争，而是反对国君"以怒而兴师"，将帅"以愠而致战"。张预在《孙子注》中进一步点明了此语的深意："君常慎于用兵，则可以安国；将常戒于轻战，则可以全军。"孙子擅长于"舍事而言理"。这一深富哲理的警言绝非无的放矢，而是从当时大量史例中提炼出来的。当时，在战争方面，在战略决策问题上，战或不战的决定权控制在国君手中；在战役战斗方面，打与不打的决定权掌握在将帅手上。无论国君还是将帅，如果轻启战端都将给国家和人民带来深重灾难。

蹇叔哭师就是国君"以怒而兴师"造成战争失败的一个著名事例。公元前628年，急欲向东发展的秦穆公企图对郑国实施远距离突然袭击。大臣蹇叔向秦穆公力陈要害，说明行军千里，难以保密，突袭不可能成功。然而，秦穆公一意孤行，怒骂蹇叔，不采纳他的意见。蹇叔无力挽狂澜，只好含悲忍痛哭送出征将士。战争进程果如蹇叔所料，秦军在崤山遭到惨败。

将帅"以愠而致战"导致战役失败，则可以晋楚城濮之战的楚军统帅子玉为例。城濮之战是晋、齐、秦三大强国联合攻楚的一次争霸战争。战前，楚国为遏制晋国，率附从国围攻宋国都城商丘（今河南商丘南），晋则进兵与楚结盟的曹、卫两国，迫使楚军北上救援，并联合秦、齐，准备与楚决一雌雄。面对三大强国的联合进攻，楚将子玉派使者宛春向晋文公提出休战条件，即晋国允许曹、卫复国，楚就解除对宋国的围困。晋文公一方面暗地答应曹、卫复国，但要求其与楚绝交；另一方面，扣留楚国使者宛春，企图"执宛春以怒楚"。子玉果然被激怒，不顾楚成王"无从晋师"的劝告，贸然挥师进击，结果大败。

从一系列历史教训中，孙子得出结论：在战略决策问题上，务必"明主虑之，良将修之""非危不战"。

显然，"非利不动，非得不用，非危不战"，核心是一个"慎"字。按照孙子的观点，只有立足于慎战，才能通过庙算客观而全面地分析敌我双方情况，为正确决策提供可靠的依据。

二、战略运筹的关键要素

孙子清楚地认识到，战争是多因素综合的产物，战略运筹必须认真计算各主要因素的利弊，然后依此做出正确的判断和决策。所以，他提出庙算的基本内容，一是"经之以五事，校之以计"，二是"因利而制权"。

"经之以五事，校之以计"是对双方各种客观条件的计算。"五"就是"道、天、地、将、法"五大基础领域，曹操称之为"五事"。"计"是"五事"的具体体现，即"主孰有道？将孰有能？天地孰得？法令孰行？兵众孰强？士卒孰练？赏罚孰明？"等七个具体方面的情况，曹操称之为"七计"。其实，"五事"与"七计"在文法上是互文见义的，都是指决定战争胜负的几个基本因素。只不过前者宏观比较，后者微观分析。决定战争胜负的因素主要有以下方面。

一是政治因素，孙子称之为"道"。他说："道者，令民与上同意也。故可以与之死，可以与之生，而不畏危。"意思是说国君政治开明，民众拥护，上下同心同德，军队和民众才会在灾难来临之际与国君同生死共命运，最危险的时刻也不会因畏惧而临阵脱逃。孙子把"道"列为"五事"之首，说明他已经认识到政治是决定战争胜负的首要因素，政治的得失直接影响着战争的胜负。他的这一观点，极大地影响了后世的军事学家。《荀子·议兵》云："故兵要在乎附民而已。"又云："凡用兵攻战之事，在于壹民。"《孟子》亦说："天时不如地利，地利不如人和。""得道多助，失道寡助。"这些著名论断与孙子的思想一脉相承。

二是自然因素，孙子称之为"天""地"。任何战争都是在一定的时空范围内进行的，必然要受到自然条件的影响。《三国演义》一百零三回："孔明叹曰：'谋事在人，成事在天，不可强也。'"孙子早就认识到了这一点，他把天时、地利列入"五事"之中。所谓"天"，是指昼夜晴雨、春夏秋冬等天候条件；所谓"地"，则指高丘洼泽、远途近路、险关易道、旷野沟壑、死地生地等地形条件。在冷兵器时代，作战的基本形式是方阵对垒，短兵相接，谁善于利用有利的天候，谁占据有利的地形，谁就获得了战斗力的倍增器，从而多一分胜利的把握。所以，孙子指出："夫地形者，兵之助也"。一旦知天知地，便可"胜乃不穷"。这些认识具有朴素唯物主义的特点，是十分珍贵的。

三是人的因素，孙子称之为"将""士"。将、士是军队的主体，是战争的实践者，将、士素质的高低对战争胜负、国家存亡有着至关重要的作用。春秋时代，武器装备比较简单，战争的结局往往在很大程度上取决于"将孰有能""士卒孰练"。所以，孙子高度重视将、士的素质，分别对将帅、士卒提出了一系列要求。对将帅而言，他认为将帅是民众生死的主宰，国家安危的柱石，必须具备较高素质，既要做到"智、信、仁、勇、严"五德兼备，又要具有"静以幽，正以治"的心理品质。对士卒来说，他认为"兵非多益"，部队战斗力的高低不在士卒多少，而在于士卒训练是否有素，是否"齐勇若一"。

四是法制因素，孙子称之为"法"。所谓"法"，指的是"曲制、官道、主用也"。曹操解释说："部曲、幡帜、金鼓之制也。官者，百官之分也。道者，粮路也。主者，主军费用也。"用今天的军事术语来说，曲制就是军队的组织、编制等制度；官道就是各级将领的职责区分、统辖管理等制度；主用就是军备物资、军事费用的供应管理制度。这些因素都是战争的重要保障，只有法令素行、赏罚严明者才具有战斗力。

五是经济因素，在《孙子兵法》里虽然没有确切的概念，但有"财""货""费""用"等不同说法。"七计"中的"兵众孰强"，实际上就是要求通过武器装备的强弱推测双方经济实力的大小，经济实力弱小的国家，武器装备也不可能精良。春秋争霸战争中，大国征战动辄"兴师十万"，以致"日费千金"。孙子从各国战争胜败的教训中悟出一个真理："军无辎重则亡，无粮食则亡，无委积则亡"。这就明确指出战争力量是以经济为基础的。孙子还进一步指出潜在的经济力量的重要性，主张通过"度、量、数、称、胜"的计算方法分析双方潜在力量的大小，以此作为预测战争胜负的依据。

敌我双方"五事""七计"的对比，只是静态的、客观物质条件的对比。如果以为战争的胜负仅仅通过这样的对比就可以确定下来，无疑是天真的幻想，是一种机械唯物论的观点。孙膑在《孙膑兵法·客主人分》中这样说道："众者胜乎？则投算而战耳。富者胜乎？则量粟而战耳。兵利甲坚者胜乎？则胜易知矣。"意思是说：人多就能胜利吗？那么只要计算一下双方人数多少就可以打了。经济富足就能胜利吗？那么只要量一下双方粮食多少就可以打了。武器装备精良就能胜利吗？那么胜负就太容易预见了。

孙子的军事思想之所以高人一筹，就在于他看待事物的方法既是唯物的又是辩证的，这在庙算问题上表现尤为突出。他对战争胜负的分析并没有停留在仅仅对"五事""七计"的比较上，而是紧接着提出了一个重要命题："因利而制权"。什么是"权"？"权"的本义是秤锤，引申为权变。"权"就是因敌制胜、灵活用兵的谋略。那么"因利而制权"就是要求在计算出双方客观条件的利弊之后，应当按照趋利避害的原则确定正确的主观指导，以造成有利的作战态势。

谋求优势主动的作战态势，客观物质因素固然是重要的条件，但主动灵活的主观指导是更重要的条件。灵活的战术、快速的机动、巧妙的伪装，既可使强者更强，又可使弱者变强。孙子深谙此理，第一次在我国军事学术史上鲜明地提出了"兵者，诡道也""兵以诈立"的战术原则。在这一原则指导下，他在《计篇》中列举了十二条计策，人们习惯地称之为"诡道十二法"，即"能而示之不能，用而示之不用，近而示之远，远而示之近。利而诱之，乱而取之，实而备之，强而避之，怒而挠之，卑而骄之，佚而劳之，亲而离之"。这十二法言简意赅，无一不是对过去战争经验的继承与发展，我们可以从当时的战例中找到这些计策的原型。这里,仅以"强而避之"为例便可见其一斑。

例如,晋楚城濮之战,晋军"退避三舍",后发制人,就是体现"强而避之"取胜的生动战例。反之,如果同强敌硬拼,那就必然失败。《左传·桓公八年》载:公元前704年楚随两国在速杞(今湖北广水市)交战,随国的季梁对随国君主说:"楚人上左,君必左,无与王遇。且攻其右。右无良焉,必败。偏败,众乃携矣。"他认为楚国的风俗是以左为尊,楚王一定在左军之中,应该进攻较弱的右军。右军没有良将,一定失败。只要右军一败,楚军士卒就离散了。季梁这一"强而避之"的意见,随侯并未采纳,结果随军遭到惨败。

孙子"诡道十二法"的目的只有一个,那就是"攻其无备,出其不意"。孤立地看,十二法或为伪装之法,或为佯动之法,或为离间之法,或为欺骗之法。综合起来看,各种方法都是为了迷惑敌人、调动敌人。只有迷惑敌人,才能隐蔽自己的兵力;只有调动敌人,才能使其错误地变更部署,分散兵力。唯其如此,才能为对敌实施突然攻击创造有利的态势。所以说,"诡道十二法"的要旨就在于"攻其无备,出其不意",这同时也是孙子追求最大战争效益的主要途径。

三、战略运筹的基本方法

无论是对客观物质条件的计算还是对主观指导的谋划,孙子都十分讲究方法。从总体上说,他吸收了中华民族重宏观、重整体的思维习惯,总是把战争问题看作一个多因素综合而成的大系统,从与战争相关的各个方面,特别是作战计划、作战指挥、作战谋略、作战管理、作战样式、作战地域、军事情报等，系统地分析战略战术问题，从而提出一系列符合作战规律的谋攻之法、战阵之道、为将之妙、治军之要、攻心之术、用间之策。无怪乎，不少当代学者称孙子是系统论的鼻祖。

系统论是一门年轻的学科。它有自己独特的研究解决问题的原则，如整体性原则、最优性原则、定量性原则和相关性原则等。孙子的思想中虽然尚未形成现代理论形态的系统论，但其庙算的方法和程序已经初具现代系统论方法的形态。

首先是整体统筹的方法。整体性是系统论最核心的原则。任何系统都是由许多子系统组成的有机整体，每个子系统都有一定的功能。但整个系统的功能不是各个子系统功能的简单相加，而是各子系统有机组合的结果。结构合理，系统功能可能大大超过各子系统功能之和。所以，系统论要求从事物的整体或全局，而不是单从某一部分或局部来思考和处理问题，在全局与局部的关系上，强调整体的威力，以求取得系统的最优效果。孙子的庙算论中，战争是一个大系统，下设若干子系统，子系统下又各有子系统，构成了一个层次清楚的系统网络。例如，他分析战争主要从制胜因素、战略原则、作战方法等方面入手。其中，制胜因素又分"道、天、地、将、法"五个子系统。这五个子系统中又各有子系统，如"将"可用"智、信、仁、勇、严"五个标准去分析。如此层层分析，然后综合计算，最终得出总的判断和决策。

其次是层次分析的方法。层次分析法，是系统论中的一种排序方法。在系统决策过程中，人们常常要对某些事情的重要性做出恰当的评价，以便决定它们相互间的轻重缓急，从而可以集中精力，先解决最重要的事情。或者根据面临的问题，分析比较若干个解决方案的利弊，然后从中确定最佳选择。层次分析法虽问世于20世纪70年代，但早在2500多年前就已经在《孙子兵法》中出现。孙子十分注重有层次地分析问题。例如：在"全破"问题上，孙子提出"凡用兵之法，全国为上，破国次之。全军为上，破军次之。全旅为上，破旅次之。全卒为上，破卒次之。全伍为上，破伍次之"；在"谋攻"问题上，孙子主张"上兵伐谋，其次伐交，其次伐兵，其下攻城"；在"强弱"问题上，孙子要求"十则围之，五则攻之，倍则分之，敌则能战之，少则能逃之，不若则能避之"。这些都清晰地分析出了问题的目标、条件和对策，清晰地揭示出了系统中的主次、从属、因果、依存关系。这显然是孙子头脑中深刻的系统思维与丰富的经验判断能力相结合的一种反映。

最后是定量分析的方法。定量性也是系统论的一个重要原则。它规定系统论在应用中不仅要定性分析，而且强调在定性分析的基础上进行定量分析。定量分析作用于各种决策，既能反映出客观事物的真实面目，又能为主观指导提供科学依据，使决策合乎情理，从而获得较大效益。定量分析法在《孙子兵法》中运用比较普遍。据统计，从《计篇》到《用间篇》共计有29处之多。例如，计算制胜条件时，"经之以五事，校之以计"；出兵征战时，"驰车千驷，革车千乘，带甲十万，千里馈粮……日费千金，然后十万之师举矣"；双方军争时，有"百里而争利""五十里而争利""三十里而争利"；战场补充时，"食敌一钟，当吾二十钟；萁秆一石，当吾二十石"等。尽管这些定量分析还仅仅是概略的、简单的，但毕竟为战略决策提供了直观的数量依据，有助于战略决策者趋利避害，尽可能使主观指导符合客观实际。在人类刚刚脱离结绳计数不久的时代做到这一点，确实是难能可贵的。

孙子的庙算制胜论主要是指战前的战略运筹，其中蕴含的先计后战的思想、原则和方法却适用于战争的各个方面、各个阶段。所以，他在《地形篇》中强调指出："料敌制胜，计险厄远近，上将之道也。知此而用战者必胜，不知此而用战者必败。"尽管这里是就计算战场条件而言，但道出了一个应当普遍遵循的原则。那就是，无论战略、战役，还是战斗层次上的军事行动，指挥员都必须按照庙算的原则和方法先计后战。唯其如此，才能赢得战场上的胜利。

第三章　谋形造势的实力制胜论

在现代汉语中，"形势"二字是一个词，但在《孙子兵法》中却是一对重要范畴，孙子专列《形篇》和《势篇》分别予以论述。在他的思想体系中，"形"和"势"是关乎战争全局的两个重要问题，正确处理二者的辩证关系，巧妙地谋形造势、因形任势，是做好战争准备、改善作战态势、倍增作战力量，乃至最终赢得战争胜利的关键所在。

一、实力与态势的辩证关系

"形"和"势"原是中国古代哲学中的两个概念。"形"，指人的形体等一切有形之物，即客观实在的总称。"势"，指事物发展的趋向，或主观精神的功能。孙子将这两个概念移植于军事领域，赋予其新的内涵。

为了说明这两个抽象的概念，孙子在《形篇》和《势篇》中，对应地做过两个比喻：一是"胜者之战民也，若决积水于千仞之谿者，形也"，二是"故善战人之势，如转圆石于千仞之山者，势也"。中国台湾地区的傅绍杰先生曾经撰文指出，这两个比喻似一副对联，文句上相当工整，但二者的意思相同。的确，乍一看，从八百丈的高山上决开积水与转石而下似乎讲的都是势险而力大。其实，仔细分析一下水、石之性就不难把握其中的真谛了。山涧的小溪，天性柔弱，如果不积蓄成渊，即使从万丈高山上流淌下来，也不会有太大的力量。旋转的圆石，性虽坚硬，如果不将其置于险要之地，即使重达千斤也难以发挥威力。明乎此理，再结合孙子的其他表述，其中之意便可更加清楚地凸显出来。

孙子还说过："强弱，形也。""势者，因利而制权也。"这就告诉人们，"决积水于千仞之谿"侧重的是军事实力的质量，"转圆石于千仞之山"侧重的是军队作战的势能。那么，所谓"形"，是指军事实力的强弱状态，包括兵力数量的多少、军队战斗力的强弱和军事素质的优劣等，最佳状态就好比高山积水，既有日积月累的数量，又有势不可当的质量；所谓"势"，是指作战态势的优劣，包括气势、地势、阵势、战势等，最佳的态势来自根据有利条件而灵活用兵，就如同高山滚石，用力虽小但势能极大。

相对而言，作为军事实力的"形"通常是静态的，而作为作战态势的"势"乃是"形"的运用，通常是动态的。如果从哲学意义上讲，则如郭化若将军所说，形是运动的物质，势则是物质的运动。例如，"五事""七计"等客观物质力量是"形"，凭借这种力量"因利而制权"就是"势"。又如"始如处女"是"形"，而"后如脱兔"就是"势"。这种静态的"形"和动态的"势"紧密相连，共同构成战争力量的辩证运动。

运动过程中，"形"与"势"二者互相依存，相辅相成。一方面，"势"必须以"形"为基础，"形"必须以"势"为依托。也就是说，有利的战场态势必须以优势的军事力量为基础，力量强大则易处于优势地位，力量弱小则难免处于劣势地位；而优势的军事力量必须依托有利的战场态势才能够充分发挥作用，有利的态势是军事力量的倍增器，不利的态势则是军事力量的减杀器。另一方面,"形"可转化为"势","势"可转化为"形"。也就是说,优势的军事力量本身并不是有利的战场态势,但经过指挥员正确的主观指导,就可以转化为"善战人之势"。而有利的战场态势一旦形成,往往能够使军事力量得到成倍增强。这里可以用拦河坝的水力发电作形象的说明。在物理学上,物体的重力势能是与物体的质量、高度和重力加速度成正比的。拦河坝的水位愈高,水流下落所形成的动能也就愈大。高速度、高节奏不仅造成非生命的物质质量发生骤变,也能使有生命的有机体的质量发生骤变。有利的战场态势,往往把天时、地利、人事等各方面的条件以最佳方式组合在一起,有益于扬己之长击敌之短,因而成倍地增强军事力量的效能。

二、提升实力与营造态势的方法

军事实力与作战态势不是天然的,也并非一成不变,它们虽依赖天时和地利,但更依赖人为,需要人们积极地谋取、灵活地创造。人的主观能动性在二者的辩证运动过程中起着至关重要的作用。正确的主观指导可以使虚弱的军事实力转变为有利的强势,错误的主观指导则可能使优势的军事实力变为不利的弱势。正因为如此,孙子要求国君、将帅必须善于谋求优势之形,营造有利之势、因形任势,并指出了一系列方法。

1.先为不可胜

孙子是"慎战论"者,他的慎战原则,除了《计篇》所强调的慎重决策外,《形篇》所提出的"先胜后战"也是重要的一条。《形篇》开篇即言:"昔之善战者,先为不可胜,以待敌之可胜。"鲜明地提出了"先胜"的主张。所谓"先胜",是指战前预先具备不可被敌人战胜的客观条件，同时等待敌人可能被我战胜的有利时机。用今天的术语来说，就是不打无准备之仗，不打无把握之仗。

那么，怎样才能"先胜"呢？孙子认为，最重要的莫过于谋形，即积极争取积聚强大的军事实力，甚至强大的综合国力。为了说明这一观点，他提出了一个非常重要的概念——"称"。他认为一个国家的物质基础和综合国力可按照度、量、数、称、胜依次进行计算。"地生度，度生量，量生数，数生称，称生胜。"意思是说，根据敌我所处的地域的不同，可以计算出双方土地面积大小不同的"度"；根据敌我土地面积大小的"度"的不同，可以计算出双方物产资源多少不同的"量"；根据敌我物产资源多少的"量"的不同，可以计算出双方兵力多寡不同的"数"；根据敌我兵力多寡不同的"数"，可以计算出双方军事实力强弱不同的"称"；根据敌我军事实力强弱的"称"的不同，最终可以得出谁胜谁负的判断。"称"在这里，显然相当于今天所说的战争潜力或者综合国力的优势。按照孙子的观点，只有达到"称胜"的程度才算得上"先胜"。

怎样衡量是否"称胜"？善用比喻的孙子对此作了形象的说明。那就是尽量在军事力量或综合国力上与敌人形成"以镒称铢"的绝对优势。镒和铢是古代两个计量单位。1镒等于24两，1两等于24铢，那么1镒就等于576铢。不言而喻，孙子在这里采用了夸张的手法。"以镒称铢"并非要求兵力一定要超过敌人五百多倍，而是旨在说明必须谋求绝对的兵力优势。这样的兵力优势如同蓄积于高山之水，一经决开，则奔腾而下，必然是莫可抵御的。

可贵的是，孙子不仅提出了"先胜"的必要性，而且看到了"先胜"的可能性。他的名言是："不可胜在己，可胜在敌。"也就是说，战前预先具备不可被敌人战胜的客观条件的主动权在自己手中，而能否战胜敌人却在于敌人是否犯错误。这里，孙子既肯定了人的主观能动性的作用，同时也强调了必须根据战争的客观实际灵活用兵。从而提醒人们要主动谋取实力优势，不要盲目浪战。

谋取实力优势的途径有千条万条，孙子在各篇中都直接或间接地有所论述，但根本的一条是"修道而保法"。他认为，善于驾驭战争的人，必须修明政治、确保法制，这是关系胜败的关键。只有政治清明，社会稳定，人民才能安心生产，国家的综合实力才能随着物质财富的不断积累而逐渐强大。齐桓公、晋文公、秦穆公、楚庄王相继成为霸主，一个很重要的原因，就是他们在图谋霸业的准备期间无不想方设法修明政治，健全法制，取得民众的信任，从而逐步获得"先为不可胜"的有利地位。孙子的"先胜"思想无疑是对这些历史经验的总结与升华。

2．择人而任势

"先胜"固然重要，但做到了"先胜"并不等于"必胜"。孙子清楚地看到这一点，客观地指出："善战者，能为不可胜，不能使敌之可胜。故曰：胜可知，而不可为。"贾林注："敌有智谋，深为己备，不能强令不己备。"杜牧亦说："敌若无形可窥，无虚懈可乘，则我虽操可胜之具，亦安能取胜敌乎？"杜佑说得更明白："若敌密而无形，亦不可强使为败。"这些注释可谓得其主旨。战争是力量的拼搏，也是智慧的较量。交战之前，双方必然都要想方设法创造不可被敌人战胜的有利条件，展开水涨船高似的实力竞赛。即使实力占优势的一方也不能恃强轻敌，强求胜利。东晋太元八年（公元383年），前秦主苻坚自恃拥有"投鞭可以断流"的90万大军而轻敌冒进，结果被东晋名将谢玄以小计败之。这是恃强轻敌、强求胜利的典型事例。

孙子不是机械唯物论者，从不僵死地分析问题。"不可为"并非无所作为，而是反对强为，主张巧为。他的众多观点表明，只要善于巧为，则不难将"先胜"导向"必胜"。如何巧为？基本原则不外乎"择人而任势"。

孙子说："善战者，求之于势，不责于人，故能择人而任势。"所谓"任势"，俗称"造势"，犹言作战布势。有威力的作战态势不是自然形成的，而是人的主观能动性创造的结果。所以，要造成这种威势，依靠的主要是人。"择人"就是选择优秀的指挥员。有利的、主动的态势之所以能够形成，就在于指挥员审时度势，临机应变，灵活指挥。审时度势，就要不失时机，冷静地看清敌势、我势、天势、地势；临机应变，就要适时处理好兵力的分散、集中或转移，即"以分合为变"；灵活指挥，就要善于隐蔽企图，"示形"诱敌，"奇正相生"，战术多变。简而言之，孙子之意在于，依靠优秀的将帅灵活机动地运用各种谋略，创造有利的作战态势。

3．因形而措胜

"任势"并不是指挥员意志的自由发挥，而是主观与客观有机结合的产物。这就要求指挥员"因形而措胜"。孙子有"其所措必胜"之言，孙膑亦有"其错胜也，如以水胜火"之语（"错"通"措"）。曹操注《孙子》时解释说："因敌形而立胜。"李筌所注更为详细："错置也，设形险之势，因士卒之勇，而取胜焉。军事尚密，非众人之所能知也。"可见，"措"乃措置、设置之意。"因形而措胜",即根据敌情我情,巧妙地创造必胜的作战态势。

"因形而措胜"是个通则,既可用于作战指挥,也可用于战略指导。无论用于哪个层次,其要求不外乎两点:一要"因形",二要"措胜"。

"因形",即依据敌我双方客观情况确定战略或战法。攻守是战略和战法的两种基本形式。究竟采取攻势还是守势,绝非一厢情愿的事情,必须以交战双方的军事实力为依据。孙子的原则是:"不可胜者,守也;可胜者,攻也。守则不足,攻则有余。"

为什么采取守势就能做到"不可胜"呢?有三方面的原因:一是有地利优势。防御者可以依托良好的阵地阻遏敌人进攻,俗语所谓"一夫当关,万夫莫开"。二是有以逸待劳之利。孙子说"先处战地而待敌者佚,后处战地而趋战者劳",这是一条普遍规律。防御者预先占领阵地而待敌,做好作战准备,比在不断机动过程中逐步消耗兵力的进攻者更能有效地发挥战斗力。三是地位主动。由于防御者处于"主人"的地位,进攻者处于"客人"的地位。这种主客形势就包含主动、被动的因素。防御者可以冷静地根据自己的兵力、地形等各方面条件做出正确的防御部署,同时可以从容地观察进攻者的部署和行动,然后趁机予以打击。

为什么采取攻势就能做到"可胜"呢?从本质上说,防御的目的在于为进攻创造有利的条件,单纯防御而不进攻,是专守防御,为古今将帅所不齿。所以,唐代李靖提出:"攻是守之机,守是攻之策,同归乎胜而已矣。"意思是说,进攻是防御的转机,防御是准备进攻的手段,两者都是为了争取胜利罢了。

明代戚继光进一步阐释说："自古防寇未有专言战而不言守者，亦未有专言守而不言战者，二者难以偏举。"19世纪普鲁士军事理论家克劳塞维茨也认为，防御的成果必须通过进攻才能实现，迅速的反攻是闪闪发光的复仇的利剑。由此不难理解，孙子"可胜者，攻也"的论断的确是不刊之论。

攻守的利弊是相对而言的，只有正确地因形而任势才能充分发挥攻之利或守之利。所以，孙子强调确定攻守之势必须以兵力多少为依据。基本原则是，"守则不足，攻则有余"。也就是说，当兵力不足时应当采取防御，当兵力有余时应当采取进攻。在春秋战国时代，攻与守所用兵力的比例大体是2：1。《孙膑兵法·客主人分》就说过"客倍主人半"，即守者兵力是攻者兵力的一半。这是因为守者的诸方面有利条件可以转化为战斗力，增强防守力量。弱守强攻，这是战争的一般法则，任何人不可主观臆断，必须根据敌我双方的兵力情况确定是采取进攻之势还是防守之势，当攻则攻，当守则守。

三、实力与态势结合的最佳状态

《形篇》与《势篇》紧密相连，意思贯通，彼此呼应，不少专家称其为"姊妹篇"。深究其内容，前者讲军事实力，后者讲作战态势，道出了将领作战指挥的"双臂"与赢得胜利不可或缺的两大要素——实力与态势。战争实践证明，这两种要素只有紧密地融为一体，才能形成强有力的拳头。因此，孙子提出了"先为不可胜""择人而任势""因形而措胜"等一系列方法，提示人们如何将二者有机结合起来，以期达到"势险节短"的最佳状态。

《势篇》中说:"激水之疾,至于漂石者,势也。鸷鸟之疾,至于毁折者,节也。是故善战者,其势险,其节短。势如彍弩,节如发机。"这一番明比暗喻,旨在说明"势险"就是态势险峻,居于险要地形,以优势兵力突发制人;"节短"就是近战速决,实施短距离的抵近攻击,速战决战。两者互相关联、互为条件。"节短"才能保持"势险";"势险",就必须"节短"。"势险"则气盛,气盛才能全力拼搏;"节短"则力聚,力聚才能快速冲击。就攻守之势而言,"藏于九地之下",就是要隐蔽待机,待敌靠近(节短),然后居高临下歼灭之(势险);"动于九天之上",就是要隐蔽机动,潜伏于敌人前沿阵地之前(节短),然后突然发起攻击(势险)。这样才能"自保而全胜"。

刘伯承元帅曾经对"势险节短"作过一番鞭辟入里的分析。他说:战胜敌人的要诀,一是由于布势险恶紧迫,使敌人不能支持;二是由于战斗过程短促干脆,使敌人来不及防备。因为险,敌人就来不及抵挡;短,敌人就来不及躲避。所以军队经常要保持有高度的士气和战斗力,要善于分布主要集团和辅助集团,力求接近敌人,进行猛烈地突击,使敌人措手不及,无法抵挡,这就是取得胜利的要诀。

孙子的形势制胜论深富哲理,深刻地揭示了形与势、人与物的辩证关系,充分说明了人的主观能动性在谋求优势实力与形造有利态势过程中的重要作用,对后世有深远的影响。战国时代,"兵形势"成为一个独立的流派,孙膑继承其先祖的传统,成为这个流派的杰出代表。当时兵书多有言形势者,以至西汉步兵校尉任宏在整理古代兵书时专列"兵形势"类,与兵权谋、兵阴阳、兵技巧并称为兵法四种。其中,"形势者,雷动风举,后发而先至。离合背乡,变化无常,以轻疾制敌者也"

(《淮南子·兵略训》)。从唯一存世的兵形势类兵书《尉缭子》中我们可以清楚地看出兵形势家的这些特点。其一，集聚强大的军事实力，建立战前"以镒称铢"的对敌优势；其二，精心运筹谋划，造成"雷动风举"的战场布势；其三，临敌审时度势，巧运谋略，妙用兵力，充分发挥"以轻疾制敌"的威势。不言而喻，兵形势家的这些特点无一不是对孙子形势制胜论的继承和发展。

第四章　全胜为上的综合制胜论

古代兵家大多注重"战而胜敌"之术，孙子却独树一帜，在汲取前人破敌之术智慧的基础上，进一步提出了"全胜"之道，从而将中国古代军事思想拓展到大战略的高度，并使之更富有哲理性，更符合中华民族的道德趋向，也更具有灵活的指导性。所谓"全胜"，即《谋攻篇》中提出的"兵不顿而利可全"，军队无须遭受重大的损失，而赢得尽可能完全、完美的胜利。这种胜利显然不是传统力量制胜的结果，而是伐谋、伐交、伐兵、攻城等综合制胜的最高境界。

一、全胜思想的核心要义

《谋攻篇》堪称论述全破问题的专篇。孙子一开篇即以全与破对举，用珠玑般的语句道出了千古绝唱：

"凡用兵之法，全国为上，破国次之；全军为上，破军次之；全旅为上，破旅次之；全卒为上，破卒次之；全伍为上，破伍次之。是故百战百胜，非善之善者也；不战而屈人之兵，善之善者也。"

"故上兵伐谋，其次伐交，其次伐兵，其下攻城。攻城之法为不得已……故善用兵者，屈人之兵而非战也，拔人之城而非攻也，毁人之国而非久也，必以全争于天下，故兵不顿而利可全，此谋攻之法也。"

这些精彩的文字中，始终是"全"为上，"破"次之。"全"即完善、完全；"破"即打破、战胜。两者相比较而言，"百战百胜，非善之善者也；不战而屈人之兵，善之善者也"。"善之善"就是至善，就是最高境界。孙子十分强调"善"，如"善用兵者""善战者""善攻者""善守者""善动敌者""善出奇者"等。孙子称"不战而屈人之兵"为"善之善"，也就是指出了战争指导所应追求的至善至美的全胜境界。按照古代汉语语法习惯分析，这里的"屈"是自动词做使动词用，"使……屈服"之意。因此，"屈人"不是"屈服于敌人"，而是"使敌人屈服"的意思。那么，"不战而屈人之兵"就是不用大规模交战而使敌军屈服。孙子的表述告诉人们，这是一个具有普遍指导意义的原则，大至于敌国、敌军，小至于敌旅、敌卒、敌伍，都可以不战而使之屈服。也就是说，他的"不战而屈人之兵"既是一种战略主张，也是一种战役、战斗主张。但从孙子"安国全军""必以全争于天下"的一贯立场来看，它主要是一种战略思想，而且是融政治战略、军事战略为一体的大战略思想。

对于这种大战略，各家注本的译文虽然大同小异，没有明显的不同，但是在具体理解上却有三种不同的意见。

第一种是持否定态度的意见。其基本观点是："不战而屈人之兵"是战争问题上的唯心论。马克思主义认为，从本质上说，战争是阶级斗争在一定发展阶段上的"最高斗争形式"。当对立的阶级之间、国家之间、民族之间、政治集团之间的经济矛盾、政治冲突发展到白热化的程度时，必然会产生有组织的暴力行动，爆发战争。因此，在战争必将爆发的情况下，"不战而屈人之兵"只是一种不切实际的幻想。所以它是唯心主义的，应当否定。

第二种则是持完全肯定态度的意见。这种意见认为,"不战而屈人之兵"充满"不战主义""和平主义"思想,符合当今世界的战略需要,是《孙子兵法》的核心和精髓。

第三种是持辩证分析态度的意见。这种意见认为,"不战而屈人之兵"开辟了解决国家争端的新思路,无论在当时还是在现代都有积极的指导作用。但是,如果把它归纳为孙子整个学说的初衷和真谛,则不符合《孙子兵法》全书的基本倾向和真正主旨。

这三种意见各有其理,很难简单地断言孰是孰非,唯一的办法是结合《孙子兵法》的整个思想体系及孙子所处的时代背景,准确地分析孙子"不战而屈人之兵"的真谛。

人们对"不战而屈人之兵"的理解上有分歧,一个很重要的原因是大家对孙子的思想特点缺乏共同的认识。我认为,孙子是一个理想主义与现实主义完美结合的人,理想主义和现实主义的成分有机地融合于其思想之中,交相辉映,相得益彰。明乎此,对于理解孙子的本意,求得探讨这一问题的共同语言而不至于各执一端,或许是有所裨益的。

春秋时期的争霸战争中,各诸侯国并非单纯为谋取一个"霸主"之名,真正目的在于争夺土地和财富。在长期的争霸战中,许多小国相继灭亡。所谓周初八百国,到春秋中叶以后,就只存几十个国了。而在这几十个仅存的国家中,又以齐、晋、秦、楚,最为强大。《墨子·非攻》引用的一种观点颇能说明它们之所以强大的重要原因:"南则荆吴之王,北则齐晋之君,始封于天下之时,其土地之方,未至有数百里也;人徒之众,未至有数十万人也。以攻战之故,土地之博,至有数千里也;人徒之多,至有数百万人。"孙膑说得更为明白:"战胜而强立,故天下服矣。"

孙子身处这样的时代之中，出于帮助吴国称雄于天下的战略目的，自然要面对现实，认真探索如何在激烈、残酷的军事斗争中"掠乡分众，廓地分利"，努力寻求战胜而强立的法则。这就决定了他的兵法十三篇的主题只能是现实主义的"战胜策"。《形篇》言军事实力的积聚、《势篇》言军事力量的运用、《虚实篇》言争取主动权、《军争篇》言用兵常法、《九变篇》言作战变法、《行军篇》言机动和侦察、《九地篇》言战略进攻，再加上《地形篇》《火攻篇》《用间篇》诸篇，合在一起均在论述"善战"之道。至于"攻其无备，出其不意""奇正相生""避实击虚""示形动敌""因利制权""兵以诈立"等用兵原则，无不以战胜攻取为核心。所以说，一部《孙子兵法》归根结底是教人们如何用兵打仗的。

然而，战争历来是多因素综合作用的产物，其进程和结果都必然受各种因素的制约。春秋之际虽然战火连绵，但至少有三个方面的因素对战争的方式、规模、程度有一定的遏制作用，使战争艺术呈现出多样化的特点。

首先，由于社会生产力十分低下，春秋时期不论大国还是小国，经济基础都十分薄弱，谁也难以长期承担巨大的战争消耗。孙子在《作战篇》中算过一笔账："凡用兵之法，驰车千驷，革车千乘，带甲十分，千里馈粮。则内外之费，宾客之用，胶漆之材，车甲之奉，日费千金，然后十万之师举矣。"可想而知，在经济基础十分薄弱的春秋时代，日费千金的战争是没有几个国家能够长期消受的。这就决定了各国在武力征伐的同时，不得不寻求其他费力小、收效大的途径，以解决彼此的争端。这就是公元前546年向戌弭兵，晋楚等国得以缔结和约，彼此长期休战的根本原因。

其次，诸侯争霸所形成的多极竞争格局使各国互相约束，彼此掣肘，从而使赤裸裸的血腥交战受到一定的遏制。当时，天下逐渐形成五个相对独立的政治、经济区域：一是以齐国为中心的东方诸国，二是以晋国为中心的北方诸国，三是以秦国为中心的西方诸国，四是以楚国为中心的南方诸国，五是以居于"天下之中"的郑国为中心的中原诸国。各区域之间，既有各自的利益又有共同的利益，既彼此觊觎又互相联合。任何一国欲行征伐之事时都必须瞻前顾后，以免引起连锁反应，或给他人可乘之机。同时，被征伐的国家也往往寻求盟国帮助，以遏止敌国行动。"其用战也胜，久则顿兵挫锐，攻城则力屈，久暴师则国用不足。夫顿兵挫锐，屈力殚货，则诸侯乘其弊而起，虽有智者，不能善其后矣。"孙子的这番话显然是针对当时那种螳螂捕蝉黄雀在后的情况说的。

最后，周天子名义上还是天下的共主，西周王朝推行的血缘宗法制度对诸侯仍然有一定的束缚力。宗法制规定：周天子的王位由嫡长子继承，为天下共主。天子的庶子则分封为诸侯，以国为氏，为一国之长，其王位也由嫡长子继承。这就使得同姓诸侯都是兄弟，异姓诸侯多是姻亲，大家都是一家人。在此基础上，周初统治者创立了一整套礼乐制度来维持统治秩序，在处理诸侯之间的矛盾冲突时，主张调和礼让，适可而止，尽量避免"争地以战，杀人盈野；争城以战，杀人盈城"（《孟子·离娄》）的激烈斗争。所谓"不加丧，不因凶""逐奔不过百步"（《司马法·仁本》）以及"君子不重伤，不擒二毛"（《左传·僖公二十二年》）之类军礼，都反映了"服而舍之"的要求。

这三方面的因素综合作用,使伐谋、伐交等非战争行动成为当时降服敌人的重要手段,善谋的一方或通过广泛联合与国孤立敌国,或通过"行人"陈说利害,或通过军事威慑,最终达到不战而胜。齐桓公可谓最擅长此道,而且取得明显效果。他在管仲的辅佐下,以强大国力、军力为后盾,以"尊王攘夷"为旗号,巧妙运用"伐谋""伐交"的手段,谋得了雄厚的政治资本和众多盟国的支持,从而能够"九合诸侯,一匡天下,不以兵车"。在此过程中,他先后进行了23次战争,并且大多数战争都是在进行军事威慑的同时,通过非战争手段取得胜利的。

在春秋战争史上,齐桓公的事迹并非孤证。公元前631年,秦晋联军进攻郑国,郑国大夫烛之武一席话劝退了秦穆公所率秦军,迫使晋文公策划的伐郑战争烟消云散,使郑国危如累卵的形势化险为夷。又如公元前618年,楚穆王率军伐郑、陈两小国,都是在大兵压境后兵不血刃地迫使其屈服的。

作为伟大的军事思想家和军事哲学家,孙子从历史和现实的军事斗争实践中清楚地看到,战胜攻取固然是克敌制胜的主要途径,但并非唯一途径,也不是最好的途径,在一定条件下以谋攻敌同样能使敌屈服,而且效益更大、更完全。于是,孙子在以现实主义精神论述"制胜论"即"百战百胜"之道的同时,提出了"全胜论"的战略思想。十三篇中,孙子提到"全"字的地方有十处之多,诸如"安国全军之道""知天知地,胜乃可全""自保而全胜"等,其中尤以《谋攻篇》最为集中、最为明确。在这一篇中,他明确将"不战而屈人之兵"作为战争的最佳战略,把"必以全争于天下"作为谋攻的理想境界。从这一点来看,孙子又是一个理想主义者。

通观《谋攻篇》全篇,孙子的全胜战略并非唯心主义的空想，而是有其前提条件、物质基础和有效途径的。根据本篇主旨，实现"不战而屈人之兵"的战略，必须以"知彼知己"为前提条件，以"以镒称铢"为物质基础，以"伐谋""伐交"为有效途径。"伐谋"，就是在谋略上战胜敌人，"伐交"，就是在外交上战胜敌人。具体地说，孙子的所谓"不战而屈人之兵"，可理解为在知彼知己、实力优势的基础上，或利用观兵耀武、外交恫吓以使欲战之敌终止战争；或大兵压境、兵临城下，使敌未战先惧；或断敌后路、陷敌死地，使之不战而降。这样便可不损一兵一卒，取得"兵不顿而利可全"的全胜。

然而，金无足赤，人无完人，战无全功。任何事情，将欲取之，必先予之。一兵一卒都不想损失，寸土尺地都不愿放弃，却要获取最完全的胜利，这在自古以来的中外战争史上都是没有先例的。久经战火熏陶的孙子不会不明白这一简单道理，不会把争霸战略全部建筑在"不战"之上。

我认为，正确理解孙子的"全胜"战略要运用辩证法。应当说，"不战而屈人之兵"是理想和现实相结合的产物。其"必以全争于天下"的战略目标具有理想性，"伐谋""伐交""伐兵"的攻敌方法却具有现实性。其中的"不战"是指不用大规模交战的方式，并不是不要一切战争。也就是说，它既可指"伐谋""伐交"的智战，也可指以"伐谋""伐交"为主，"伐兵"、攻城为辅的巧战，从而综合制胜。其核心是以最小的代价赢得最大的胜利。

二、全与破的辩证关系

孙子是军事辩证法大师，其思想观点充满辩证色彩，尤其是其中的主要范畴更是饱含辩证思想。因此，对于孙子的"全胜"战略思想不能孤立地、片面地理解，而应与"战胜策"联系起来分析，从"全"与"破"的辩证关系中求得其真谛。

1. 全与破互为基础，相辅相成

基于"兵以利动"的作战指导思想，孙子善于运用层次分析法，按照"以最小的代价赢得最大的胜利"的原则，为人们排列出可供选择的制胜方法。如"故上兵伐谋，其次伐交，其次伐兵，其下攻城"；"十则围之，五则攻之，倍则分之，敌则能战之，少则能逃之，不若则能避之"；"能而示之不能，用而示之不用，近而示之远，远而示之近。利而诱之，乱而取之，实而备之，强而避之，怒而挠之，卑而骄之，佚而劳之，亲而离之。攻其无备，出其不意"等。这其中都包含着"全"为上"破"次之的原则，而绝没有只要"全"不要"破"的思想。在孙子的思想中，"全"与"破"是辩证统一的，二者相辅相成，共同组成一柄克敌制胜的利剑。根据不同情况，或以伐谋、伐交为主，或以伐兵、攻城为主，无论以谁为主，"全胜策"和"战胜策"无疑都是互为表里、相辅相成的。

2. 全中有破，破中求全

在《孙子兵法》中夸张比喻的表述比比皆是。例如"以镒称铢"，显然并不是要求一定要兵力比敌人多五百多倍才能取胜，只是强调尽可能争取兵力优势而已。同样道理，"全"字也含有夸张之意。它是与"破"相对而言的，既可以指不损一兵一卒的胜利，也可以指损失小、收效大的胜利，中心思想在于指出一个理想的方向，引导人们尽量争取完全的胜利。因此，运用伐谋、伐交之策争取全胜的过程中，并不排除伐兵、攻城之法的运用，而以伐兵、攻城之法争取战胜的过程中也不放弃伐谋、伐交的活动。简而言之,"全"中有"破","破"中求"全"。

《谋攻篇》的第一段话就鲜明地表达了这一思想,即各种规模的作战都应遵循"全"为上,"破"次之的原则。但是,在争取"全国"的过程中可能"破军","破军"的过程中又可能"全旅","全旅"的过程中又可能"破卒""破伍"。这样,便可通过局部之"破",换取全局之"全"。北平和平解放就是这一矛盾运动的典范。打是为了和,不打不能和,打过头了则影响和。毛泽东指挥解放军先打北平西面的新保安、张家口,后打东面的天津城,使北平成为一座孤城,国民党军华北"剿匪"总司令傅作义见大势已去,只好宣布和平起义,让出北平城,命令所有部队接受解放军的和平改编。

3. 全己以破敌,破敌以全己

"安国全军""自保而全胜"都是孙子衡量战争效益的标准之一。实力强大的一方,能够以强大的军事力量为后盾,通过伐谋、伐交达到"不战而屈人之兵"的目的,自然比较容易做到既保全自己的国家和军队又能取得完全的胜利。不言而喻,实力弱小的一方则不那么容易做到两全其美。那么,是不是实力弱小就只能任人宰割呢?其实不然。按照孙子的观点,实力弱小的一方也可以运用一系列谋略争取全胜。他主张,"十则围之",迫敌投降;"五则攻之",战胜敌人。至于兵力弱小时,孙子则要求"少则能逃之,不若则能避之",反对以鸡蛋碰石头。然而,"逃之""避之"并不是消极避战,而是为了达到"敌虽众,可使无斗"的目的,是先保全自己然后待机破敌的一种方法。

弱者破敌不可能一蹴而就,必须巧妙蚕食敌人,逐步转化力量对比,最后实施战略反攻。这就要求在蚕食敌人的过程中善于与敌周旋，在局部上形成"我专为一，敌分为十，是以十攻其一"的有利状态，从而逐步破敌全己。范蠡助越灭吴显然就采用了这一策略。公元前494年越国在夫椒被吴国打败之后，越国大夫范蠡采取一系列谋略迷惑、麻痹吴王，使之放弃灭亡越国的念头，并怂恿吴王北上争霸，既消耗其军力，又破坏其与齐、晋等国的外交关系。与此同时，他协助越王发展生产，加强军备，逐步恢复综合国力。经过"十年生聚，十年教训"之后，越军两次乘吴王率军北上争霸之机袭击吴国都城姑苏，最终灭亡吴国。这一过程中，范蠡巧妙地将"全己"与"破敌"结合起来，虽然最终是以战略突袭打败吴军的，但从全过程来看，主要是以伐谋、伐交取得胜利的，堪称弱国巧用"全胜策"和"战胜策"的典范。

三、全破论的当代价值

孙子的"全胜为上的综合制胜论"，正确揭示了直接军事斗争与间接军事斗争的关系，阐明了有效保存自己与巧妙打击敌人的关系，融理想战略与现实战略于一体，使中国古代战争艺术大大地前进了一步。"不战而屈人之兵"的综合制胜战略思想备受后人青睐，历代兵学家、军事家们继承它、发展它，使之犹如一条红线在中国军事史上贯穿了两千多年。

自战国时代起，兵家便开始继承孙子全胜为上的综合制胜思想，并有所发展。这种发展在理论上就表现为内容更确定、方法更具体。例如，《尉缭子》提出："高之以廊庙之论，重之以受命之论，锐之以逾垠之论，则敌国可不战而服。"《六韬》提出"全胜无斗，大兵无创"，认为"故善战者，不待张军；善除患者，理于未生。善胜敌者，胜于无形。上战无与战。故争胜于白刃之前者，非良将也。设备于已失之后者，非上圣也"。虽然表述各异，但以"先胜"求"全胜"的思想却是一致的。清太祖努尔哈赤也十分欣赏孙子的全胜战略思想，认为"平时以正为上，军中以智巧谋——不劳己、不钝兵——为上""当征战之际，最上者，莫过于不损己兵，而能胜敌者也"。这种主张显然是化用孙子全胜战略思想的结果。

经过第二次世界大战的巨大破坏之后，处于冷战之中的人们开始寻求新的制胜之道。英国军事理论家利德尔·哈特首先注意到孙子"不战而屈人之兵"的战略思想，他在《战略论》中写道："最完美的战略，也就是那种不必经过严重战斗而能达到的战略——所谓不战而屈人之兵，善之善者也。"又说："尽管这种不流血的胜利是极其罕见的现象，但是物以稀为贵，它的意义不是迅速减少，而是不断增大。"并且声称他的"间接路线战略"乃脱胎于《孙子兵法》"不战而屈人之兵"的战略思想。1978年，美国战略研究中心领导人福斯特和日本东京都产业大学教授三好修等一批人受孙子思想的启发，提出了所谓"孙子的核战略"，即建立对苏的战略优势，离间其盟国，扩大其内困，陷苏联于东西方两面作战的境地。

可以预料，随着信息化的发展和世界格局的变化，孙子"不战而屈人之兵"的全胜战略思想，必将更加受世人重视。我们作为孙子的后代，理应更加深刻地领悟其精神，并将其更加灵活地运用于信息化战争及平时维护国家利益的斗争之中，绝不能数典忘祖。

第五章　攻虚击弱的虚实制胜论

唐太宗曾说："朕观诸兵书，无出孙武，孙武十三篇，无出《虚实》。夫用兵识虚实之势，则无不胜焉。"身经百战的唐太宗如此推崇孙子的《虚实篇》，并且认为只要懂得"虚实"就能百战百胜，足见"虚实"二字非同一般，是古代兵法中的一个重要命题，其中蕴含着克敌制胜的神奇妙道。

一、虚实的多种表现形态

"虚实"作为军事术语，从文献记载上看，最早提出来的是《孙子兵法》。在《孙子兵法》中它出现过两次，一次是《势篇》："兵之所加，如以碫投卵者，虚实是也。"一次是作为篇名：《虚实篇》。以"虚实"为篇名，传世各本皆同，只有银雀山汉简作《实虚》。证诸《管子·玄宫》，亦言"定实虚胜"。按孙子的表述习惯，对于相关事物的表述通常是按重要性依次排列的。如"道、天、地、将、法"中，"道"为先；"智、信、仁、勇、严"中，"智"为先。又如"知彼知己，百战不殆"中，先"彼"后"己"；"全国为上，破国次之"中，先"全"后"破"。再如篇目安排上，先"计"后"谋"，先"形"后"势"，不可颠倒。那么，先"实"后"虚"也并非毫无用意，其中显然包含着孙子注重军力强盛而非虚弱的一贯主张。由此推测，或许古本原作就是"实虚"。后人未解其意，按语音习惯将之改为"虚实",虽无伤大雅,但毕竟未能完全反映孙子本意。鉴于"虚实"二字已相沿成习,回改已无必要。

"虚实"是一对内涵高度抽象、外延十分广泛的概念,有多种多样的表现形态。一般而言,无者为虚,有者为实;空者为虚,坚者为实。表现在军情上,大凡怯、弱、乱、饥、劳、寡、不虞……为虚,勇、强、治、饱、逸、众、有备……为实,凡军情的各种状态均可用虚实二字来表示。所以说,虚实是衡量军情的一面多棱镜。通过这面多棱镜,可以全面分析敌对双方各方面的情况,为正确决策提供可靠的依据。

宋人郑友贤《孙子遗说·序》中的一段绝妙解说揭示了虚实在军情上的多方面表现,不妨著录如下。他认为《孙子兵法·虚实篇》:

"一篇之义,首尾次序,皆不离虚实之用,但文辞差异耳。其意所主,非实即虚,非虚即实,非我实而彼虚,则我虚而彼实,不然则虚实在于彼此,而善者变实而为虚,变虚而为实也。虽周流万变,而其要不出此二端而已。凡所谓待敌者佚者,力实也;趋战者劳者,力虚也。致人者,虚在彼也;不致于人者,实在我也。利之也者,役彼于虚也;害之也者,养我之实也。佚能劳之,饱能饥之,安能动之者,佚、饱、安,实也,劳、饥、动,虚也;彼实而我能虚之也。行于无人之地者,趋彼之虚,而资我之实也。攻其所不守者,避实而击虚也;守其所不攻者,措实而备虚也。敌不知所守者,斗敌之虚也;敌不知所攻者,犯我之实也。无形无声者,虚实之极而入神微也。不可御者,乘敌备之虚也;不可追者,畜我力之实也。攻所必救者,乘虚则实者虚也;乖其所之者,能实则虚者实也。形人而敌分者,见彼虚实之审也;无形而我专者,示吾虚实之妙也。所与战约者，彼虚无以当吾之实也；寡而备人者，不识虚实之形也。众而备己者，能料虚实之情也，千里会战者，预见虚实也。左右不能救者，信人之虚实也。越人无益于胜败者，越将不识吴之虚实也。策之、候之、形之、角之者，辨虚实之术也……不能窥谋者，外以虚实之变惑敌人也；莫知吾制胜之形者，内以虚实之法愚士众也。水因地制流，兵因敌制胜者，以水之高下喻吾虚实变化不常之神也。五行胜者，实也；囚者，虚也。四时来者，实也；往者，虚也。日长者，实也；短者，虚也。月生者，实也；死者，虚也。皆虚实之类，不可拘也。"

这一番淋漓尽致的议论，把孙子《虚实篇》的主旨、层次、方法分析得十分透彻。充分说明，虚实无处不在。敌对双方有虚就有实，有实就有虚，既无无虚之实，也无无实之虚。从古至今，战争中的虚实是永远存在的，高明的将帅就在于能够透过多种表面形态预见敌我之情，分辨虚实，并充分发挥能动性转化虚实之势。

二、巧施谋略，转化虚实

孙子认为"虚实"不是孤立的，也不是一成不变的，而是相互联系、相互依存、相互转化的，经过主观努力可以变虚为实，变实为虚，从而争取主动有利的地位。正如《淮南子·兵略训》所言："故胜兵者，非常实也；败兵者，非常虚也。善者能实其民气，以待人之虚也；不能者虚其民气，以待人之实也。故虚实之气，兵之贵者也。"

以强胜弱，以实胜虚，是军事上一条不变的规律。因此，但凡聪明的国君、将帅，在战争中无不争取处实而避虚，力求达到孙子所强调的"以镒称铢""以碫投卵"的主动有利地位。

在孙子看来,争取作战主动权不外乎两条原则。一是"先为不可胜,以待敌之可胜",在未战之前,先集中优势兵力,占领有利地形,完成作战部署,这样便能居于主动地位,以逸待劳。二是"致人而不致于人",通过各种谋略手段调动敌人而不被敌人调动,使敌人由强变弱、由实变虚。"先为不可胜"的问题,"谋形造势的形势论"中已详作论述,在此不必重复,需要重点说明的是"致人而不致于人"的问题。

唐代兵家李靖曾评价说,古代兵法千章万句,最重要的莫过于"致人而不致于人"。这位曾经的著名战将之所以如此重视这一原则,关键就在于它道出了夺取作战主动权的奥秘。"致人",即调动敌人,使敌势常虚;"不致于人",即不受敌人的调动,使我势常实。敌势常虚,我势常实,自然胜负易见。所以,李靖之言并无夸张之意。那么,怎样才能"致人而不致于人"呢?主要方法是运用"示形动敌"。

所谓"示形动敌",就是利用各种假象和伪装欺骗来调动敌人。在古代,"示形动敌"主要是利用天然屏障,设置假目标、实施佯动或牵制性的进攻等方法来迷惑敌人,隐蔽自己的战斗配置、兵力数量和作战行动,使敌人在盲目运动中逐渐消耗,甚至自乱阵脚。吴国破楚入郢之前,伍子胥提出的"三师肆楚"之策,就有效地迷惑和疲惫了楚军,使楚军由实变虚、由强变弱,同时为吴军赢得了进攻楚国的主动权。

孙子认为,要想有效地"示形动敌",必须遵循"形人而我无形,则我专而敌分"的谋略原则。"形人",是指使敌人暴露真相;"无形",是指隐蔽自身的真形。只要能成功地运用这一原则，无论进攻还是防御都能使敌人不明我方实情，不知虚实；而我方却能对敌人的情况洞若观火，了如指掌。具体说来，在防御战斗中，敌人不知我方防御重点，四处分兵乱撞，我方却集中兵力，隐蔽待机，形成我专为一、敌分为十的态势。以十击一，无疑是以实击虚，当然容易打退敌人的进攻。在进攻作战时，敌人不知我方的主攻方向、主攻目标，不得不分兵把守，处处设防，形成"备前则后寡，备后则前寡，备左则右寡，备右则左寡，无所不备，则无所不寡"的态势，从而由实变虚，丧失主动地位。即使面对十分强大的敌人，只要做到"形兵之极，至于无形"，同样能使敌人如盲如聋，"不知战地，不知战日"，无法与我交战。

公元前632年，晋楚城濮之战，可谓成功运用"示形动敌"之法取胜的战例。晋军的下军副将胥臣将驾车的马蒙上虎皮，出敌意外，打败了楚右军陈、蔡弱军；晋上军主将狐毛竖起大旗冒充中军主力，扬起满天尘土，伪装溃败。这一系列"示形"，终于使楚军中军主将子玉、左军主将子西做出了错误的判断，贸然进攻。最终，楚军左军遭到晋军夹击，大部被歼。又如，公元前555年的齐晋平阴（今山东平阴东北）之战，晋军采取在山上遍插旌旗，在车后用树枝扬起尘土等办法显示兵力众多，威慑齐灵公。结果，齐灵公果然认为晋、鲁联军兵力强大，不敢迎战，连夜逃走。

实践证明，善于"示形动敌"的一方，即使兵力弱小，也能够做到"致人而不致于人"，争取局部上的以实击虚，在主要方向、主要战斗中掌握主动权。

三、攻虚击弱的若干方法

当我们仔细阅读了《虚实篇》之后，就可以清楚地看到，孙子在战机选择问题上揭示了一条规律，这就是化实为虚、避实击虚。他认为，这条规律与水往低处流的规律颇为相似。水或止或流，或急或缓，它无论怎样变化都要受地形高低广狭的制约。战机的选择也是如此，敌情的虚实决定着我方或击或避。孙子还强调，凡善于化实为虚、避实击虚而取胜的人，可以称为用兵如神。

"虚实"二字有着广泛的涵盖，化实为虚、避实击虚的规律也有着多种表现方式、多种方法。其中，孙子比较注重的主要有以下几种。

1.出其所必趋，攻其所必救

"出其所必趋"与"攻其所必救"是互为表里的两句话。"必趋"就是"必救"。但是在十一家注本、武经本等传世本中皆作"出其所不趋"。既然上文是"敌佚能劳之，饱能饥之，安能动之"，下文应当是"出其所必趋"才符合文义。如果敌人"不趋"，怎能"劳之""饥之""动之"呢？参照汉墓竹书，此处文句却是"故敌逸能劳之，饱能饥之者，出于其所必趋也"，前后文意贯通。曹操注释说："使敌不得不相往而救之也。""攻其所必爱，出其所必趋，则使敌不得不相救也。"可见，他所见到的版本也是"必趋"而非"不趋"。传世本中的"不趋"不符孙子原意，显系后人臆改。

纠正了传世本的错误，孙子"避实击虚"之计的高明之处便十分醒豁地展示在我们面前了。在孙子看来，怎样才能调动敌人，在运动中削弱和消耗敌人呢？办法就是"出其所必趋"。

打击与敌人利益攸关的要点，迫使其出兵救援，从而使其由逸变劳、由饱变饥、由安变危、由实变虚。齐魏"桂陵之战"可谓"出其所必趋"的最好注脚。

周显王十五年（公元前354年），赵国在齐国的支持下，迫使归服于魏的卫国向赵屈服。魏惠王派将军庞涓率兵8万攻卫伐赵，围困赵都邯郸（今河北邯郸）。次年，赵向齐求救，齐以田忌为主将，孙膑为军师，领兵8万救赵。孙膑认为，魏军攻赵已有一年时间，主力消耗于外，国内必然空虚，应当直趋魏都大梁（今河南开封），迫使魏军回师自救，齐军于其归途截击，可达到既援救赵又打击魏的目的。田忌采纳孙膑之计，果然诱使魏将庞涓放弃邯郸而回救大梁，一头撞入齐军在桂陵布下的伏击阵，致使魏军大败，庞涓本人也束手就擒。

2．攻其所不守，守其所必攻

"避实击虚"是战争中的客观规律，而不是个人的专利。无论进攻一方还是防御一方，只要运用得当，均可克敌制胜。所以，孙子分别从攻防两方面阐明避实击虚的方法。他的名言是："攻而必取者，攻其所不守也；守而必固者，守其所必攻也。"

曾经有朋友问，进攻作战讲究打敌重心，进攻敌人不防守的地方有什么意义呢？诚然，战争中最讲效益，孙子尤重效益，绝不会要求人们去做徒劳无益的事情。"不守"二字是孙子惯用的夸张手法，但并非完全不予防守，而是相对来说防守比较薄弱、比较虚弱之处。进攻这样的地方，可以攻必取、战必胜，代价小而效益大。所以，孙子说"进而不可御者，冲其虚也"。吴起也赞同"用兵必须审敌虚实而趋其危"。"危"，即危险之处，防守薄弱之处。孙膑更进一步指出，"必攻不守，兵之急者也"，把进攻敌人防守空虚的地方视为进攻中最关键的问题。

换言之，敌之不守，并不是不想守，而是我方巧用谋略迷惑敌人、调动敌人，使之不知如何守，更不知守何处。

"守其所必攻"之句，各传世本皆作"守其所不攻"。汉简本作"守其所必（下缺）"，《御览》卷三一七引此作"守其所必攻"。按常理分析，守敌所不攻之地，固然可以守而必固，上下文意亦似通畅，然而敌人既不攻，则何须加强守备？而且如此守备，又何益于战胜攻取？如作"必攻"，连接上句，其意即为：防御之所以牢不可破者，是因为防御力量皆配置在敌人必攻之地，予敌以迎头痛击。两相比较，似乎"必攻"更合孙子本意。

孙子主张防守敌人必然进攻的地方并不是要求人们一定要与进攻之敌死打硬拼。在他看来，虽然防守的是敌人必攻之地，但这种防守能使敌人无法展开进攻。这主要有两种途径。一是"分敌"。通过各种"示形"手段，分解敌人的兵力，造成敌分为十而我专为一的态势，以致防御正面的敌人兵少力弱，难以展开强有力的攻势。二是"乖敌"，即调开敌人。孙子在《虚实篇》中两次说道："我不欲战，画地而守之，敌不得与我战者，乖其所之也。""敌虽众，可使无斗。"意思都是说，防御时可想办法将敌人调离我方防御阵地，使敌方无法实施进攻。显然，"分敌"也好"乖敌"也罢，其目的均在于转化虚实，使对方由实变虚。如果运用得当，我方虽处于敌必攻之地，也可守而必固，安然无恙。

3．先所其爱，微与之期

"避实击虚"，并不意味着逢虚就击，见实就避。孙子说过："途有所不由，军有所不击，城有所不攻，地有所不争。"从虚实角度来理解，这几句话的意思是：途虽可由而不由，军虽可击而不击，城虽可攻而不攻，地虽可争而不争。那么，由何途，击何军，攻何城，争何地呢？孙子的主张是"先其所爱"。他在阐述战略进攻、突然袭击时也强调"敌人开阖，必亟入之，先其所爱，微与之期"。什么是孙子所说的"爱"呢？曹操解释说："夺其所恃之利。"赵本学注："或积聚所居，或救援所恃，或心腹巢穴所本者，皆是所爱也。"意思是说，要夺取与敌人利益攸关的要点，诸如指挥部、结合部、后勤基地、预备队等关键之处。这些地方虽然重要，但往往容易形成"灯下黑"，疏于戒备。孙膑把这类部位称之为"亢"，即咽喉，喻指要害。它虽是要害却有可能虚弱。孙膑继承了孙子"避实击虚"的思想，主张"批亢捣虚"。他认为进攻作战，攻击点如果选在既是敌人要害又是敌人的虚弱之处，就能收到四两拨千斤的效果。

东汉建安五年（公元200年），曹操火烧乌巢可谓是"先其所爱"的成功战例。当时，曹操以3万之军与袁绍10万大军对峙于官渡河两岸，经两月激战，曹军士卒疲惫，粮秣殆尽，濒临失败。10月间，袁绍派遣淳于琼率兵万余押运粮车，屯于袁绍大营以北40里处的乌巢（今河南封丘西），并增兵防守。曹操得知此讯，立即亲率5000精兵，冒用袁军旗号，诈称援兵，乘夜取小道直奔乌巢，围困淳于琼，一举焚毁屯粮。乌巢大火，如同点中了袁绍的要穴，使袁军将士顿时瘫软下来，斗志全无，一时间内讧、叛逃事件接踵而至，致使袁军迅速土崩瓦解，四处溃散。曹操乘势反攻，消灭袁军大半。此战，曹操的成功之处，就在于抓住了袁军之所"爱"。

综上所述，无论是辨敌虚实、变化虚实，还是攻虚击弱，都是"虚实制胜论"的题中之义，它们既可以是战术问题，也可以是战略问题，其实质都是为了正确把握双方力量的强弱，选定主要作战方向和主要打击目标。

  禅宗的《坛经》说："一灯能除千年暗，一智能除万年愚。"孙子虚实制胜论无疑是能除万年愚的大智大慧，后世兵家无不从中撷取智慧的星光，去照亮变幻莫测的战场。例如"击其微静，避其强静；击其倦劳，避其闲窕；击其大惧，避其小惧。自古之政也"（《司马法·严位》），"释实而攻虚，释坚而攻脆，释难而攻易"（《管子·霸言》）以及"夫与人斗，不搤其吭，拊其背，未能全其胜也"（《史记·刘敬叔孙通传》）。这些著名的主张显然都是人们在不同的历史条件下对孙子"避实击虚"思想的发挥和发展。

第六章 变化常规的奇正制胜论

关于孙子所言"奇正",宋人王晳注:"奇正者,用兵之钤键,制胜之枢机也。""钤键""枢机"均喻指事物运动的关键。王晳的解释是正确的。孙子论奇正,涉及军事地理、作战阵法、兵力配备、战法变化等多方面内容,其核心是研究作战指挥的艺术。所以,将奇正称之为用兵作战、克敌制胜的关键并非溢美之辞。不仅古人用兵作战讲究奇正,即使拥有信息化武器装备的今人也不能不注重奇正。而且,可以毫不夸张地说,信息化战争中的指挥员如果善于运用孙子的奇正制胜之道,必将使手中的信息化武器装备发挥更大的威力。这也正是我们必须学习和研究孙子"奇正制胜论"的主要原因。

一、奇正概念的基本涵义

奇正本源于古代五军阵的队形变换。五军阵由前、后、左、右、中五个小方阵构成。《握奇经》解释说:"四为正,四为奇,余奇为握机。"所谓"四为正,四为奇",即前、后、左、右四个小方阵为战斗部队的位置,称为"实地",位于"实地"的部队就是正兵;战斗部队之间的间隙地带称为"虚地",利用"虚地"实施机动的部队就是奇兵。所谓"余奇为握机",即指由大将居中控制的兵力,称为余奇之兵或余零之兵。五军阵的原则是"薄中厚方""居中御外",奇兵和正兵的区分和调动全由中军将帅决定。一般说来，四正是主要兵力，四奇是次要兵力。整个五军阵，当其作为一个实体时，奇兵与正兵可以互相易位，并没有固定不变的位置，"合而为一，平川如城"，"散而为八，逐地之形"。

随着战争规模和作战形态的发展，奇正概念的内涵也不断发展。它由阵法术语逐渐演变为兵法术语，甚至治军理国的术语。老子最先赋予它理性的色彩，主张用正常的、一般的方法治理国家，用出人意料的、不同寻常的方法统军作战。但是，真正将奇正作为兵法术语则始见于《孙子兵法·势篇》："三军之众，可使必受敌而无败者，奇正是也。""凡战者，以正合，以奇胜。""战势不过奇正，奇正之变，不可胜穷也。奇正相生，如循环之无端，孰能穷之？"中国兵书不同于西方兵书的一个突出特点，就是偏重哲学思辨与直觉顿悟，而不是逻辑推理与案例推演。孙子虽然在《势篇》中用了120多个字说明"奇正"，但"奇正"究竟是什么？其中包含哪些内容？他并没有直接说明。这就为后人理解和发挥"奇正"的含义留下了充分的余地。《十一家注孙子》中关于"奇正"的解释有八种之多：

曹操曰："先出合战为正，后出为奇。"

李筌曰："当敌为正，傍出为奇。"

贾林曰："当敌以正阵取胜，以奇兵前后左右俱能相应，则常胜而不败也。"

梅尧臣曰："动为奇，静为正，静以待之，动以胜之。"

何氏曰："兵体万变，纷纭混沌，无不是正，无不是奇。若兵以义举者，正也；临敌合变者，奇也。我之正，使敌视之为奇；我之奇，使敌视之为正。正亦为奇，奇亦为正。"

张预援引《尉缭子》曰："正兵贵先，奇兵贵后。"

李卫公曰:"兵以前向为正,后却为奇。"

唐太宗曰:"以奇为正,使敌视以为正,则吾以奇击之;以正为奇,使敌视以为奇,则吾以正击之。"

以上八种解释,各有侧重,从不同角度揭示出奇正的多种含义,并使之具体化、形象化。如果用今天的术语归纳各家解释,奇正在兵力部署和战术变换等方面大致有如下区别:从军队的部署上看,主力部队为正,奇袭分队为奇;警戒守备部队为正,机动出击部队为奇。从作战方式上看,先发制人为正,后发制人为奇;正面攻击为正,迂回侧击为奇;明攻为正,暗攻为奇。从作战原则上看,按通常的方法作战为正,根据战场情况变化采取特殊方法作战为奇。

根据奇正的内涵,二者的区别还可以作多种分析。对于指挥员来说,重要的不是尽知奇正的各种形式,而是把握其基本内涵,然后根据具体情况灵活运用。按照孙子本意,综合各家解释,奇正内涵的区别不外乎两点:一是兵力的主次,二是战法的常变。无论古今,用兵作战者只要善于灵活变化运用这两点,便不难做到"攻其无备,出其不意",从而收到出奇制胜之效。

二、奇正变化,全力制胜

奇与正既相对独立,又相互联系、相互转化。我们对二者的内涵和关系绝不可作机械的、片面的理解,而应当深入把握其奥妙之所在。事实上,孙子并不在乎奇正的具体对象,而重在说明二者的辩证关系。

首先,孙子认为奇正紧密相连,不可分割。他提出:"凡战者，以正合，以奇胜。"认为在作战指挥过程中，军队有正兵与奇兵之分，人们可以区分主要兵力和次要兵力，可以选用常规战法和特殊战法，但不可彼此割裂，互不相干。正确的方法是，"奇正相生"。二者既相区别又有联系，主要兵力与次要兵力、常规战法和特殊战法相辅相成。例如，排兵布阵时，正兵主于自固，奇兵主于制敌。正兵为奇兵作掩护，奇兵也以正兵为依靠。《唐太宗李卫公问对》说得好："凡将，正而无奇，则守将也；奇而无正，则斗将也；奇正皆得，国之辅也。"

其次，孙子认为奇正是可以相互转化的。在他看来，奇正之道重在于"善变"。所以，他集中使用大段文字来突出强调奇正之变。如"故善出奇者，无穷如天地，不竭如江河。终而复始，日月是也。死而复生，四时是也。声不过五，五声之变，不可胜听也。色不过五，五色之变，不可胜观也。味不过五，五味之变，不可胜尝也。战势不过奇正，奇正之变，不可胜穷也。奇正相生，如循环之无端，孰能穷之？"这里，孙子连用了若干个生动形象的比喻。其一，奇正要像天地江河一样变化无穷。其二，奇正要像日月星辰、春夏秋冬一样循环往复。其三，奇正要像五声（宫、商、角、徵、羽）、五色（青、黄、赤、白、黑）、五味（酸、咸、辛、苦、甘）那样千变万化。那么，战势不过奇正两种情况，怎么能够像五声、五色、五味那样变化呢？

《唐太宗李卫公问对》深刻地阐述了其中的奥妙，指出："以奇为正者，敌意其奇，则吾正击之；以正为奇者，敌意其正，则吾奇击之。使敌势常虚，我势常实。"原来，奇正并不是一成不变的，应根据一定的情况，采用种种示形惑敌的措施，利用奇正之变巧妙地打击敌人。这样，既可以把奇兵变为正兵使用，使敌人误以为是奇兵，我方却以正兵打击它；又可以把正兵变为奇兵使用，使敌人误以为是正兵，我方却以奇兵袭击它。这样用兵，就能使敌人经常处于虚弱不利的态势，而我方则经常处于强大有利的态势。李靖进一步发挥说："善用兵者，无不正，无不奇，使敌莫测。故正亦胜，奇亦胜。"韩信的背水阵堪称巧用奇正之变的典范。

汉高帝三年（公元前204年）十月，韩信率兵数万攻赵，赵军号称20万兵力守于井陉口（今河北井陉西北）东。在众寡悬殊面前，韩信针对赵将陈余"不用诈谋奇计"的特点，决定出奇制胜，一举破赵。他进军到井陉口西30里扎营，半夜派出2000轻骑，每人持汉军赤旗一面，潜伏于赵军附近的山中，待机攻占赵营。又派出10000人为前锋，令其背靠绵蔓水（今绵河）列阵。赵军对潜伏的汉军毫无察觉，见了背水列阵的汉军前锋都大笑不止，以为韩信置兵于"死地"，根本不懂用兵的常识，一心等其主力到来，聚而歼之。天明之后，韩信传令全军即刻进发，誓要"灭此朝食"——击溃赵军再吃早饭；随即树起大将旗鼓，率军越过井陉口。赵军出营会战，韩信佯败退入背水阵中。赵军倾全力攻击背水阵，汉军无处可退，人人死战。这时汉军的2000轻骑突然从侧翼袭占赵营，拔掉赵旗，插上汉旗。激战中的赵军见营垒丢失，顿时大乱。韩信乘势反击，大获全胜，斩杀陈余，追擒赵王歇，一举灭赵。

此战韩信背水列阵实则以正为奇，反常规用兵，诱敌出击，同时，以正兵掩护奇兵，以奇兵偷袭赵营，因而收到出其不意、以寡击众的奇效。战后众将都问韩信，兵法上规定要"右倍山陵，前左水泽"，为什么这次背水列阵反而打了胜仗？韩信说，兵法上讲"陷之死地而后生，置之亡地而后存"，背水列阵就是依据这一特殊原则所采取的出奇制胜方法。这说明，无论以正为奇还是以奇为正，都不是随心所欲的，而是必须有所依恃，必须依据某种规律。

需要指出的是，奇正的运用不是孤立的，它还必须与示形、虚实等方法结合起来。只有灵活运用各种示形手段迷惑敌人，使其产生错误判断，或综合运用多种方法调动敌人，使其由实变虚，才能使奇正之变达到"微乎微乎，至于无形，神乎神乎，至于无声，故能为敌之司命"的程度，从而达到合力制胜的目的。这是提高驾驭战争能力的一项重要艺术，因而为历代兵家所重视。

三、出奇制胜思想的延伸

观诸中国古代兵书，奇正几乎是各兵书中不可或缺的问题。历代兵家从孙子的"奇正论"中领悟了用兵领域中特殊和一般的辩证法关系，并结合各自的时代条件作了某些深化，从而使奇正这一对范畴包含着更为丰富的内容。

关于奇正的重要性问题，《唐太宗李卫公问对》指出："苟将不知奇正，则虽知敌虚实，安能致之哉！"《武经总要》说得更为明白："历观前志，连百万之师，两敌相向，列阵以战，而不用奇者，未有不败亡也。故兵不奇，则不胜。凡阵者，所以为兵出入之计而制胜者，常在奇也。"

关于用奇的时机问题，公元200年曹操与袁绍对峙于官渡时，荀彧告诫曹操："公以十分居一之众，画地而守之，扼其喉而不得进，已半年矣。情见势竭，必将有变，此用奇之时，不可失也。"曹操纳其言，夜袭乌巢，果然大败袁绍。这说明战局转换关头,往往是用奇的最好时机。《唐太宗李卫公问对》将奇正与虚实联系起来,进一步指出:"奇正者,所以致敌之虚实也。敌实,则我必以正;敌虚,则我必以奇。"强调出奇制胜必须与避实击虚结合起来,趁敌之虚,以奇制敌。

关于奇正的配合问题,曹操曾作过概略说明:"以五敌一,则三术为正,二术为奇。以二敌一,则一术为正,一术为奇。"《阵纪》发展了孙子的"奇正相生"之说,提出"有正无奇,虽整不烈,无以致胜也;有奇无正,虽锐无恃,难以控御也",要求奇正相互配合,互为保障。

关于奇正的转变问题,明太祖朱元璋曾告谕将士说:"阵势或圆或方,或纵或横,敛合布散,倏往忽来,使人莫测。善用兵者,以少为众,以弱为强,逸己而劳人,伐谋而制胜……虽有勇者莫能施其力,智者莫能用其谋,斯为妙矣。大抵两敌相对,在审其强弱,识其多寡,以正应,以奇变,奇正合宜,应变弗失,百战百胜之道也。"

奇正虽然是一对古老的军事范畴,但其中所包含的辩证思想却有着旺盛的生命力。毛泽东四渡赤水堪称出奇制胜的典范,尼克松借鉴孙子的奇正论修正了美国的对苏战略,这都是在新的历史条件下对奇正思想的创新和发展。信息化条件下的现代战争中,奇正之变必将更有用武之地,海湾战争期间美军的地面进攻可谓孙子奇正制胜之道的具体运用。难怪,当时有位西方记者幽默地说:"有一位 2500 多年前的中国老人在默默地指挥着这场战争。"

第七章　变易主客的攻守制胜论

　　孙子向吴王阖闾呈献兵法十三篇，旨在帮助吴国强盛，指导吴王战胜诸侯，谋取天下霸权。基于这一目的，《孙子兵法》在战略上更多地偏重为客之道，即战略进攻。这种思想倾向渗透于各篇之中，并与"全破""奇正""虚实""众寡"等范畴交织一体，融合成一系列进攻原则和方法。进攻与防御是战争中不可分割的孪生兄弟，二者既相互区别、相互矛盾，又相互依存、相互转化，从而构成统一的整体。作为一位深谙辩证法的军事思想巨匠，孙子自然不会单纯强调为客之道而忽略重在防御的为主之道。在十三篇中，防御的原则和方法多与进攻的原则和方法形影不离，互相辉映。这种变易主客的奇正制胜论，深富辩证法思想，饱含制胜智慧，其中某些思想观点，即使在信息化战争中仍有十分重要的参考和借鉴作用。

一、为客之道贵在速战速决

　　孙子在《九地篇》中指出："凡为客之道：深入则专，主人不克。""凡为客之道，深则专，浅则散。"在这里，"客"指深入敌境作战的军队。《礼记·月令》注："为客不利。"疏引《正义》曰："起兵伐人者，谓之客。"那么，守土御敌者，当为主。"主"即在本土作战的军队。显然，主客是就双方所处战场态势而言的，攻守则是就双方所取作战形式而言。一般来说，为客必攻，为主必守。主客与攻守这两对概念虽各有侧重，实则是一个问题的两个方面，所以，古人往往把主客与攻守相提并论。

所谓"深入则专，主人不克""深则专，浅则散"，意在说明进攻的特点。客军深入敌国境内，随时可能陷入敌人的包围，因而全军上下比较容易团结一致，共同奋战，以致主军无法抵御。相反，如果只在敌境浅近处作战，退却方便，那么，军心就容易涣散，难以取得决定性的胜利。不言而喻，要想达到"主人不克"的效果，上策是实施深远作战。孙子在进攻问题上的观点很明确，力求专一，避免分散。因此，他提出了纵深突袭的主张，其中特别突出地强调了速战速决的原则。孙子认为，只有速战速决，才能以迅雷不及掩耳之势打击敌人，才能使自己部队的军心士气保持最佳状态，从而赢得纵深突袭的胜利。

这个思想在《作战篇》中讲得十分明白，如"其用战也胜""兵久而国利者，未之有也""兵闻拙速，未睹巧之久也""故兵贵胜，不贵久"。孙子之所以如此重视速战速决，除了纵深突袭的客观要求外，还有两个重要原因。

一是经济原因。战争不是单纯的军事行为，而是以经济为基础的复杂活动。经济基础的厚薄，直接影响着战争的胜负。孙子对当时战略进攻的准备过程有过一番精确的描述："凡用兵之法，驰车千驷，革车千乘，带甲十万，千里馈粮，则内外之费，宾客之用，胶漆之材，车甲之奉，日费千金，然后十万之师举矣。"在生产力水平还十分低下的春秋时代，任何一个诸侯国都难以长期承受如此沉重的经济负担。一旦战争久拖不决，势必"力屈、财殚，中原内虚于家。百姓之费，十去其七；公家之费，破车罢马，甲胄矢弩，戟楯矛橹，丘牛大车，十去其六"。这种巨大的物资消耗往往与战争胜利成反比。消耗越大，国力、军力越衰弱，取胜的希望越渺茫。

二是政治原因。军队长期在外作战，国家必然增加老百姓的赋税，从而引起国内人民的不满，导致社会动乱。同时，由于军队在外损失巨大，国内防守空虚，相邻诸侯国很可能乘虚而入。国家一旦陷入这种内忧外患、腹背受敌的状态，即使有神兵天将也无法挽救失败的命运。

那么，怎样才能实现进攻速决的战略目的呢？归纳孙子的思想，大致有三条要求。

首先，要秘密伪装，出奇制胜。进攻的优势就在于具有主动性、突然性，迅速而猛烈的进攻，往往能使敌人措手不及，一触即溃。所以，孙子提出了用兵贵密的思想。《九地篇》便是论述这个问题的一个专篇。从秘密策划、周密准备、窥测战机到突然袭击等一系列内容，都在该篇的结语中得到了清楚的表述。孙子要求在策划和准备进攻作战的过程中，要"易其事，革其谋，使人无识；易其居，迂其途，使人不得虑"。引申而言，凡属战略进攻性的军事行动，诸如战略展开的时间和范围，主攻方向以及发起突袭的时间等，都要严密地伪装，不使敌人察觉。

孙子认为进攻发起前夕，要"夷关折符，无通其使。厉于廊庙之上，以诛其事。敌人开阖，必亟入之。先其所爱，微与之期。践墨随敌，以决战事。是故始如处女，敌人开户；后如脱兔，敌不及拒"。意思是：要封锁关口，销毁通行符证，不许敌国使者往来，在庙堂秘密策划，做出战略决策。一旦有机可乘，就要迅速乘机而入。首先夺取敌人的战略要地，但不要轻易约期决战。敌变我变，灵活决定自己的作战行动。因此，战争开始之前要像处女那样沉静，使敌人放松戒备；战争展开之后，要像脱逃的野兔一样迅速行动，使敌人来不及抵抗。只有巧妙地做好这些伪装和隐蔽，才有可能在敌人意料不到的时间和地点成功地实现战略突袭。

其次，要避免攻城，出其不意。孙子多次反对攻城，把攻城视为用兵的最下之策。《谋攻篇》中具体描述了攻城的艰难："修橹轒辒，具器械，三月而后成；距闉又三月而后已。将不胜其忿，而蚁附之，杀士三分之一，而城不拔者，此攻城之灾也。"中国的筑城技术成熟较早，春秋时代的方城已十分坚固。攻城的一方必须花大量的时间制作攻城的大盾和巢车，准备攻城的器械，还要动用大量人力构筑便于观察和俯射敌城的土山（闉）。在此过程中，将领有可能控制不住自己的愤怒情绪，驱使士兵像蚂蚁一样去爬梯攻城，结果非但未能攻克敌城，反而使自己损失大半。在孙子看来，这种赔本的事情是不能做的。他一贯主张以最小的代价争取最大的胜利。因此，在作战问题上，孙子提出"兵之情主速，乘人之不及，由不虞之道，攻其所不戒也"。这里包含三点要义：一要行动迅速，让敌人来不及反应；二要出敌不意，在敌人意想不到的方向，以隐蔽而迅速的行动打击敌人没有戒备的关键部位；三要避免"顿兵坚城"，不要在敌人坚固的城堡下消耗兵力和时间。

最后，要取用于国，因粮于敌。实施纵深突袭，后勤保障是一个至关重要的问题。如果一切都由国内输送，既耗时又耗力，使国库空虚，人民穷困。同时，漫长的供给线很容易被敌人切断，使进攻者陷入炊断粮尽的困境。19世纪初拿破仑进占莫斯科、第二次世界大战期间希特勒兵临莫斯科城下，最终都以失败告终，重要原因之一就是后勤补给线太长，沿途不断遭到俄国和苏联军民的巧妙打击，各种物资难以运往前线，以致在严冬到来时，部队没有足够的粮食、被服、弹药和燃料，士兵饥寒交迫，军队战斗力锐减，致使战局急转直下。据《孙子兵法今译》说，拿破仑战败被流放期间读完《孙子兵法》之后，感叹道："倘若我早日见到这部兵法，我是不会失败的。"的确，孙子"取用于国，因粮于敌"的思想至少可以使他摆脱对后勤的依赖，而想方设法在俄国境内寻求补给。

孙子认为，进攻作战的一方，士卒和兵器必须事先在国内征集、装备齐全，深入敌境之后不能再依赖国内保障，尤其是粮食草料，应尽量在敌国境内就地攫取，及时保障部队的需要。他算了一笔账："食敌一钟，当吾二十钟；萁秆一石，当吾二十石。""钟"和"石"都是古代计量单位。《左传·昭公三年》："齐旧四量：豆、区、釜、钟。四升为豆，各自其四，以登于釜，釜十则钟。"《国语·周语》："重不过石。"韦昭注："百二十斤也。"按照这种算法，进攻者吃敌国粮食一"钟"相当于从本国运二十"钟"；用敌国草料一"石"，相当于从本国运二十"石"。显而易见，"因粮于敌"，既可避免长途转运之苦，使部队减少不必要的杂务，轻装前进，又可减少国内负担，使部队就地得到及时补充。这样才有可能运转自如，所向披靡。所以，孙子指出："智将务食于敌。"一个"务"字，强调了从敌国就地补充粮草、以战养战的重要性。

孙子的为客之道有着丰富的内容，示形惑敌、出敌不意、攻击无备、避实击虚等，都是题中之义。因此，我们理解孙子的为客之道时，不能孤立、片面，而要与"奇正""虚实""众寡""迂直"等方面的原则和方法结合起来，从中把握速战速决的总要求。

二、为主之道重在分合之变

由于主要为争霸战略服务，孙子对为主之道的论述相对来说要少一些。但这并不意味着他不重视防御。事实上，孙子的思想中始终是把防御与进攻同等对待的。《形篇》典型地表明了这种思想，其中写道："不可胜者，守也；可胜者，攻也。"可见，孙子将防御与进攻看作战胜攻取的双翼，不可或缺。

强攻弱守，这是古人作战的基本法则。问题是怎样才能在兵力弱小的情况下守得住呢？孙子的为主之道为人们指出了多种途径。

首先，要善于先藏后发。孙子反对"小敌之坚"，认为兵力居于明显劣势时不要与力量强大的敌人硬碰硬，那样势必为强敌所擒获。正确的方法是，先避敌锋芒，再后发制人。"十则围之，五则攻之，倍则分之，敌则能战之，少则能逃之，不若则能避之。""善守者，藏于九地之下。"这些经典名言中都强调了"避"和"藏"的问题。孙子所说的"避"和"藏"并不是消极避战，而是避敌锋芒、以退为进的一种战术手段，其目的在于通过避敌而逐步消耗和削弱敌人，为后发制人创造战机。唐太宗李世民深得其旨，在浅水原之战中就是采取先藏后发战术赢得胜利的。

唐武德元年（公元618年）七月，秦王李世民率军在浅水原（今陕西长武）迎击薛举父子所部的进犯。敌将宗罗睺率兵10余万包围唐军，多次挑战。唐将亦纷纷请求出战。李世民认为，敌军兵强势众，不宜正面抵抗，应当闭垒不战，待其粮尽，再一战而破，遂坚壁不出，与敌相持60余日。至十一月，敌军粮尽，将士离心，其将梁胡郎等率部降唐。这时，李世民先后两次派将领出浅水原东南部列阵，诱敌分兵。尔后，李世民自率主力迂回敌后，前后夹击敌军，一战而胜。

其次，要善于分合之变。所谓"分合之变"，是指兵力分散和集中的变化，即巧妙机动部队。"避"和"藏"固然是防御的一种手段，但更重要的是在"避"和"藏"的过程中，要善于利用分合之术隐蔽地机动部队。通过分合之变至少可以产生两种效果。一方面，迫使敌人分兵追击，以致在某些局部上形成"我专为一，敌分为十"的有利态势。另一方面，可以"乖其所之""可使无斗"，使敌人迷失方向，不知进攻什么地方。

第二次国内革命战争时期，中国工农红军面对国民党大军的数次"围剿"毫不畏惧。毛泽东率领红军采取"诱敌深入，打敌虚弱"以及"敌进我退，敌驻我扰，敌疲我打，敌退我追"的游击战术，牵着数十万国民党军队的"牛鼻子"，在井冈山革命根据地的山岳丛林中东奔西跑，把敌人肥的拖瘦，瘦的拖垮，并屡次抓住战机打击敌军，取得了一系列光辉的胜利，从而先后打破了国民党军"并进长追""步步为营""长驱直入""分进合击"的战术，取得第一、第二、第三、第四次反"围剿"的胜利。第五次反"围剿"斗争中，由于王明坚持"左"倾错误路线，否定毛泽东正确的战略战术，用阵地战代替游击战和运动战，以堡垒对堡垒，"短促突击"，大打阵地战，同敌人拼消耗，使红军完全陷入被动地位，最终失败，被迫实行战略转移，不得不进行万里长征。事实证明，弱军面对强敌必须善于分合之变，多方误敌，逐渐消耗、疲惫敌人，然后再寻机歼敌。反之，以卵击石，只能自取灭亡。

孙子的为主之道与为客之道紧密相连，所以出其不意、出奇制胜、避实击虚、以众击寡等原则和方法同样适于防御。换言之，在防御作战的避敌锋芒、分合之变过程之中，同样要善于综合运用多种谋略原则和方法。

三、变易主客，攻守兼用

战争是人类斗智、斗力的激烈活动，战场情况瞬息万变，攻防态势往往可能在特定条件下发生转化。所以，孙子要求军事将领必须兼悉攻防二术，达到"善攻者，敌不知其所守；善守者，敌不知其所攻"的境界。同时，将领必须善于根据战场情况灵活变换攻防战术，兵力优势时则攻之，兵力劣势时则守之。这些见解是深刻的，给历代兵家研究攻与守的问题奠定了理论基础。

《唐太宗李卫公问对》继承孙子的思想，进一步集中阐发了攻与守的关系问题，指出："攻守一法，敌与我分为二事。若我事得，则敌事败；敌事得，则我事败。得失成败，彼我之事分焉。攻守者，一而已矣。"又指出："攻是守之机，守是攻之策，同归乎胜而已矣。"这里辩证地阐明了攻与守的内在联系，用"得失成败"把攻守区分开来，又用"同归乎胜"把攻守统一起来，这一见解实为精辟之论。

在上述认识的基础上，明代抗倭名将戚继光结合历代战争实践经验指出："自古防寇，未有专言战而不言守者，亦未有专言守而不言战，二者难以偏举。"这一见解的意义在于，告诫一切兵家，指导战争时必须有攻有守，或战略上进攻，战术上防守；或战略上防守，战术上进攻。绝不可单打一，只攻不守，或只守不攻。

魏文帝黄初二年（公元 221 年）秋，刘备为了给关羽复仇、夺回荆州，大举兴师伐吴。孙权为了全力对蜀，称臣于魏，命陆逊为主将，集中兵力抗击刘备。陆逊采取诱敌深入的方针，后撤六七百里，在夷陵（今湖北宜昌）、猇亭（今湖北宜昌东）一带同蜀军相持七八个月。次年闰六月，陆逊乘蜀军"兵疲意沮，计不复生"（《三国志·陆逊传》）之时，实施火攻，大破连营四十余寨，给蜀军以歼灭性的打击。刘备率残兵逃回白帝城（今重庆奉节东）。

这时，吴将徐盛、潘璋、宋谦等纷纷建议乘胜追击，擒杀刘备，永除后患。但陆逊没有采纳，他深知螳螂捕蝉黄雀在后的常规，于是及时收兵东归，北防曹魏。果然不出陆逊所料，正当吴军夷陵大捷之时，魏文帝曹丕亲率重兵集结于江陵（今湖北江陵），准备伺机攻吴。因陆逊已做好防御的准备，无隙可乘，曹丕只好罢兵而归。此战表明，吴军之所以能在夷陵之战中取得决定性胜利并稳固控制荆州，关键在于陆逊深晓攻守之道。他采取寓攻于守、寓守于攻的策略，既成功击溃蜀军，又有效防范了曹魏乘虚而入的风险，从而避免了"得之于蜀而失之于魏"的被动局面。

现代战争是信息化条件下的局部战争，无论进攻还是防御，都面临着新的难题。在双方都拥有信息化武器武备的情况下，怎样进攻才能避免遭到对方的大规模报复？怎样防御才能抵挡对方外科手术式的进攻？在信息战中如何攻防？虽然这些问题在《孙子兵法》中找不到现成的答案，但是孙子"攻守制胜论"中的思想观点无疑是可以借鉴的。

第八章 活用天地的三才制胜论

战争从来都是在某一个时间和空间中进行的，天时和地利是战争舞台上不可或缺的自然因素。孙子虽然重谋，但同时也重天和地。他既反复强调充分发挥将帅的聪明才智、巧妙运用各种谋略，同时又十分重视战争中物质因素的作用，尤其是天时、地利的因素。因此，他在《地形篇》《九地篇》《行军篇》《火攻篇》等篇中，从军事角度比较详细地分析了各种地形的特点，论述了不同地形条件下的作战原则和行军方法，以及如何利用天时地利等自然条件克敌制胜的问题。这几篇可称得上先秦时代论述军事地理和军事气象的不朽篇章。其中所论述的一系列战略地理思想，代表了古代战略地理思想的精华，奠定了战略地理学的基石。

一、天地人"三才"联合制胜

有些人不太理解：既然《孙子兵法》后六篇大多是讲各种地形上排兵布阵、行军作战的具体方法，思想价值没有前七篇那么大，何不见好就收，写到第七八篇就收笔呢？

其实，思想价值大还是小，不同时代有不同的衡量标准。我们今天已经处于信息时代，战争形态、作战方式与孙子所处的冷兵器时代已不可同日而语，当然不太适合搬用孙子所说的某些具体战法。但是，在整个冷兵器战争时期，作战双方主要在陆地摆开阵形,挥舞长矛大刀作战,在这种情况下,《孙子兵法》不仅有很高的思想价值,而且有很强的应用价值。《孙子兵法》讲的"九地之变""地有六形""地之道也",完全是韩信、曹操、岳飞等名将的教科书、作战手册。

自古以来,战争都在一定的客观环境中展开,而不是在纸上进行。因此,高明的军事家绝不会在纸上谈兵,必定是实地论兵。孙子不仅注重总结一般性的战争规律,探索常规性的谋略思路,而且非常注重还原到实际战场,根据高山、平原、湖泊、沼泽等各种自然条件,分析具体的战法。尤其可贵的是,孙子不是简单研究战场的各种客观条件,相比之下,他更加重视运用天、地、人"三才"思想分析人的能动性,强调根据客观条件灵活用计、用谋。

"三才者,天地人",这句话反映出来的是中国人独有的一种世界观。它是把整个世界,或者说整个生存空间,概括成一个主要由天、地、人三部分构成的、不断变化发展的活的系统。根据这个思想,孙子认为,战争就是由天地人组成的舞台,所以他始终重视立体地、动态地、综合地分析战争规律及战争法则。比如,《计篇》中强调要从"道天地将法"五个方面分析敌对双方的情况,这就是三才观的体现。其中,道、将、法三大要素都与人密切相关。《地形篇》则更为典型,孙子不仅要求"知彼知己,胜乃不殆",而且强调要"知天知地,胜乃可全"。这些观点意在告诉人们,在敌对双方搏斗的战争舞台上,扮演成王还是败寇,演唱喜剧还是悲剧,很大程度上取决于人的能动性因素,也就是人运用天时、地利能力的高低。所以,《地形篇》中分析了"地有六形"之后,孙子紧接着提出"兵有六败"的问题。这六种败象并非天灾所致,而是源于人的主观因素，具体而言，是由将帅的种种失误造成的。所以，也可以称为"将之六过"。《六韬》的作者吸收了这一思想，进一步指出："将必上知天道，下知地理，中知人事。"

二、知天知地，得之便利

天、地、人三才之中，天与地是客观的、外在的自然条件和环境，人虽然也是自然的、客观的存在，但是拥有巨大的能动性，能够适应、运用或改造天与地的状态，将天时与地利转化为作战的有利因素，成为"兵之助也"。然而，这一切的前提条件是，指导战争的人，必然"知天知地"，方能得天之时、取地之利。基于这一认识，孙子始终高度重视"知天知地"的问题。

在孙子军事思想中，"五事"被视作决定战争胜负的关键因素，其中就包括"天"与"地"两个要素。《计篇》中说："天者，阴阳、寒暑、时制也；地者，远近、险易、广狭、死生也。"显然，所谓"天"，主要是指春夏秋冬、寒暑冷暖等气候条件；所谓"地"，则是指各种地理环境和地形条件。

孙子将"天"和"地"列入"五事"之中，并非信手捏合，而是取之于战争实践。先秦时期，冷兵器还十分原始，人们从事战争活动时除了凭借手中的武器之外，还必须仰仗天地的帮助。所以，春秋以前长期盛行以占卜决定战事的形式，请求祖先或鬼神赐予天时和地利。孙子从战争实践中认识天时、地利的重要作用，并且归纳出一个精辟的结论："地形者，兵之助也。"但是，他不像前人那样求神问卜，被动地依从天时、地利。他曾明确提出要"禁祥去疑"，要求在军事活动中禁止迷信。

在掌握天时、地利问题上，孙子反复强调要在"知"字上狠下功夫。《地形篇》中指出："料敌制胜，计险厄远近，上将之道也。知此而用战者必胜，不知此而用战者必败。"这里，孙子把判断敌情，掌握主动，考察地形险易，计算道路远近，看作高明的将帅必须掌握的方法。题中之义，说明将帅只有善于运用这些方法做到"知天知地"，才有可能把天时与地利为我方所用，借助自然的力量增强我方的作战能力，从而赢得作战的胜利。不言而喻，将帅如果不善于"料敌制胜，计险厄远近"，则很可能受各种自然环境和条件的阻碍，极大削弱我方的作战能力，必定导致作战失败。

至于如何做到"料敌制胜，计险厄远近"，孙子反对凭空想象，或者主观臆断，而是主张采用一系列非常具体的方法去深入战场实地侦察。《军争篇》中强调，行军作战必须侦察或利用乡导去了解地形，掌握地形，他指出："不知山林、险阻、沮泽之形者，不能行军；不用乡导者，不能得地利。"他还说过："知战之地，知战之日，则可千里而会战；不知战地，不知战日，则左不能救右，右不能救左，前不能救后，后不能救前，而况远者数十里，近者数里乎！"不难看出，孙子所说的"知"不是概略的、模糊的，而是精确的、具体的。

尤其可贵的是，孙子在"知"的基础上进一步强调"通"。《九变篇》中强调说："故将通于九变之利者，知用兵矣。将不通于九变之利者，虽知地形，不能得地之利矣。"意在说明，作为一个军事指挥员，如果不能上知天文、下知地理，那他必定是不称职的。将帅只有认识地形并善于利用地形，才算懂得用兵；如果只了解地理环境的自然形态，而不懂其对军事行动的影响和价值，则不能在战争中合理利用地形、地物。张预说得好:"凡地有形有变,知形而不晓变,岂能得地之利?"所以,指挥作战的人要想利用好天时地利,仅仅满足于知道表象是不够的,还应当进一步掌握各种天时和地利的变化规律,从而趋利避害,扬长避短。

令人不得不佩服的是,一般人看重的是"顺天应时",单纯"看天吃饭""依地打仗",而孙子在"五事七计"中却提出"天地孰得"的说法。很多人没有注意到"得"字的特殊含义。天时和地利,是战场上的客观资源、外在条件,敌对双方都在拼命争取,想要拿过来为己所用,最终为谁所用,并不取决于天和地的意愿,关键在于人的能动性的发挥。诸葛亮根据赤壁地区的气候变化规律,算准了这一地区刮东南风的时间,筑七星台呼风唤雨,得以借大风之势成功对曹操的连环船实施火攻,赢得赤壁大捷。可见,同样是东南风,对曹操是"害",对诸葛亮则是"利"。这个"利"不是等来的,而是诸葛亮主动用计、用谋,充分发挥主观能动性"得"来的。明乎此理,便不难理解孙子"天地孰得"几个字的个中含义了。

从以上简述可以看出,孙子对天时、地利问题是相当重视的。他的许多经典名言包含了唯物、辩证的思想,至今仍可当作军事地理学研究的基点,可以作为军事指挥员用兵作战的参考思路。

三、天时地利,因其所宜

在大千世界里,地理环境和地形条件千姿百态。孙子对军事地理学的一大贡献在于,他对各种地形进行了分类,确定了概念,并且对这些地理现象做出了若干规律性的总结。《孙子兵法》中提及了几十种地形名称，如不了解其分类标准，便很难确切地把握其含义，甚至会被众多的地理名称弄得恍惚迷离。因此，从《孙子兵法》中寻绎其分类标准对于我们学习和研究孙子的军事地理观是十分必要的。

孙子根据古代作战的一般规律，在军事地理学上采用了两种区分地形的标准。从作战特点上划分，有散地、轻地、争地、交地、衢地、重地、圮地、围地、死地"九地"；从自然地形上划分，有通、挂、支、隘、险、远"六形"，以及绝涧、天井、天牢、天罗、天陷、天隙"六险"。这些区分虽然受当时认识能力的限制，多为描述性表达，尚不够清晰，但饱含着孙子根据作战要求灵活利用各种地形的强烈意识，为历代兵家指挥作战提供了思想性指导。随着时代的推移，军事技术的进步和作战方式的发展，这种划分方法显然已不适应现代作战的需要，失去了原有的作用，但其中所蕴含的因地制宜、趋利避害、灵活制敌的思想仍然具有生命力，尤其以下几个方面的原则，在一定程度上仍有参考价值。

1. 平原地带的作战原则

春秋时期，战争以车战为主，平原、旷野是主要战场。由于地形开阔，作战部队缺乏高山大丘作为天然屏障，也缺乏茂密森林作为隐蔽之处，这是作战双方不利的一面；但是，正因为地形开阔平坦、通畅无阻，所以作战双方又同时具备一个有利的方面，那就是便于部队变更部署、实施机动。孙子充分认识到了平原地带作战的特点，指出："平陆处易，而右背高，前死后生，此处平陆之军也"。"平陆"即平地。这句话的意思是说，要选择在平坦开阔的地带展开兵力，同时将主要翼侧依托于高地。前死后生，即居高临下，置敌人于不利地位。这一平地作战原则,孙子在论述"通形"时除有类似的表述外,还增加了保持粮道畅通的内容。他说:"通形者,先居高阳,利粮道,以战则利。""通形"即畅通无阻的地形,也就是平原地形。在"通形"地区作战,要率先占领高地,夺取先机之利,同时储备充足的粮草,保障粮道畅通。

2. 山岳地带的作战原则

山峦丘陵,易守难攻,往往是防御者依托的宝地,同时也是进攻者难以逾越的障碍。孙子指出:"故用兵之法:高陵勿向,背丘勿逆",这既是作战经验的总结,也是孙子关于山地作战一般规律的概括。这句话的意思是,敌军占领山地时,我军不宜仰攻;敌军背靠高地时,我军则不宜正面迎击。因为山地便于防御,敌人利用山地天然的或人工的防御器材,诸如擂木、滚石之类,可以增强防御的稳定性。必须强调的是,"高陵勿向,背丘勿逆"并不是不要实施进攻,而是一般不要正面进攻,可以对敌翼侧实施迂回。

孙子告诫人们:"凡军好高而恶下,贵阳而贱阴,养生而处实,军无百疾,是谓必胜。丘陵堤防,必处其阳而右背之。此兵之利,地之助也。"这也是一条既适于山地,又普遍适用于各种地形的作战通则。作为一个指挥员必须善于研究和利用各种地形地貌。"好高而恶下",占据高地才有最大的视界,从而便于观察敌军的部署和动态,实施正确的指挥。"贵阳而贱阴",部队部署在阳光充足的阳面,可以少生疾病,利于休息,保持战斗力。"养生而处实",人马驻扎在靠近水草,或避风雪、防山洪、利粮道的良好地段,胜利才有保障。"丘陵堤防,必处其阳而右背之",将主要翼侧配置在朝阳的丘陵、山坡或堤坝等高地,这样即使一旦遭到敌人袭击,也能因自己主要翼侧稳固有力而具备反击敌人的强大力量。

山地地形起伏较大，道路难行、人烟稀少、气候多变，部队通行困难，不易变更部署和实施机动。针对这种特点，孙子提出了部队实施机动的要求。他主张"绝山依谷，视生处高，战隆无登，此处山之军也"。意思是说，在山地行军，必须选择山谷实施强行军，注意选择有水草之利和高地之险的地区宿营，以保持可以应变的有利态势。一旦同敌人遭遇，则应居高临下俯冲敌军而不宜仰攻。

孙子还阐述了四种具体的山地作战原则，这就是《地形篇》中所列的"挂形""支形""隘形""险形"四种地形。

关于"挂形"，他说："可以往，难以返，曰挂。挂形者，敌无备，出而胜之；敌若有备，出而不胜，难以返，不利。"即在这种山高坡陡的地形作战，可凭借居高临下的有利条件，隐蔽企图，实施奇袭；企图一旦暴露，则不能实现预定目的，组织回撤比较困难，那么，就有可能遭敌反击乃至被歼。

关于"支形"，他说："我出而不利，彼出而不利，曰支。支形者，敌虽利我，我无出也，引而去之，令敌半出而击之，利。"所谓"支形"，就是敌我双方各守高处险隘，壁垒相望，相互对峙的断绝地形。在这种地形作战，孙子认为首先要防止敌方以利相诱。正确的打法是调动敌人，使敌人脱离既设阵地，我方则应乘其失去依托时，突然予以攻击。

关于"隘形"，他说："隘形者，我先居之，必盈之以待敌；若敌先居之，盈而勿从，不盈而从之。"这种通道狭窄的隘口是易守难攻的良好地形，孙子认为必须抢先占领并控制隘口，占领所有要点，如果敌人已预先控制这种隘口并用重兵据守，我方则不能轻易争夺。如果敌人已经控制隘口而兵力尚未展开、要点还未占领，我方则应乘机夺占要点，同敌争夺隘口。

关于"险形"，他说："险形者，我先居之，必居高阳以待敌；若敌先居之，引而去之，勿从也。"在这种高峻险要的地形上作战，孙子强调要夺取制高点，以利于我方从高处瞰制并由上而下地攻击敌人。

3. 江河水域的作战原则

江河在古代是军队行动的天然障碍，因此，无论行军、宿营还是作战，将帅都要针对其特点，恰当部署和指挥军队。孙子指出："绝水必远水，客绝水而来，勿迎之于水内，令半济而击之，利；欲战者，无附于水而迎客；视生处高，无迎水流，此处水上之军也。"这里讲了五层意思，也就是五条原则。

第一，"绝水必远水"。部队通过江河后必须迅速远离河流，目的是避免背水作战，退无所归。远离江河，既可以引诱敌人渡河，迫敌于背水之地，又可以使我方的进退不受阻。

第二，"客绝水而来，勿迎之于水内，令半济而击之，利"。"半济而击"，即乘敌军半数已渡、半数未渡之时发起攻击。这一江河作战的原则，古往今来被许多战争实践所证明是一条行之有效的原则。吴楚柏举之战中，夫概王就向吴王阖闾提出过"半济而后可击"的建议，获得了重大战果。

第三，"欲战者，无附于水而迎客"。这是江河作战的又一原则。它包含两层意思：如果我方决心迎战，那就要采取远离河川的配置，诱敌半渡而击；如果我方不准备迎战，那就面水列阵，使敌不敢轻易强渡。公元前627年，晋楚泜水（今河北省南部）对峙就是后一种情形。晋将处阳父派人对楚将子上说：楚军如果想要一决雌雄，那么我军后退30里，让你们摆好阵势再开战。处阳父的这一条诱兵之计被楚军的职伯识破，看出这是敌方为了"半涉而薄我"所采取的策略，由于晋楚双方都不敢渡河，因此皆不战而归国。

第四，"视生处高"。张预注："或岸边为阵，或水上泊舟，皆须面阳而居高。"

第五，"无迎水流"。这是说军队不要处于下游，防止敌军从上游或顺流而下，或决堤放水，或投放毒药。公元前525年的吴楚长岸（今安徽当涂）之战中，楚国令尹阳匄占卜战争的结果为不吉利。司马子鱼说"我得上游，何故不吉？"于是出战，果然大败吴军，并夺得吴国的巨大型战船"余皇"。由此可见，水战占据上游，有地利的优势。

4. 特殊地形的作战原则

孙子还提到几种特殊的天然障碍，他说："凡地有绝涧、天井、天牢、天罗、天陷、天隙，必亟去之，勿近也。吾远之，敌近之；吾迎之，敌背之。"其中，"绝涧"，指两旁陡绝、中有涧溪的险地；"天井"，指高山环绕、中间低洼的封闭地形；"天牢"指三面环山、入口狭窄如牢狱的绝地；"天罗"，指山险环绕、进出两难、烟雾朦胧、能见度低、部队不能接近的地形；"天陷"，指地势低洼、车骑难以机动的地形；"天隙"，指沟坑交错、道路迫狭、难以通过的地形。这六种地形，或道路堵塞，或山险难行，或陡崖峭壁，或峡谷割裂，或灌木丛生，总之，都是不利于军队行动的险地。遇到这类地形，孙子主张将帅要善于判断、果断决策，同时想办法诱使敌人靠近，让敌人陷入不利的境地。

孙子向来是天地并重的。他在分析各种地形利弊的同时，还着重强调利用各种天时，要求军事将领用兵作战时务必考虑阴阳、寒暑、时制等方面的因素。特别是在论述火攻问题时，孙子比较集中地提出了利用天时进行火攻的方法。在火攻时机上，他指出："发火有时，起火有日。时者，天之燥也；日者，月在箕、壁、翼、轸也。凡此四者宿者，风起之日也"，意思是说，放火要看天时，也要看日子。天时是指气候干燥，日子是指月亮行经"箕""壁""翼""轸"四星宿的位置。月亮经过四星宿的日子，就是有风的日子，最适宜火攻。在放火方法上，他主张"火发上风，无攻下风"，意思是说：通常应在上风方向放火，火借风势越烧越大。部队进攻要顺应火势，而不要在下风方向逆火而攻。虽然孙子关于利用天时作战的论述比较少，但其"因时而发"的观点与因地制胜的观点一样弥足珍贵。

　　孙子的三才制胜论，由于历史条件的限制，部分内容在今天看来或许显得肤浅或过时。然而，他所揭示的军事地理与军事气象的一般规律仍具有借鉴价值，尤其是其强调发挥人的主观能动性，倡导"知天知地""得天之时""因地之利"的思想主张，至今仍是克敌制胜的法宝，值得我们重视。

第九章　因粮于敌的粮草制胜论

有人把军事后勤物资保障线比喻成风筝线，线有多长、多结实，风筝就能飞得多高，一旦线断了，风筝的"生命"也就没了。这个比喻很形象，也很能说明问题。确实，军事后勤物资保障线实际上就是军队的生命线。如果军事后勤物资保障线过于漫长，粮食、弹药运送困难，这将成为军队脆弱的软肋。在冷兵器时代，粮食等辎重是最主要的后勤物资，在转输过程中有自然的损耗，也有运输人员的消耗，最终运到目的地的物资会变少。如果这样的运输线是在敌国境内，还要经受敌人的拦截和袭击，保障就更为艰难了。16世纪的奥地利将领蒙特库科利曾说："饥饿比钢铁更为可怕，食粮的匮乏将会比战斗歼灭更多的大军。"腓特烈二世也曾说过，最卓越的军事计划，将会因供应匮乏而毁于一旦。作为曾经亲自领兵远程奔袭楚国的将军，孙子对此有着更为深切的体会，也有着更加深刻的思考，更为理性的认识。

一、振聋发聩的"三亡论"

西周时期，车兵已代替步兵成为军队的主力兵种，车战也成为主要的作战形式。《司马法》说："一车甲士三人，步卒七十二人，炊家子十人，固守衣装五人，厩养五人，樵汲五人……举十万之众，革车千乘，校其费用支计，则百万之众皆可知也。"按照当时兵农合一的军赋征集制度,这些兵车、士卒、军费都要分摊到每个家庭里,一次"十万之师"的战争,牵涉到百万家庭。《孟子·尽心》记载:"武王之伐殷也,革车三百乘,虎贲三千人。"商末周初战争规模尚小,动用的兵车和士卒有限,到了春秋战国时期,不仅争霸战争越来越频繁,而且规模也越来越大,上万、十万规模的作战比比皆是。如此大规模的战争,战前的后勤准备需要进行几个月乃至几年。而且,后勤准备内容十分庞杂,不仅要征集足额兵员、战车、装备器材和军饷,还要考虑经过长途运输顺利送达目的地过程中的巨大损耗。因此,准备的数量是实际送达前线数量的几倍甚至十几倍。

兵马未动,粮草先行。自古而然。孙子非常清楚军事后勤保障线乃军队生命线的道理,他在《军争篇》中,以近乎呐喊的口吻说出了一句振聋发聩的名言:"军无辎重则亡,无粮食则亡,无委积则亡。"这里的"辎重"泛指各种军用器材装备,"粮食"泛指粮食和草料,"委积"泛指军用物资储备。这三个概念基本包含了军队行军作战所必须具备的物质条件,概括出军队后勤供应的主要方面。而且,孙子连说三个"亡"字,将军事后勤保障提升到军队生死存亡的高度。

基于这一思想,孙子强调将军事后勤问题纳入战略决策范围。战争要不要打,怎样打,首先必须认真考察"道天地将法"五大方面的情况,其中的"法"就涉及曲制、官道、主用三大因素,"主用"就是指军备物资、军事费用的供应管理制度,即看看敌对双方谁的军事后勤保障制度更得法。在此基础上,还要进一步比较"兵众孰强"。"兵",即兵器,武器装备;"众",即众物,物资保障。也就是说,要看看双方谁的武器装备、物资保障更加强盛。

看到《作战篇》的篇名,大家会认为这一篇应当主要讲作战问题,但出人意料的是,这一篇几乎讲的全是战争准备,尤其是战前的物资准备。如开篇第一段:"凡用兵之法,驰车千驷,革车千乘,带甲十万,千里馈粮,则内外之费,宾客之用,胶漆之材,车甲之奉,日费千金,然后十万之师举矣",精确描述了十万之师出国征战所需要准备的人力、物力、财力。之所以先讲物资准备,而不言作战原则,其逻辑就在于人们常说的"巧妇难为无米之炊"。如果战前没有做好充分的物资准备,速战速决就无从谈起,各种战法也无法按计划实施。

拿破仑、希特勒都曾打算迅速征服俄罗斯(苏联),但是都没有充分考虑俄国"天"与"地"的因素,盲目冒进,后勤保障线不断延长。俄国军民抓住对手的这一软肋,坚壁清野,不给对方以战养战的条件,同时不断袭扰,切割其供应线。法军和德军的战争消耗越来越大,部队作战能力逐渐下降,进攻速度越来越慢,时至严冬,冰封大地,后勤供应完全中断,两支曾经横扫欧洲,所向披靡的军队走向了同样的败运。侵略战争终归失败,这是必然的规律。但是,后勤保障线过长、作战物资供应中断,无疑是拿破仑、希特勒功败垂成的重要原因。

真正优秀的军事家从来都不是目空一切的清谈家,更不是头脑发热的冒险家,一定是理智而又务实的思想家。孙子的"三亡论",以及与之配套的一系列高度重视军事后勤的思想观点,充满了唯物主义色彩,揭示了战争的客观规律。同时,也体现出孙子对国家、军队高度负责的态度。毕竟打仗是为了赢得胜利,如果不经计算,不知"兵众孰强",盲目浪战,导致全军覆没,这无疑是对国家和军队极大的犯罪。

二、"取用于国",夯实后勤保障的基础

军事后勤保障线,源头在基地,末端在前线。如果基地不牢,物资不充分,末端势必难以持久。孙子清楚地看到了这种因果关系,认为强有力的军事后勤保障,首先应当"取用于国",即立足于自备。他主张作战所需的兵员应一次性征集齐全,不再反复回国按花名册征兵;作战所需的粮草应一次性装载足量,不再来来回回地千里送粮草,即"役不再籍,粮不三载"。总之,作战初期所需的一切人员物资全部取自于国内,一次性准备到位,不要出征之后再反复由国内长途运送。唯有如此,方能夯实后勤保障的基础。

"取用于国"是军事后勤保障的基础和前提。出征前在国内"取用"的物资越充足,军队在战场上就越有战斗力,这样既能减少长途转运的损耗,又能减轻国家和民众的经济负担。至于"取用"多少物资装备,孙子没有给出具体数字,毕竟战争形态、战争规模各不相同,不可能确立一个固定不变的保障标准。但是,他在《形篇》中曾总结出一条战争胜负的规律:"胜兵若以镒称铢,败兵若以铢称镒。"孙子认为打胜仗的一方之所以赢得胜利,是因为拥有"以镒称铢"的力量优势。军事力量优势,由人员、武器、物资各要素组成。显然,军队要想取得胜利,不仅要在兵员上优于敌人,而且在武器装备、物资保障上都要优于敌人。"以镒称铢"当然是夸张的说法,实际作战并不需要五百多倍的优势,但至少要谋求三倍、五倍的优势。

优势力量从何而来?显然,无论古今,天上都不会掉下个林妹妹,一切都要靠自身努力。孙子说得很清楚:"善战者,先为不可胜,以待敌之可胜。不可胜在己,可胜在敌。"优势的军

事力量，只能来自战前的积极准备、国内的长期建设，来自自身的努力，即所谓"取用于国"。

19世纪70年代，左宗棠受命收复新疆时，首先考虑的就是如何"取用于国"的问题。左宗棠战前进行分析，入疆作战，行程数千里，远离内地，交通不便，加之新疆贫瘠，严重缺粮，因而提出："粮、运两事为西北用兵要著，事之利钝迟速，机括全系乎此。"朝廷虽然认同他的建议，但因国库空虚，拿不出大批银子保障西征，仅拨付200万两，海关赞助200万两。左宗棠遂以高息借贷外债500万两，初期筹得约900万两的军费。同时，他还筹集了4000万斤粮食，集中了数千骡马、大车，20000峰骆驼。虽然这些物资远未达到"以镒称铢"的程度，尚不能满足入疆作战的需要，但毕竟有了本钱，大体可以保障战争初期的需要。凭着这点本钱，1876年4月，左宗棠统率着大部分由湘军组成的西征大军，踏上了收复新疆的征程，最终成功收复了新疆。

当代信息化战争开战即决战，战争进程短促，胜负并不取决于双方交战的那一时刻，而是取决于平时的战争准备。孙子"取用于国"的思想观点，在当代军事斗争中更富有生命力。总之，军备建设是国家安全的本钱，是社会和平的基石，是人民生命的保障，来不得临时抱佛脚的投机行为，我们应当舍得投入、长期建设。如果平时不加强军备投入，战时如何"取用于国"，凭什么打赢战争。

三、"因粮于敌"，战时粮草补充的良方

克劳塞维茨曾经将战争比喻成一条"变色龙"。这个比喻非

常贴切。战争既是和平的创造者，又是社会的破坏者，更是财富的消耗者。战争的胜利，是军人玩命打出来的，也是巨大财力消耗烧出来的。所以，又有人把战争比作"烧钱火炉"。孙子在《用间篇》中概略计算了战争"烧钱"的情形："凡兴师十万，出征千里，百姓之费，公家之奉，日费千金，内外骚动，怠于道路，不得操事者，七十万家。"这句话形象地说明，即使"取用于国"的物资相当丰富，也经不住征战沿途人吃马喂的消耗，甚至是天灾人祸造成的损耗。

"取用于国"的物资逐步递减，甚至消耗殆尽。同时，巨大的物资消耗必然转嫁到老百姓头上，导致百姓贫困，社会动荡。正如孙子所说："国之贫于师者远输，远输则百姓贫。近于师者贵卖，贵卖则百姓财竭，财竭则急于丘役。力屈、财殚，中原内虚于家，百姓之费，十去其七，公家之费，破车罢马，甲胄矢弩，戟楯矛橹，丘牛大车，十去其六。"十万之师去国越境而师，军队驻地附近的物价就会上涨，进而导致国家军队财力竭尽，国家军队财尽就要增加赋税，从而耗尽百姓世族的资财，直至丧失民心，引起内乱。由此可知，光靠"取用于国"远不能满足战争的需要。怎么解决这一难题呢？孙子的答案是："因粮于敌。"

"因粮于敌"，其中的"因"，可理解为因袭、因便、依靠、凭借、获取等。简单说，就是就地取材，以战养战。在敌占区就地补给，节省了运输费用，节省了民力，还避免了途中消耗和因敌军攻击而造成的损失，其效益是运粮的20倍，"食敌一钟，当吾二十钟；萁秆一石，当吾二十石"，这是非常划算的。因此孙子强调"智将务食于敌"。

孙子关于"因粮于敌""务食于敌"的思想，是对军队后勤保障方法的创造性发展。他还将这种理论付诸实践。在公元前506年孙子亲自指挥的伐楚战争中，吴军就夺取了楚军的食物，"食而从之"，然后继续追击，很快就攻入了楚都郢城。

左宗棠收复新疆时，也面临着军事后勤保障巨大消耗的问题。出征前募集的钱粮，看起来数目很大，但是分摊到数千华里的道路上，近十万将士和民工每天吃喝，很快就消耗得差不多了。所以，他采取了"缓进、速战"的进军方略。缓进就是战前进行充分准备。塞外用兵，粮饷供应是件大事。他经过调查发现，从河西走廊运粮是在新疆当地购粮费用的20多倍，于是，他积极组织屯田。他认为，边疆用兵"非力行屯田不可""屯垦诚为第一要务"，命令部队边进军、边屯田，就地解决军食。

1874年初，左宗棠令张曜率嵩武军马步14营共6000人进驻哈密大兴屯田。为修石城子防渗水渠，张曜请求左宗棠支援6000条毡条。左宗棠回信说："开屯之要，首在水利，毡条万具，既所必需，文到之日，即檄宁夏、河湟各郡并力购造。续接尊函以六千为定，然鄙意与其功亏一篑，不若多备于先，仍令购造万条。"1875年，嵩武军垦田种植面积19000余亩，1876年收粮5160余石，粮草充足。后该部调前线，驻哈密总兵黄木富、易玉林继续屯田。《新疆图志》赞曰："西征军'第出关，收复北路，多藉哈密屯田'。"左宗棠要求军队每克一城，都要立即招集流亡农民，兴办屯田，恢复生产。刘锦常在攻克吐鲁番、托克逊后，把流亡农民"送归乌鲁木齐者二千七百名口，送归哈密者二千五百名口，皆给以牛、种、赈粮"，屯田生产。

为了迅速恢复生产，发展民屯，1887年，刘锦棠与魏光焘报奏《新疆屯垦章程》，清廷批准在新疆大力推行。《章程》规定:"每户给地六十亩,由公中借给籽种粮三石,制办农具银六两,修盖房屋银八两,耕牛两头,合价银二十四两。或父子共作,或兄弟同居,或雇伙结伴,均按以二人为一户;并月给盐菜银,一两八钱,口粮面九十斤。自春耕起,按八个月计算,通计每户银粮,牵算共需借给本银七十三两钱。定限初年还半,次年全缴。"在这一的《章程》鼓励下,农民屯田积极性很高。此后,甘肃、陕西、山东、直隶等地的"逃难百姓"来到新疆,"几于盈千累万",多安置在哈密、迪化、奇台、昌吉、精河,民屯不断发展。

一边进军,一边屯田,弥补了左宗棠军资的不足,同时为最终的"急进"提供了雄厚的物资基础。于是,左宗棠决定在1877年8月间打响收复新疆之战。因为这个时间"新谷遍野,有粮可因",消耗的粮草可以就地补充。具体作战过程中,左宗棠及其部下也采用了"因粮于敌"的办法。例如,1877年10月,刘锦堂在库尔勒作战时,由于敌军劫掠秋粮后西逃,致使清军粮食匮乏。当时,刘锦堂除急令后方迅速转运粮秣接济外,还下令寻找敌人的粮窖,最终缴获敌方粮食10余万斤,从而保障了战斗的顺利进行。这次战役,清军在后勤上既高度重视粮食的筹备和运输,尽可能做到"取用于国",又重视沿途屯田和利用有粮可因的时机,适时地"因粮于敌",从而成功地收复了新疆,为维护中华民族的统一和领土完整立下了巨大功劳。

"取用于国""因粮于敌",两种方法有机结合,"故军食可足也"。"军食可足"不仅指粮食充足,还泛指军队所需的一切东西都可以得到足够的补充。

两种方法相比之下,第一种方法是通行惯例,取自于本国,别人无话可说,所以这种方法未受到诟病。第二种方法是取之于野战战场，往往是从敌国获取，颇有"掠取""抢夺"之意。因而，无论古今都饱受非议。早在宋代，一些儒学之士就据此指责孙子如秦人一般凶狠，倡导虎狼之兵。到了现在，仍有一些学者从贬义上理解这句话，认为"因粮于敌"就是"抢"。试想，如果把这些书生扔到战场上饿三天，他们或许就会改变观念了。

毋庸讳言，孙子的"因粮于敌"多少含有"抢"的意思，而且在《军争篇》有"侵掠如火""掠乡分众"，《九地篇》有"重地则掠""掠于饶野"等说法，都有抢掠之意。但这并不意味着孙子主张大发战争财，无节制抢掠。孙子思想中有一个非常重要的哲学观念，那就是"度"，类似于现在人们所说的"底线思维"。比如，孙子强调将帅要勇敢，但又提醒将帅不应过度勇敢，否则会变成勇而无谋，则很可能被敌人诱杀；他主张以情带兵，要求将帅"视卒如婴儿""视卒如爱子"，同时又提醒将帅要爱之有度，过度关爱会变成溺爱，部队反而不能打仗。同样道理，"因粮于敌"也是有限度的，仅限于满足"军食"，即弥补军队的人员和粮草损耗，而不是肆无忌惮地烧杀抢掠。其核心目的是为了战胜敌人，而非掠夺财物。

学习《孙子兵法》不能拘泥于字面意思，而要深入把握其精髓。从更深层面理解，"因粮于敌"中的"粮"，并不局限于粮食，一切战争所需要的物资、人员都可以取之于敌；其中的"敌"，也并非仅限于敌人，一切外在因素都可以成为借助的对象。毛泽东在1936年12月写的《中国革命战争的战略问题》中有一段精彩的话："我们建立军事工业，须使之不助长依赖性。我们的基本方针是依赖帝国主义和国内敌人的军事工业。伦敦和汉阳的兵工厂，我们是有权利的，并且经过敌人的运输队送来。这是真理,并不是笑话。"这段话仅针对武器装备而言,而事实上,自1927年人民军队诞生至抗美援朝的20多年间,"一切取给于敌"一直被视为解决物资补给的战略后勤方针。仅解放战争期间,解放军共缴获国民党军各种步、手枪316万余支,机枪32万挺,各种火炮5.4万门,坦克和装甲车1000余辆,汽车2.2万辆,飞机189架,舰艇200艘,粮食不计其数,还有大量其他物资和众多兵员。

美英联军在海湾战争、伊拉克战争期间所消耗的大量油料,显然不可能远涉重洋从本土运到战场,必然是就地取油。战争巨大的经济消耗并非全部由美国人自掏腰包,而是由参与联军的各国"众筹",费用均摊。这显然是现代版的"因粮于敌"。

毫无疑问,在和平竞争的各个领域,"因粮于敌"有着更广泛的用途。当然,这里所"因"的对象不是敌人,而是竞争对手、竞争伙伴。所"因"之"粮"可以有更多形式。在经营领域里借鉴竞争对手的经验和教训使自己少走弯路,利用竞争对手开辟的经营环境推销自己的产品,依托竞争对手的畅销品牌树立自己的形象等,都是"因粮于敌"的具体形式。

第十章　文武相济的管理制胜论

孙子在《地形篇》中提出的"兵有六败"，无一不是将帅平时教育、管理、训练军队时的失误造成的。他意在告诉人们，两军交战之际谁胜谁负，并不取决于交战的那一时刻谁更加勇敢，而是取决于军队平时的教育、管理、训练谁更加有素质。简而言之，兵胜于平时，胜于管理。那么，避免战场上出现"兵有六败"的唯一途径，只能是将帅提高领导管理艺术，平时加强对官兵的教育训练。为此，孙子在《军争篇》《行军篇》《地形篇》《九地篇》等篇章中，从多方面、多角度、多层次论述了军队的管理教育问题，形成了内容丰富的管理制胜思想。

孙子管理制胜论的核心是"令之以文，齐之以武"，意思是说，用怀柔宽仁的手段使部队思想统一，用军纪军法的手段使部队行动一致。这一文德与刑威并用的治军原则，对于残酷虐待士卒的奴隶主军队是一种革命，对于新兴地主阶级军队则是一种创新。此后的两千多年中，封建阶级军队乃至资产阶级军队都把它视为一条带规律性的治军原则。狭义地说，文与武可以释为赏与罚、教育与纪律、爱抚与严刑等软硬两手；广义地说，文与武又可以释为文治与武功、经国与治军、富国与强兵等大政方针。我们应该看到，孙子论述文武包括了广狭二义。在奴隶主贵族阶级与新兴地主阶级激烈斗争的春秋时代，孙子文武相济的治军思想代表了新兴地主阶级的利益，反映了时代进步的要求，实为战国时代新兴地主阶级最终完成军事改革的先声。

一、以情带兵，爱之有度

孙子认为，管理军队不仅要"将得其人"，而且还要将得其法，掌握带兵管理方法，士兵们才有可能跟得上将帅的思路和步伐，才有可能正确执行将帅的各种指令。所以，他对将帅提出："视卒如婴儿，故可与之赴深谿；视卒如爱子，故可与之俱死。厚而不能使，爱而不能令，乱而不能治，譬若骄子，不可用也。"仔细品味，不难发现这段话有两层意思。

首先，孙子强调将帅应以情带兵。将帅对待士卒要像对待婴儿一样，主动关心、爱护和培养他们，士卒就会感恩戴德，关键时刻便可以跟随他"赴深谿"。"深谿"，即很深的山涧，指跳下万丈深渊也在所不惜。将帅如果对待士卒像对待自己最关爱的儿子一样，对他们付出全部的真情，作战的时候士卒们就会跟随他同生共死，英勇拼杀。

在奴隶社会和封建社会，普通士卒的待遇差、地位低，被认为是国君、将帅的私人附属品，但孙子却看到了普通士卒的作用和力量。这句话具有双重含义：孙子一方面要求将帅对士卒要有深厚的感情和关爱行动，要像热爱自己的孩子一样去对待士卒；另一方面指出，关爱的目的是更好地用兵，可以得到士卒的忠心，让他们在作战时与自己同生死、共命运。孙子的这一主张揭示了军队建设中将与兵之间关系的实质：军队将领与士卒及其相互关系是构成军队内环境的主要因素，将帅对待士卒的态度决定了军队战斗力的高低。所以，孙子主张将帅只有真心实意地爱护士卒，才能激发士卒对将帅的衷心拥护和爱戴，才能造就强大的军队。

战国时期名将吴起亲自为士兵吸脓疮，从而激发士兵斗志的故事，就很能说明问题。相反，三国时期猛将张飞之死，也很能说明问题。当然，张飞之死是从反面印证了以情带兵的重要性。在《三国演义》中，关羽败走麦城，被孙权所杀，刘备得知后悲恸不已，本想立即报仇，但被诸葛亮、赵云等人劝阻，打算伺机行动。但是，桃园三结义之情却令张飞报仇心切，每日借酒消愁。关羽死后两年，刘备才准备出兵报仇。刘备派遣张飞为讨吴先锋，并嘱咐道："朕素知卿酒后暴怒，鞭挞健儿，而复令在左右，此取祸之道也。今后务宜宽容，不可如前。"刘备对张飞非常了解，他说张飞脾气暴躁，特别是酒后经常鞭打身边的士卒，打完后还把他们留在身边使用，这样做是自取灭亡。以后要宽容，不能像原来那样了。

张飞回到行营后，立即责令帐下范疆、张达两员末将：限三日内置办白旗和白铠甲，三军挂孝伐吴。次日，范疆、张达入帐禀告："白旗白甲，一时筹措不齐，须宽限些时日。"张飞大怒："我着急报仇，恨不得明天就到逆贼境内，你们竟敢违背我的命令？"于是，他令手下将范疆和张达绑到树上，各鞭背50下，打完还恨恨地说："你们明天一定要准备好白旗白甲，如若违反了期限，就杀你们示众！"范疆、张达无论如何第二天也完不成筹备任务，两人一商量，与其让张飞杀了我们，不如我们杀了他。于是，二人当夜借禀报机密之事进入张飞帐中，用短刀刺死了张飞。张飞，一代猛将，就这样惨死于自己部下手中。

张飞的悲剧在于他对手下的官兵严苛过度，明明是不能完成的任务非让范疆、张达去完成，完不成还要杀头。加之他平时对属下也是借着酒力一言不合非打即骂，属下对他是害怕憎恶之情远远大于崇敬爱戴之情。

其次，孙子强调将帅对士兵应爱之有度。"厚而不能使，爱而不能令，乱而不能治，譬若骄子，不可用也"。"厚"是"厚待、厚养"的意思。这句话中指出了三种错误的带兵方法：一是"厚而不能使"，只知厚待而不会使用；二是"爱而不能令"，只知溺爱而不会教育；三是"乱而不能治"，士卒违纪而不会惩治。显然，这三种方法若用情过度，士卒便如娇惯的子女，关键时刻难堪大用。战场上一触即溃的官兵，往往出自平日娇纵的部队。晚清八旗兵的衰败就很好地印证了这一点。

清兵入关的时候，八旗兵大抵是能骑善射、勇于征战的。但是，随着晚清政治的日趋腐朽，八旗军也逐渐腐败，在战场上常常一触即溃。除了封建政治腐朽这一根本原因之外，八旗兵享有的特殊优待，也直接加速了其的衰败。

清军入关以后，八旗兵作为开国功臣享有优厚的待遇。为了维持八旗成员特殊的政治、经济地位，清廷将八旗官兵及其家属全都供养起来，给他们授予官职，让他们承袭爵位、占有土地、人丁等许多方面的好处，保证他们过着上等社会的生活。同时，这一系列特殊的优待政策，也使得"从严治军"的信条在他们身上无法真正实行。事实上，八旗士兵在社会上惹是生非，打架斗殴，作奸犯科，久已成为京城和各八旗军防地的一项公害，各级旗营军官总是曲加庇护，地方官吏也很少敢出面责问，致使八旗兵的气焰愈加嚣张。八旗军的训练，大都是虚应故事，不仅平日的射箭拉弓沦为徒具形式而不起实际作用的规章制度，就连三年一次的大阅兵，也不过临时稍为演习，过后即置而不问。负责监督军训的御史大臣们虽心知肚明，却仍层层欺瞒，不愿意说出真相。

一次，某王爷奉命阅操。有一名步军校迟到，按例要受到鞭打的处罚。执刑人解开他的衣服，却发现一大堆小古董从其身上掉下来。王爷问怎么回事，步军校哭着回答说：家中有人10口，每月只有5两俸银，吃不饱饭，只好从古董店里领一些小古董到集市上贩卖以养家口。今天早上正逢隆福寺庙会，所以上操迟到了。最后连王爷也只好将他放了不加责罚。

乾隆、嘉庆皇帝对八旗军内部隐瞒真相、姑息迁就的情形并非毫无所知，也曾多次批评八旗官兵和监察御史。但他们除了在口头上提倡"鞍马骑射功夫"外，并没有采取什么有效措施来改变这一局面。相反，军官和士兵的军事技能考核标准却不断被降低。如乾隆以后规定，各旗挑选马甲时不再校阅骑射功夫，只是将备选之人传赴衙门，令其拉弓，即行选取。这种看似方便考生的做法，实际上是姑息了仅把当兵作为谋生手段的八旗子弟，纵容了旗人不习武艺、整日游荡的风气。这么一支长期养尊处优的军队，能不败吗？

殷鉴不远，来者可追。无论治国、治军、治企、治家，还是教育子女，孙子提出的"以情带兵，爱之有度"的方法都不失为法宝，值得大家借鉴并灵活运用。身为管理者，力争做到厚而能使，爱而能令，乱而能治，把以情带兵与爱之有度结合起来，刚柔相济，恩威并用，张弛有度。如此，方能使被管理者产生与管理者同生死、共命运的强烈愿望，养成胜不骄、败不馁的作风，关键时刻拉得动、用得上。此可谓管理制胜的关键之所在。

二、兵非多益，贵在于练

作为唯物论者，孙子历来强调争取兵力优势，主张与敌人的兵力对比最好要达到"以镒称铢"的程度。但是，他并非只重数量不重质量。他在《行军篇》中指出："兵非多益也。"也就是说，军队的数量并非越多越好。孙子认为，军队的强弱是由军队的政治素质、将帅才能、武器装备、训练水平、组织编制、军法军纪等多种因素决定的，而不单指军队的数量。

正因为认识到这一点，孙子在决定战争胜负的"五事"中列上了一个"法"字。"法者，曲制、官道、主用也。"即军队的组织、编制等制度，将吏的区分、统辖制度，军备物资、军事费用的供应管理制度。同时，他还把"兵众孰强""士卒孰练""赏罚孰明"列入"七计"之中。这里说的"士卒"不单是今天所谓的士兵，"士"是当时的甲士或武士，也就是军官。孙子强调训练"士卒"，就是强调对全军官兵的教育训练。他说的"兵众"也不是今天所谓的士兵与民众。"兵"是兵器，"众"是装备。孙子主张增强"兵众"，就是主张大力发展先进的武器装备。

孔子曾说："以不教民战，是谓弃之。"孙子的主张与之有相通之处。但孙子不只是单纯强调教育训练问题，而是综合提出加强军队建设的问题，将军事训练、武器装备和管理教育等军队建设问题提高到战略高度来看待。他提醒将帅们必须把军队建设工作当作自己的首要任务，而且要特别注重军队质量问题，这就比孔子更为深刻、全面地认识到了军队建设的各个方面及其重要地位。孙子在2500多年前就提出了注重军队质量的思想，这与当今世界各国奉行的质量建军思想几乎完全一致，不能不令人赞叹。

孙子高度重视官兵的教育训练问题，十三篇中却没有作更多的阐述，只是在《地形篇》中通过对"兵有六败"的严肃批判，从反面揭示了没有严格训练的部队必然打败仗的道理，以及从侧面反映出当时教育训练部队的一些方法。六条中有三条与训练有关。

一是"弛"："卒强吏弱，曰弛"。"吏"是一般中级军官。这种军官懦弱无能而士兵豪悍的部队，是缺乏严格管理、军政废弛的部队。

二是"陷"："吏强卒弱，曰陷。"军官英勇，但士兵怯懦，缺乏战斗力，这种部队打起仗来必然陷于失败。

三是"乱"："将弱不严，教道不明，吏卒无常，陈兵纵横，曰乱"。"将弱不严"，即将帅不善管理，纪律松懈；"教道不明"，即将帅不善于做教育启发工作，不懂得教育训练军队的规律；"吏卒无常"，即官兵关系紧张，没有一定的管理法规；"陈兵纵横"，即训练作战时，部队营阵没有章法，是一群乌合之众。

按照孙子的主张，对部队的教育训练，标准要高，要求要严，教导要明。他曾这样说过，部队行军宿营、攻防追退应该是"其疾如风，其徐如林，侵掠如火，不动如山，难知如阴，动如雷震"，绝不允许"弛、陷、乱"的现象发生。

孙子高度重视军队建设和管理的思想被战国时的吴起所继承。吴起主张"明耻教战，求杀敌也"，并创立了一种"倍增训练法"，即："用兵之法，教戒为先。一人学战，教成十人；十人学战，教成百人；百人学战，教成千人；千人学战，教成万人；万人学战，教成三军。"他的这些主张和方法，既来源于孙子的思想，又发展了孙子的思想，为后人从事军事教育和训练提供了良好的方法。

三、文令武齐，严于治军

孙子十分注重谋略的作用，强调"兵者，诡道也""战胜不复"，但他并不是一个唯谋略论者。作为一个思想敏锐的军事家，他吸收了新兴地主阶级提出的"民本主义"思想，一改视士卒为奴隶和工具的传统观点，注重士卒在战争中的能动作用，强调以多种方法加强士卒的组织和管理。基于"令之以文，齐之以武"的指导思想，孙子大致从四个方面提出了组织管理部队的方法。

1. 立法规

俗话说："不立规矩，无以成方圆。"中国古代兵家很早就知道国家必须确立一系列军事法规，以规范士兵的行动。周武王在牧野之战前的誓师大会上，严明各项法规的做法堪称这方面最早的实践，而《司马法》则是最早的一部军事法典。孙子继承了先人的依法治军方法，不仅在实践中具体运用，而且在理论上有所发展。

实践中的运用以吴宫教战最为明显。孙子为了让宫女们行动一致，事先明确规定了各种动作的要求，并不厌其烦地三令五申。在理论上，他没有拘泥于具体动作的规定和各级官吏等级的规定，而是着眼于战争全局，要求军队平时就要在部队编制、将吏职守、后勤保障等方面规定一套完整的法规，即"五事"之中的"法"，并严格执行。这种"法"不只是约束士卒，更主要的是约束君主和将帅。孙子历来反对国君过多干涉将帅的军事指挥，从部队编制、将吏职守等方面确立法规，目的就在于使国君依法驭将，使将帅依法统军，从而保证士卒练、兵众强、赏罚明。

第十章 文武相济的管理制胜论

孙子不只是强调建立法规,而且更重视执行法规。他反对朝令夕改,要求政令、军令、法规都要持之以恒。所以,他在《行军篇》中指出:"令素行以教其民,则民服;令不素行以教其民,则民不服。"一个"素"字,突出强调了政令、军令、法规能不能真正起到管理作用,重在于长期贯彻执行。只有"令素行",才能够真正使将士、百姓信服。军民信服,便能"与上同意",产生巨大的战斗力。反之,上下离心,虽令不行,强行命令则难以真正激发军民的战斗热情。

2.明赏罚

春秋时期,奴隶主阶级享受着世卿世禄的特权。凡是奴隶主国家的卿大夫,其官职、爵位、薪俸世世代代因袭不变。而许多世袭的旧贵族文不能治国,武不能治军,他们饱食终日,无所事事。这种世卿世禄制度极大地压制了广大"士"和"民"的积极性。新兴地主阶级为了延揽各种人才,扩大自己的队伍,逐渐开始向这种旧制度发起挑战,而手段之一便是论功行赏,按过施罚。孙子便是从理论上和实践中积极发起这一挑战的先锋。他有一句意味深长的名言:"施无法之赏,悬无政之令。"所谓"无法",即不同常法;"施无法之赏"即施行超越常规的奖赏,也就是重赏。所谓"悬"即颁布,"无政"即不同常规;"悬无政之令",意思就是发布打破常规的命令。

实践中,孙子正是这样身体力行的。他不畏吴王的权势而立斩美姬的故事不正是超常惩罚的生动例证吗?试想,如果孙子当时不是拿吴王的两个宠姬开刀,而是换斩两个普通宫女,那又会是一种什么样的结果呢?孙氏家族的先辈司马穰苴斩深受齐王宠幸的监军庄贾,也是诛杀那些地位高而违法乱纪的权贵来树立威信,整肃军纪,从而真正起到杀一儆百的作用。这种大胆赏罚的理论到战国时期得到了进一步的发展。《六韬·将威》强调"杀贵大，赏贵小"，即罚要罚那些"当路贵重之臣"，赏则赏那些"牛竖马洗、厩养之徒"。这样，杀一人则"三军震"，赏一人则"万人悦"。

孙子还明确主张及时奖励军功，规定"故车战，得车十乘已上，赏其先得者"。所谓"赏"，不仅是重金的奖赏，更多的是授予官职。例如，箕之战后，晋襄公以最高礼制"三命"破格提拔先轸之子先且居，让其统帅中军；灭赤狄之后，晋景公奖赏将军士会，请周王赐予其礼服，命令其领率中军，并担任太傅。这种及时奖励军功的办法是疗治世卿世禄制度弊端的良药。这样一来，贤能之士便可脱颖而出，活跃于战争舞台，士兵只要屡建战功也就有了跻身于军功贵族的机会。《司马法》的作者继承这一思想，明确提出："赏不逾时，欲民速得为善之利也；罚不迁列，欲民速睹为不善之害也。"用今天的话来说，就是政策要兑现，赏罚要立竿见影。这样，政策才有威力和感召力，才能激励和鞭策全军将士争赴战场。

3．示爱抚

孙子吸收"民本主义"思想的一个重要体现，就在于他在治军问题上提出了示卒以爱的方法。孙子多次提到"与上同意""上下同欲""与众相得""齐勇若一"，这些都是讲军队内部团结和步调一致的问题。军队内部团结和步调一致在古代兵法中一般用"和"这个字表述。

对孙子"爱卒"思想继承最明显的是战国初期的吴起。他身为将军却能与士卒同甘苦，并亲自为士卒吮疮毒，深得部众之心。他在《吴子·图国》中对"和"的问题道出了一番著名的论断："有四不和：不和于国，不可以出军；不和于军，不可以出阵；不和于阵，不可以进战；不和于战，不可以决胜。是以有道之主，将用其民，先和而造大事。"

必须看到，处于上升阶段的新兴地主阶级，虽然他们也注意以"爱卒"的方法管理和教育部队，但其根本目的是驱使士兵为其卖命。孙子说得很坦白，为什么要"视卒如婴儿"，目的是要士兵"与之赴深谿"；为什么要"视卒如爱子"，目的是要士兵"与之俱死"。其"爱卒"的虚伪性是显而易见的，对此我们要有清醒的认识。

4．鼓士气

孙子十分重视军心士气。他说："三军可夺气，将军可夺心。是故朝气锐，昼气惰，暮气归。故善用兵者，避其锐气，击其惰归，此治气者也。"所谓"夺心"是针对将帅而言的攻心之计，在分析"将帅论"时笔者会详加说明，这里着重说说"夺气"。"夺气"是瓦解敌军士气，"治气"是保持我军士气。"气"这种东西虽然看不见，摸不着，但在哲学家眼中它是万物之源，在军事家眼中则是战斗力之源。

那么，如何才能使军队有高昂的士气呢？孙子提到一个"怒"字："杀敌者，怒也。"所谓"怒"，不单纯是愤怒之意，而是激励士气的一种方法。《国语·周语》："怨而不怒。"韦昭注："怒，作气也。"《说文》也说："怒，恚也。"可见，"怒"就是曹刿论战时所说的"一鼓作气"，即想方设法鼓舞军心士气。士气有多种多样，同仇敌忾是士气；百战百胜，压倒敌人的英雄气概是士气；百折不挠，死地求生的坚强意志也是士气；士兵对军官的感恩戴德也可产生出奋发之气。这就要求国君将帅综合运用立法规、明赏罚、示爱卒以及临阵誓师等多种方法。

临阵誓师，是中国古代一种传统的励士形式。著名的《甘誓》《汤誓》《牧誓》就明确记载了夏商周三代开国之君分别在甘之战、鸣条之战和牧野之战前举行誓师大会的情形。后世也有成吉思汗讨伐金朝的誓词与努尔哈赤讨伐明朝的誓词。虽然时代不同，誓师的形式各异，但其目的都是为了"怒士"，即激励军心士气。可见，孙子"杀敌者，怒也"的主张，道出了千古奥秘，是兵家统兵作战的法宝之一。

综上所述，孙子在管理制胜问题上的主张是富有创新精神的，是有生命力的，特别是其"兵非益多""施无法之赏""视卒如爱子"等主张，在高度重视质量建军的今天仍有一定的借鉴意义。

第十一章　五德兼备的人才制胜论

天、地、人，三者是战争舞台的主体，其中，人是战争胜负的主宰者。但这种人不是庸将、莽将、俗将，而是智将、勇将、知兵之将。因此，选将、任将历来被封建统治者视为关系国家安危的重要问题。春秋以前，出将入相，将相不分，这个问题尚不明显。自春秋时代起，一方面，随着战争规模的扩大，参战人数的增加，军队结构的变化，客观上要求产生负责治理军队和指挥军队的专职将帅。另一方面，新兴地主阶级为了打破奴隶制的束缚，无不谋求军权，培养和选拔能征善战的将帅。

作为春秋末期吴国争霸战略的设计师，孙子自然十分重视这个问题。他把这个问题提到战略高度来认识，认为"知兵之将，生民之司命，国家安危之主也"，战争能否制胜很大程度上取决将帅才能的高低。这种观点固然有英雄创造历史的偏见，但其高度重视将帅地位和作用的思想是值得肯定的。特别是孙子关于培养、选拔、任用将帅的一系列远见卓识，不仅是我国古代军事学术史上将帅论的先声，而且对于我们今天培养适应信息化战争需求的优秀军事人才仍然具有重要的启示意义。

一、车辅相依，君将同心

孙子虽然高度重视将帅的作用，但只是称其为"国家安危之主"，而非"国家之主"。这多两字少两字的区别，非同小可，反映出孙子对将帅与国君之间关系的一种定位。他在《谋攻篇》中指出："夫将者，国之辅也，辅周则国必强，辅隙则国必弱。"这里，孙子将将帅与国君比作辅木与车体。辅木，即车轮外侧加固的两根夹毂直木，用以增强轮辐的载重支撑力。每轮二木，每车四木。辅木与车体结合周密，则整个车子坚固耐用；辅木与车体之间有缝隙，则车子行驶不久便会散架。同样道理，将帅尽心尽力地辅佐国君，则国家日益强盛；将帅对国君阳奉阴违，三心二意，则国家必然衰弱。显然，孙子始终将将帅定位于从属于国君的地位，将帅不仅要"受命于君"，更应忠心辅佐国君，全心全意地治理军队、打赢战争。同时，孙子认为国君也要充分信任将领，放手使用将领，这样才能发挥他们最大的潜能。

　　春秋时代是一个大变革、大分化的时代。新兴地主阶级为了巩固自己的官僚队伍，提出了各种忠君观点，在当时的哲学著作中颇为多见。《论语》就多次谈到"忠"。孔子谈"忠"着重强调在处理一般的人际关系时，要尽心竭力，主张要"与人忠"，反对"为人谋而不忠"。在君臣关系上，孔子则主张："君使臣以礼，臣事君以忠"，认为臣子忠君是以君主礼臣为条件的。孙子虽从始至终没有说一个"忠"字，但其"车辅相依"的观点显然反映了时代的要求，明显包含着"忠君"的思想。这就要求将帅要胸襟坦荡，一心为公，做到"进不求名，退不避罪，唯人是保，而利合于主"。孙子认为，这是为将之道的最高境界，达到这一境界的将帅必定是"国之宝也"。

　　然而，孙子并不主张将帅无条件的"忠君"。他认为在军事问题上，机断指挥权要由将帅掌握，国君不得干预。他明确指出，如果国君过多干预将帅指挥，必然给军队带来"三患"，即"不知军之不可以进而谓之进，不知军之不可以退而谓之退，是谓縻军；不知三军之事，而同三军之政，则军士惑矣；不知三军之权而同三军之任，则军士疑矣"。这"三患"，一是瞎指挥，即国君不了解军情而擅自指挥军队的进退攻守；二是瞎管理，即国君不了解军队的情况和特点，所谓"国容不入军，军容不入国"，而用治国的方法治军；三是瞎监督，即国君不了解战争的权变谋略，而随意任用一些外行监军。瞎指挥、瞎管理、瞎监督的结果，往往是自乱阵营，为敌国提供可乘之机，最终导致自己的失败。

在孙子看来，解决"三患"的办法不外乎两种：在治军上，一般的赏罚升降由将帅掌握，不要事无巨细都要上报国君批准，否则将帅将丧失威信和主动权。在作战上，应由将帅根据战争的规律和战场的具体情况来机断指挥，即所谓将在外"君命有所不受"。当然，"君命有所不受"也是有前提条件的。《地形篇》中指出："战道必胜，主曰无战，必战可也；战道不胜，主曰必战，无战可也"。其中的"战道"，就是指战争规律。按战争规律来分析，必定胜利的战争，即使国君不让打，将帅也可以打；必定失败的战争，即使国君下令打，将帅也可以不打。可见，将帅听不听从国君的命令，前提只有一个，那就是国君的命令是否符合战争规律，是否符合战场实际。在国君的命令与战争规律和战场实际一致的情况下，将帅应当无条件坚持执行，绝不能把"君命有所不受"当作拥兵自重的理由。

由此可见，将与君结合得好不好，决定着国家的兴衰强弱。其中，将帅是否对国君尽心尽力，国君是否让将帅威震三军，是两个不可或缺的重要因素。只有二者有机结合，真正做到"将能而君不御"，才能强兵强国。

二、五德兼备，为将根本

"将孰有能"是孙子分析战争胜负的基本着眼点之一。"能"，即才能。孙子认为，一个优秀的将帅必须具备五方面的才能。那就是他在《计篇》中所说的"智、信、仁、勇、严"。后人称之为"五德"。关于五德，杜牧注释说："盖智者，能机权、识变通也；信者，使人不惑于刑赏也；仁者，爱人悯物，知勤劳也；勇者，决胜乘势，不逡巡也；严者，以威刑肃三军也。"用今天的军事术语来说，智，即多谋善断；信，即赏罚有信；仁，即爱兵抚士；勇，即勇敢坚定；严，即明法审令。概略而言，"五德"所强调的不外乎作战指挥和军队管理两个方面的才能。

第一，"智""勇"兼备的军事指挥才能。

五德之中，"智"为之首，足见孙子对将帅智力才能的重视。古代，"智"与"知"是一个意思，二者通用。因此，"智"既包括智慧方面的才能，又包括知识结构方面的要求。

从智慧方面说，孙子要求将帅必须具备三方面的能力：一是预知胜负的能力，即将帅能通过敌我客观条件的分析，并加上对自己主观能动作用的正确估计，准确地做出胜负的预测；二是多谋善断的能力，即将帅能在知彼知己的基础上，巧用诡诈之术，战胜不复，使敌人无法知晓其谋略；三是临机应变的能力，即将帅能根据战场变化情况实施灵活机动的指挥，即所谓"因敌而制胜"。

从知识结构方面说，孙子重复强调过这样几个方面的内容：从自然条件方面说，将帅要"知天知地"，知晓天之阴阳寒暑、日月星辰，地之"六形""九地"；从敌我条件方面说，将帅要"知彼知己"，了解敌我双方一切所能侦察到的情况；从治军方面说，将帅要知道士卒是否"能用"，士官是否"有能"；从作战指挥方面说，将帅要"识众寡之用""知迂直之计"，要知阵法，识战机，最根本的是要知"战道"，即战争规律。

孙子尚智，也尚勇。他主张将帅具备高超智慧的同时，也应具备非凡的气概和胆略，应当智勇兼备。所以，他将"勇"列入为将五德之中。必须指出的是，孙子所倡导的"勇"，不是只知斗力而不知斗智的匹夫之勇，而是勇于决断、勇于承担责任的大智大勇。换言之，将帅要有自己的见解，勇于在重大问题上果敢决策。即使在与国君意见相左时，将帅也要敢于坚持真理，勇于决断，智而不勇、谋而不决的将帅并不是好的将帅。吴起曾经指出："用兵之害，犹豫最大；三军之灾，生于狐疑。"可见，敢于决断、善于决断是将帅之勇的特殊要求。

敢于决断、善于决断并不等于蛮横专断，更不等于盲目拼命。孙子在《行军篇》中告诫将帅"惟无武进"，他认为"夫惟无虑而易敌者，必擒于人"。所谓"武进"就是盲动、冒险；"无虑"就是没有深谋远虑；"易敌"就是轻敌。对于这种蠢猪式的"勇敢"，孙子是持批判态度的。吴起也曾批评说："凡人论将，常观于勇。勇之于将，乃数分之一尔。夫勇者必轻合，轻合而不知利，未可也。"这就告诉人们，过分"勇"而轻视"智"是不足取的。优秀的将帅必须"智""勇"结合，二者兼重，其中更重要的是"以智为上"。"勇"，必须建立在智能料敌、智能出奇的基础之上。特别是在现代信息化条件下，斗力实际上就是斗智，"智"和"勇"更需要有机地结合起来。我们不妨从《孙子兵法》中吸取营养，寻求启示。

第二，"信""仁""严"三者结合的军队管理才能。

"信""仁""严"，其主旨是以法治军，以情带兵，严格管理。

所谓"信",就是要求将帅言而有信、赏罚必行,要敢于"施无法之赏,悬无政之令",并且要做到政策兑现。《百战奇法》说得好:"凡与敌战,士卒蹈万死一生之地,而无悔惧之心者,皆信令使然也。上好信以任诚,则下用情而无疑,故战无不胜。"

所谓"仁",就是要求将帅以诚待人、爱兵抚士,真正做到"视卒如爱子",真正能够"与众相得",力争建立和谐的官兵关系。《左传·哀公元年》孔颖达疏引用了一段孙子的佚文:"军井未达,将不言渴""军灶未炊,将不言饥",强调将帅在平时生活中要与士兵同甘共苦,不搞特殊化。在封建社会初期,这种主张是难能可贵的。在当时,对此能够身体力行的,也多是具有革新进步思想的社会贤达、有志之君。例如,吴王阖闾即位之初,"在军,熟食者分而后敢食,其所尝者,卒乘与焉"(《左传·哀公元年》)。这句话的意思是说,煮熟的食物必须等士兵们都分好了,吴王才去吃;他吃的一些山珍海味,士兵们也各有一份。吴王阖闾之所以能率领吴军"西破强楚",这种爱兵抚士之举应当是重要原因之一。

所谓"严",就是要求将帅严格管理、严格训练、严格要求,善于通过强化军法、强调令行禁止来确立将帅权威,在统军作战过程中能够达到"齐勇若一""携手若使一人"的程度。反之,则可能出现"虽令不行,自乱其军"的结果。孙子对这种结果作过生动的描写:"军扰者,将不重也""吏怒者,倦也""谆谆翕翕,徐与人言者,失众也;数赏者,窘也;数罚者,困也;先暴而后畏其众者,不精之至也。"显然,这种状况下的军队必然会"乱军引胜"而遭到失败。

军队管理是一项系统工程,要求将帅具备多种能力,并能够综合运用这些能力。孙子十分清楚地看到这一点，一再强调"卒未亲附而罚之则不服，不服则难用也。卒已亲附而罚不行，则不可用也""厚而不能使，爱而不能令，乱而不能治，譬若骄子，不可用也""令之以文，齐之以武"。这些主张虽视角各异，却殊途同归：皆强调将帅必须文武并用，恩威兼施，赏罚并行，不可偏废。这样的将帅才算是具备"信""仁""严"能力的良将。

孙子不愧为辩证法的大师。在将帅问题上，他既从正面阐明了将帅必须具备"五德"，又从反面告诫将帅要尽量避免"五危"。他说"故将有五危：必死，可杀也；必生，可虏也；忿速，可侮也；廉洁，可辱也；爱民，可烦也。凡此五者，将之过也，用兵之灾也。覆军杀将，必以五危，不可不察也"。

中国古典哲学认为，凡事皆有度。在这里，孙子突出强调的就是为将之"度"。"必死"之"必"，意为固执一端。不怕牺牲是将帅应具备的品德，但如果超过了限度，变成轻生决死、做无谓的牺牲，那就成了拼命主义。当然，贪生怕死也同样是不可取的。"必生，可虏也"，战场上，越是贪生怕死，越有被俘的危险。"忿速"指性格急躁、偏激，急于求成；"廉洁"指过于洁身清廉，看重名声，只爱惜自身的"羽毛"；"爱民"指一味迁就求全，不知权衡利害。这些都是可能被敌人利用的弱点，是那种片面性严重而不懂得辩证法的庸将所具有的特点。张预的《孙子注》说得好："庸常之将，守一而不知变，故取则于己，为凶于兵。智者则不然，虽勇而不必死，虽怯而不必生，虽刚而不可侮，虽廉而不可辱，虽仁而不可烦也。"

不言而喻，由于现代战争形式多样，军事技术飞速发展，部队官兵素质空前提高，当代军事指挥员比以往任何时代都更需要具备"五德"，避免"五危"。

三、静幽正治，将军之要

将领，作为战场的主角、军队的核心，身处波谲云诡、瞬息万变的战场上，既要准确分析判断全局情况，及时果断定下作战决心，又要随时变化作战谋略，还要指挥千军万马，更要关心官兵的军心士气。尤为艰难的是，一军之将在处理军务时往往面临三重考验：或受巨大利益诱惑，或遭极端险情胁迫，或被纷纭众议困扰。在此情形下，将帅很容易判断失误、指挥失策、处置失当。这就需要将领具有超乎寻常的心理素质和良好的性格修养。因此，孙子提出："将军之事，静以幽，正以治。"其中的"将"，当为动词，可以理解为统率、驾驭。"静"意为沉着镇定，"幽"意为深谋远虑，"正"意为公正无私，"治"意为条理井然。显然，整句话实质上是指出了将帅统率和驾驭军队的关键环节及核心要道，那就是"静幽正治"。这四个字，文约而意丰，体现出孙子对将帅心理素质和性格修养的明确要求。

"静"和"幽"对于将帅来说异常重要。三国时，诸葛亮和刘备的性格差异关键在于"静""幽"二字上。诸葛亮纵览天下大势，冷静地提出联吴抗曹的战略方针，刘备却拘于狭隘的哥们义气，因关羽之死而兴兵伐吴，葬送了三分天下有其一的成果。杜甫后来评价说，诸葛亮"指挥若定失萧曹"，刘备则"遗恨失吞吴"。由此可见，一个优秀的将帅必须做到"泰山崩于前而色不变，麋鹿兴于左而目不瞬，然后可以制利害，可以待敌"（《心术》）。

"正"和"治"对于将帅来说，就是要在治军过程中以身作则，作战过程中有条不紊。从治军上来说，军队是国家的柱石，将帅德才兼备、品质优良，才能利国、利民、利军。孔子曰：

"其身正，不令而行；其身不正，虽令不从。"从作战上来说，战场上的战机往往转瞬即逝，如果将帅在指挥中不讲章法，抓不住要害，作风拖沓，那么，轻则失去歼敌的机会，重则被敌所歼。无数战例证明，一个小小的疏忽大意，一旦被敌人利用，就会造成严重的后果。因此，"正"和"治"都是将帅品格修养中不容忽视的重要方面。

总之，静、幽、正、治对于一个高级军事指挥员来说，是必须具备的重要心理素质和情操修养。刚柔相济、沉着镇定是指挥员的基本素养，唯其如此，才能做到胜利时头脑不发昏，不会得意忘形而疏于戒备；暂时失利时，也能头脑清醒，方寸不乱，能于害中见利、虚中见实、败中见胜，正确地分析形势，自觉地克制急躁情绪，挽回损失。

将帅五德不是天生具备的，静、幽、正、治的素质也并非与生俱来，而是实践的产物，学习的结果。所以，和士兵一样，将帅也有一个教育训练的问题。从历史记载看，孙权要求吕蒙读《孙子》《六韬》《左传》《国语》及三史；戚继光要求将帅读《论语》《孙子》《左传》《孟子》《武经》《通鉴》；北宋神宗以后，开设武备学堂，把《武经七书》列为教科书，这一切都是为了军官的培养教育。

必须指出的是，孙子的将帅制胜论也有着明显的局限性，那就是他过分夸大了将帅个人的作用，忽视了士兵在战争中的作用，表现出唯心主义的英雄史观。"知兵之将，生民之司命，国家安危之主也"的观点，固然有肯定将帅地位和作用之效，但同时也说明孙子还看不到士兵和民众的作用。尽管如此，这些局限并不能掩盖其理论价值。孙子将帅制胜论的许多观点，至今仍对军事指挥人才的培养具有重要的借鉴意义。

第二篇 西方军事巨匠克氏及其经典著作

克劳塞维茨，全名是卡尔·菲利普·戈特弗里德·冯·克劳塞维茨（1780—1831年），普鲁士军事理论家和军事历史学家，普鲁士军队少将。他被认为是西方现代军事理论的奠基人之一，其代表作《战争论》被誉为军事学的圣经，对现代战争理论和实践产生了深远的影响。

《战争论》是一部十分庞大的军事著作，共3卷，8篇，124章，中文译本达69万字。其中，许多思想观点来自克劳塞维茨所亲身经历的军事改革和战争实践，以及他对法国大革命和拿破仑战争经验教训的总结，充分反映了近代第一次军事大革命中的新思想、新变化，因而有着巨大的理论价值。《战争论》在西方军事思想史上堪称前无古人之作，被誉为军事领域的"圣经"。恩格斯在《战争论》问世不久即称赞说，克劳塞维茨"是全世界公认的权威人士"。达尔·奥·斯密思在《美国的军事学说》一书中指出，克劳塞维茨的理论虽然不是产生在美国，但是这种理论对美国的作战方法和政策都具有重要影响。现在，在一切文明国家的军队里，都有支持克劳塞维茨的人。

当然，和《孙子兵法》一样，《战争论》也难免遭受种种责难。英国军事理论家富勒认为，《战争论》是一种对战争的伪哲学性的研究，以至"他的许多追随者都完全地搞糊涂了，成了他的暴力神圣论的牺牲品"。尽管学界对《战争论》的评价褒贬不一，但其巨大的理论价值和深远的思想影响却是举世公认的，甚至许多思想观点至今仍然是西方军事理论的基石，例如"打击重心"之类的战法被美军直接继承并运用于当代战争实践之中。

第十二章　西方兵圣克劳塞维茨其人其书

　　一位哲人说过：所谓命运，就是一种机遇和抓住机遇的能力组合成的生命乐章。克劳塞维茨由一个神甫的孩子成为举世瞩目的军事理论巨匠，法国大革命和拿破仑战争固然是促使其成功的重要因素，但仅仅是为他提供了一次历史机遇，而能否抓住机遇则在于克劳塞维茨个人的努力。克劳塞维茨的一生坎坷不平，既有身为普鲁士亲王副官的荣耀，也有沦为法军战俘的悲哀；既有投身军事改革浪潮的兴奋，也有政治上长期失意的忧伤。他无论身处巅峰还是低谷，有一点是始终如一的，即孜孜不倦地学习和研究军事理论，总结战争实践中的经验和教训，从而逐渐形成敏锐的军事眼光和卓越的战略思维能力，这无疑是他能够抓住历史机遇而成就一番伟大事业的重要原因。

一、少年从军，幸遇恩师

　　克劳塞维茨原本是普鲁士一位神甫的后代。他的祖父贝尼迪克特·戈特洛布·克劳斯维茨曾是一位神学教授，一生笃信上帝，致力于传播神的意志，在哈雷镇颇有名气。或许是因为过于虔诚，深受上帝垂青，神学教授因而很早就告别人世，追寻上帝的足迹，魂游天堂去了。神学教授去世后，年轻漂亮的遗孀尤丽亚娜无依无靠，逐渐与一直同丈夫保持着友好往来的冯·洪特少校加深了感情，并在不久之后与之组合成新的家庭。

这位贵族出身的少校也曾经历失去妻子的痛苦，所以，他十分珍惜重新组建的家庭，对尤丽亚娜与前夫所生的孩子弗里德里希·加布里埃尔·克劳斯维茨视若己出。

普鲁士的社会情形与大革命前的法国一样，贵族阶级垄断着社会的一切权力部门，就连生死难卜的军事领域也严格规定只有贵族子弟才能担任军官。年轻的贵族子弟一旦成为军官便享有优越的政治、经济地位，即使一个少尉也有资格出入上流社会。因而贵族子弟争相进入军队，谋取军官职位。为使加布里埃尔有机会从军为官，富于想象的冯·洪特少校想出了一个绝妙的主意。

据说，很久以前在西里西亚有一个冯·克劳塞维茨男爵家族，曾经很有名气。但是，"三十年战争"〔三十年战争是十七世纪上半叶德意志新教（基督教）诸侯同天主教诸侯及皇帝之间进行的内战，后来，由于丹麦、瑞典、法国等国的加入，逐渐演变为欧洲战争。战争从1618年捷克反对哈布斯堡王朝统治的起义开始，以1648年威斯特伐利亚和约的签订告终，前后历时三十年。〕的战火毁灭了这个家族的基业，使他们的后代失去了往日雄厚的家财。久而久之，这个家族的成员逐渐转入市民阶层，放弃了贵族头衔，简单地称自己为克劳塞维茨，其中几位后代投身于上帝的怀抱，成为神学教授。

冯·洪特少校认为，既然加布里埃尔的父亲叫克劳斯维茨，与克劳塞维茨只有一音之差，而且也是神甫家族之后，那么他很可能与冯·克劳塞维茨家族有某种血缘关系，应当属于贵族社会的成员。况且现在加布里埃尔已经是自己的孩子，更应当具有贵族身份。于是，他将加布里埃尔改名为弗里德里希·加布里埃尔·冯·克劳塞维茨，轻而易举地给他戴上了贵族的光环。当时，正值普鲁士与奥地利长期交战时期，腓特烈二世急于大规模扩军，所以加布里埃尔很快便以贵族身份加之继父的关系进入普鲁士军队，扛上了梦寐以求的少尉肩章。不幸的是，加布里埃尔的将军梦刚刚开始之时，在科尔贝尔格地区的一次战斗中，一颗敌人的子弹使他的右手受伤致残。战争一结束，他便无可奈何地离开军队，来到马格德堡附近的布尔格当上了一名王室税务官。

1768年，加布里埃尔娶了比他年轻六岁的弗里德里卡·多罗特娅·夏洛特·施密特为妻，并育有四个儿子和两个女儿。当时，他的年俸只有300塔勒，难以给孩子们充足的粮食和良好的教育。于是，他除了按照母亲的愿望让长子古斯塔夫继承祖业进大学研究神学之外，不得不将其余三个儿子相继送进军队吃皇粮，其中一人便是后来成为著名军事理论家的克劳塞维茨。

克劳塞维茨生于1780年6月1日。过早结束军事生涯的父亲给他取了一个富有贵族特征的名字，以期延续自己的梦想，却又无力为他提供与之相应的物质条件。所以克劳塞维茨没能像真正的贵族子弟那样到贵族学校读书，而是进入了普通的市立学校。在市立学校，他学习拉丁语，接受简单的初级教育。

1792年春天，克劳塞维茨像往常一样，在学校专心致志地学习，压根没有想到改变命运的时刻就在眼前。这时，普鲁士国王正在扩充军队，准备进攻法国。克劳塞维茨的父亲意识到这是送子从军的好时机。于是，他带着不满12岁的克劳塞维茨赶往波茨坦，将其送进费迪南德亲王团成为一名士官生。

身穿笔挺的军装自然很神气，然而从这一天起，这个长着一头卷发和一双大眼睛的少年失去了继续上学的机会，也永远失去了无忧无虑的童年。小伙伴们平时视为游戏的事情,他却不得不当作生死攸关的事情严肃对待;天真无邪的孩子们无拘无束的时光,他却不得不以服从命令为天职;昔日同学坐在教室里琅琅读书之际,他却不得不天天与胡子拉碴的成年官兵们在野外接受最严格的训练。

克劳塞维茨参军的第二年,法国革命掀起新的浪潮,波及欧洲各国,克劳塞维茨这位稚气未脱的普鲁士少年也被无情地卷入了战争的腥风血雨之中。这次作战中,克劳塞维茨勇往直前,深受团长赏识,因而被晋升为军官候补生。从此,这位13岁的少年踏上了通往成为普鲁士军官之路的阶梯。

年少的克劳塞维茨经受过多次炮火洗礼,突击森巴赫附近的伊格贝尔格,进攻劳特尔恩和特里普施塔特,他都参加了。有了第一次作战的经验后,克劳塞维茨适应了震耳的炮声和呛鼻的硝烟,能够灵敏地在枪林弹雨中举旗前行。这使得他在1795年初正式成为普鲁士军队的一名少尉军官。

15岁,正是多思的年华。离开令人精神高度紧张的战场后,年轻少尉的思想如同脱缰之马,无拘无束地奔腾起来,战场上的所见所闻、所思所想不时在克劳塞维茨的脑海里翻滚,他想弄明白悬挂在心头的一系列问题。然而,入伍前所学的一点点拉丁文知识,远远满足不了克劳塞维茨的需要。从此,他以书本为友,以书本为师,如饥似渴地读书,刚放下这一本不由得又拿起另一本。同时,他心里逐渐萌生出一个念头——到军官学校去学习更丰富的知识。为了鞭策自己发奋努力,以尽早实现这一目标,他抄写了一句富有哲理的名言贴在书桌前,作为座右铭:"时间是属于你们的,它将带来什么,这取决于你们自己!"

1801年秋季，刚满21岁的克劳塞维茨如愿以偿，团长决定派他到柏林军官学校学习。柏林军官学校是普鲁士唯一一所正规军官学校，学制两年。教学内容涵盖理论数学和应用数学、逻辑学、战术与战略、军事地理、炮兵、筑城与攻城战等科目，同时注重研究经典战例、撰写军事论文，并进行实地演练。这些课程旨在为初级军官晋升更高职位奠定扎实的文化知识与军事理论基础。

进入柏林军官学校的青年少尉大部分来自边远的卫戍地区，而且大多数都是家财万贯的贵族地主子弟，像克劳塞维茨这样凭着自己刻苦努力而叩开这所军校大门的平民子弟寥寥无几。对于贵族子弟来说，这一段学历不仅可以捞取保证今后顺利晋升的资本，而且在繁华的首都可以找到更多消遣的地方，对单调枯燥的卫戍生活无疑是一种求之不得的调剂。所以，几乎没有几个人认真学习，课余时间他们大多遛马路、下酒馆、找女友，尽情寻欢作乐，以弥补精神上的空虚。

克劳塞维茨则不然，6年的自学已使他与书本结下了深厚的感情，形成了独立思考的习惯。对于他来说，把大好的时光无端地消磨掉，实在是愚蠢之至。他十分珍惜这次难得的学习机会，对待自己的学业一丝不苟，严肃认真。但是，在课堂上，他明显发现自己所受的教育是多么欠缺、多么不完备，以致他头脑中的知识远远不足以帮助自己充分理解教材。这使他深刻感受到因过早辍学所造成的知识不足而带来的严重后果。痛苦、沮丧之余，他下定决心要加倍努力地学习，在军官学校学习期间补足以前所耽误的一切。于是，在同学们寻欢作乐的时候，他却以特有的顽强和坚持到底的精神稳坐教室，孜孜不倦地专心学习。

克劳塞维茨的勤奋、谦和，以及平时所表现出来的才能，很快引起了校长格哈特·约翰·达维德·沙恩霍斯特的注意。沙恩霍斯特是个目光敏锐的人，他从这个无人向他推荐的青年军官身上发现了非凡的天资，并决定亲自和年轻人谈谈，以证实自己的判断。

一个晴朗的日子里，沙恩霍斯特主动邀请克劳塞维茨到校长办公室谈话。谈话中，克劳塞维茨向校长坦率承认了自己的不足和困惑，校长则给自己的学生加以教导和鼓励，并为克劳塞维茨指明了应走的道路。两人的地位和年龄虽十分悬殊，但却越谈越投机，彼此都有一种相见恨晚的感觉。沙恩霍斯特为发现一位具有思想的天才学生而高兴，克劳塞维茨则为找到一位博学多才的精神导师而欣喜。

从军6年多来，克劳塞维茨身边大多是浑浑噩噩之人，无论是年长还是年轻的军官，几乎没有一个人能让他产生敬意。然而，与沙恩霍斯特的初次会谈却使他怦然心动——校长深邃的目光中透出一种强烈的吸引力。在此后的几次交谈中，克劳塞维茨越来越坚信这位思想敏锐、待人和蔼、治学严谨的校长是一位卓越的伟人，他为结识这样一位伟人而庆幸。他在日记中写道："我生活的方向，一下子同我的行动和希望融为一体了。"从此，克劳塞维茨称沙恩霍斯特为"我精神上的父亲"。

在柏林军官学校的两年期间，克劳塞维茨处处以"精神之父"为榜样，孜孜不倦地学习，积极参加沙恩霍斯特组织的各种学术讨论活动，经常主动向沙恩霍斯特请教一些军事理论上的问题，并在香恩霍斯特的指导下开始撰写军事文章。他的文章或阐发自己的思想，或分析欧洲的时局，更多的则是运用沙恩霍斯特教给的方法剖析拿破仑的新战略、新战术。

1803年春，克劳塞维茨完成了军官学校的学业。沙恩霍斯特通常把毕业学生的成绩分为四等。本期学生中一等的只有两个人：克劳塞维茨和蒂德曼。他在报告中谈到这两个人时说："从能力、判断力、勤勉和学识各方面，他们都出类拔萃，是最优秀的学生。"沙恩霍斯特在克劳塞维茨的文凭上注明："少尉冯·克劳塞维茨的论文的特点是对全局的判断异常正确，叙述朴实而中肯。他在数学和军事学方面具有深邃的知识。"

二、亲王副官，战败被俘

两年军校生活结束了。23岁的克劳塞维茨思想上已羽翼丰满，可以独自到新的天地里飞翔了。但是，他舍不得离开校园，更舍不得离开赋予自己精神生命的恩师，他希望留下来当沙恩霍斯特的助手。这时，沙恩霍斯特的确需要一名助手。他在欧洲各国的军事领域已颇有名气，"军事协会"的规模也越来越大，活动越来越频繁，因而需要一名助手帮助他处理日常事务，以便他能集中精力思考普鲁士军队亟待解决的重大问题。然而，他不想让自己的得意门生充当这一角色，他认为克劳塞维茨应当到更广阔的天地里去增加见识。因此，他像所有严厉的父亲一样，忍痛割爱，将克劳塞维茨推向了社会的风浪之中。

就在沙恩霍斯特考虑克劳塞维茨的去向问题之时，国王的弟弟奥古斯特亲王被任命为一个掷弹兵营的指挥官，并且正在物色一名副官，沙恩霍斯特得知消息后，决定帮助克劳塞维茨抓住这一机会。

奥古斯特亲王也是"军事协会"的成员，与沙恩霍斯特交往甚密，而且在协会的活动中对克劳塞维茨已有一些印象，所以当沙恩霍斯特向他推荐克劳塞维茨时,他几乎没有任何犹豫就欣然同意了。五个月之后,国王下令任命克劳塞维茨为奥古斯特亲王的上尉副官。

奥古斯特亲王是一个十分爱交际、爱出头露面的人。他很少去自己的掷弹兵营,而是把大量时间和精力花在宫廷舞会和宴会上。克劳塞维茨不得不跟随他出入达官贵人、社会名流及公主贵妇聚集的各种场合。对于他这么一位从生活单调的兵营和严格纪律约束的军校出来的人,要适应这一切肯定是不那么容易的。所以,开始时克劳塞维茨还有些拘谨,处处看亲王的眼色行事,不敢多说一句话。不过,年轻人所具有的灵性使他很快习惯了这个宫廷社会。他逐渐学会彬彬有礼、谦恭谨慎的样子,善于聆听别人的高谈阔论,并机智地给予恰如其分的回答,成为一位非常健谈的人。在宫廷社会中,这种性格是受人赏识的。与此同时,他认识了公主、王侯、外交官、宫中女宦和诸位部长,熟悉了属于这个特权阶级的一切。

尽管如此,克劳塞维茨并没有陶醉于浮华的宫廷生活中,他利用休息时间参加沙恩霍斯特的"军事协会"活动,去听基塞韦特教授的哲学课,其他大部分时间则用于读书。他的书桌和床头堆放着一摞摞的新书,他在没有勤务的夜晚常常很晚就寝,手不释卷,勤奋读书,直到深更半夜。

在宫廷游历一段时间之后,克劳塞维茨渐渐明白了沙恩霍斯特竭力推荐自己进入皇宫的用意所在。这里是国家政治舞台的中心,舞台上活动着的都是主宰国家命运的人。身处如此核心的焦点位置,周旋于左右历史的关键人物之间,使他得以近距离观察那个时代的精神思潮与政治社会变迁。

明白这一点后,克劳塞维茨意识到,这一段宫廷生活是有

第十二章 西方兵圣克劳塞维茨其人其书

必要的,宫廷虽小,却是一个大课堂,只要处处留心,就可以学到各方面的知识,其中许多东西是书本上学不到的。于是,他留心观察主宰国家命运的那一群人的生活和活动,力求弄清他们左右国家大权的奥秘。他注意倾听国王和显贵们的谈话,从中把握主要政治事件的来龙去脉,了解本国与欧洲各国的关系,分析国际关系发展变化的缘由。他经常鼓动奥古斯特亲王下部队视察,以便自己能够更直接地了解普鲁士军队的现状,寻求改革军事制度的有效途径。正是这些亲身经历使他很早就认识到:战争既非上帝的惩罚,也不是不可避免的自然现象,而是为一种完全确定了的政治目的服务的工具,政治和战争有不可分割的联系。这种认识为他后来的宏伟巨著奠定了理论基石。

年轻的克劳塞维茨不知不觉被卷入普鲁士命运的漩涡之中,并从此再也无法摆脱开来。作为贵族社会的一员,他继承了当时占统治地位的世界观。他不希望法国革命的洪流淹没普鲁士,不希望德意志人民也变成反对贵族阶级的革命战士。基于这种阶级立场,他自己虽未担任什么要职,却站在那些身负重任的人一边,力图通过宣传自己的主张,促使决策者们清醒起来,使普鲁士军队振作起来。他清楚地意识到,随着法兰西帝国的建立,拿破仑作为资产阶级的代表,势必向外扩张,以满足资产阶级日益发展的需要。那么,普鲁士最危险的敌人就是拿破仑,而且德意志民族的生死存亡就取决于能否打败拿破仑。于是,他着力研究拿破仑个人的特点及其所创造的一系列光辉战例和崭新战法,从中把握其本质,提取有价值的新型战略战术和军事思想,并不断把自己对战局的分析和对拿破仑军事艺术的认识写成文章送给报刊发表,或写成书信寄给友人,以唤醒普鲁士军界首脑们的改革意识。因而,有人称克劳塞维茨为那个时代最勤奋的书信写作者。这些文章,风格朴素,语言明确,给人以深刻的印象,已经表明他具有伟大的写作才能。

入宫半年后,爱神丘比特之箭飞向克劳塞维茨。在一次宫廷舞会上,他幸运地结识了一位对他的一生有着重要影响的女子,她就是玛丽·冯·布吕尔。

玛丽是原萨克森陆军中将卡尔·冯·布吕尔伯爵的女儿,在宫中担任弗里德里希·威廉二世的遗孀弗里德莉克王太后的侍卫长。她爱好读书,特别喜爱德国古典作家的文学作品和历史著作,而且还精通英语和法语,并时常翻阅这两个国家的经典著作。除读书之外,听古典音乐、参加舞会、郊外绘画也是她生活中的主要活动。这些高雅的爱好使她逐渐养成了娴静优雅的气质和勤奋好学的习惯。尽管家庭地位悬殊,但共同的爱好,相同的人格,使克劳塞维茨和玛丽彼此钦慕,相互吸引,爱情之花在他们的心中悄然开放。

1806年,拿破仑在"全德大主教"达尔堡等人的帮助下,起草了"莱因联邦宪法",7月12日由加盟各邦签字生效。当时,德意志大小诸侯甚多,仅莱因地区就有七十多个。经过合并,有21个邦加入联邦。拿破仑自任联邦的保护人,有任免联邦盟主、首席大主教之权,并可支配联邦军队。

"莱因联邦"的成立,极大动摇了普鲁士在德意志民族中的统治地位。一时间,普鲁士上下反法情绪骤然高涨,尤其是贵族和军官更是坚决主张对法开战。甚至露易丝王后也戎装骑射,竭力敦促国王宣战。1806年8月9日,弗里德里希·威廉三世屈于露易丝和费迪南德王子的压力,下达了战争动员令。9月26日,普鲁士国王向拿破仑发出最后通牒,要求法军立刻从德意志土地上撤走。10月8日，普鲁士终于对法国宣战。弗里德里希·威廉三世决定自任大元帅，以布伦斯维克公爵为总司令，发兵10余万，与法国军队决一雌雄。克劳塞维茨又一次踏上了征程，走向生死难卜的战场。

然而，这次作战没有想象中的那么幸运。经过数日激战，普鲁士军队战败，克劳塞维茨作为副官，随同奥古斯特亲王一起束手就擒。曾经称雄于整个欧洲的普鲁士军队，在短短的几天之内全军覆没，以致拿破仑得以踏着普军将士的尸体阔步迈入柏林，迫使弗里德里希·威廉三世逃往穷乡僻壤的梅梅尔。普军失败得如此迅速，如此惨重，在欧洲历史上是罕见的。

克劳塞维茨和奥古斯特亲王被俘后，于12月31日前往法国的南希市接受拘禁。当时，欧洲各国军队中尚保留着传统的礼节，或者说侠义的精神，一般不用残酷手段虐待战俘，尤其是高级别的战俘。所以，亲王和克劳塞维茨前往法国接受拘禁，表面上看就像平时出门旅行那样，无拘无束。他们可以给家人写信，可以拜访法国朋友，还可以游山玩水。但是，他们毕竟是身不由己的战俘，不得不离开自己的祖国，而且所到之处不时听到人们的冷嘲热讽，两人心中不能不充满难以言状的苦涩。

克劳塞维茨对个人的艰难处境有着顽强的适应能力，酷爱学习、勤于思考的习惯使他能够在枯燥乏味的羁旅之中找到自己的乐趣。他利用一切空闲时间钻研曾经在柏林军校颇感兴趣的数学，把沉浸在抽象的数学运算中当作一种自我麻醉的鸦片，以此驱散心头的痛苦和烦恼。他在后来创立的军事学说中，强调运用数学原理计算敌对双方的兵力、物资、地形、阵地等客观条件，并把数学要素列为战略五要素之一，这显然与他这一时期大量吸食"数学鸦片"有着直接关系。

除研究数学外，克劳塞维茨还特别留心学习法语，把法文写的文学作品当作语言教材细心阅读，各种交际场合则是他练习听说的最好课堂。他力求尽快熟练掌握敌国的语言，以便研究其思想文化、社会历史。遇到文思潮涌不得不发时，他便全神贯注地坐在桌前，梳理自己的思想，让思想的清泉流向笔端。他尝试着写了两份研究报告。其一是《奥地利如欲对法作战时的作战计划草案》，其二是《德意志人和法兰西人》。此外，他还以亲王的名义写了一份"备忘录"，作为呈交普鲁士国王的奏书。在这些文章中，他试图总结普鲁士失败的教训，并向全体德意志人呼吁："你们不要对自己的命运绝望，这就是：要尊重你们自己！"

1807年11月初，经历了将近一年拘禁生活的克劳塞维茨同奥古斯特亲王回到了普鲁士。

一般而言，一个人的品德与性格，往往不是由幸运与成功塑造，而是源于不幸与考验；真正的非凡成就，也往往不是来自顺境，而是来自磨难。当然，前提是他必须具备某些天赋的素质，而其中最重要的，是精神的力量。蒙羞之役、拘禁之旅，对克劳塞维茨来说无疑是一次重大的打击，一番痛苦的精神折磨。但是，从小在艰苦生活中磨炼出来的冷静、坚韧的精神使他能够忍辱含垢。与此同时，他深刻反思普鲁士失败的教训，探索军事改革的途径，并留心了解和学习各种法国文化，诸如语言、绘画、诗歌、小说、戏剧等，从而把拘禁之行变成了一次深造旅行。显然，这些不幸和磨难，不仅进一步完善了克劳塞维茨的品德和性格，而且为他的宏伟事业做了预先投资。可以说，如果没有这一次磨难，恐怕就不会有《战争论》。

三、投身改革，屡遭重挫

克劳塞维茨回国后，并没有重获自由的喜悦，普鲁士贵族社会醉生梦死的生活让他厌恶，国王和整个朝廷对法国侵略者的妥协投降让他愤慨。他深刻地感到普鲁士必须变革，否则只能永远屈服于法国的铁蹄之下。这时，他想到了沙恩霍斯特，迫切希望脱离无所事事的副官之职，到恩师麾下实现自己的报国之志。

沙恩霍斯特因在埃劳会战中表现出卓越的指挥才能，已晋升为少将，荣获高级勋章，并于1807年7月17日被任命为"军事改组委员会"主席。沙恩霍斯特力图从三个方面对普鲁士军队进行改革。首先是改革军官制度，打破只有贵族才能当军官的陈规，主张以军事才能和作战功绩选拔和晋升军官。其次是改革兵役制度，废除雇佣兵制，实行征兵制，动员广大民众参军参战。最后是改革军队编制和作战战术，以步、骑、炮诸兵种混合编成的师取代原来单一兵种的团，以散兵战术和纵队战术取代原来的线式战术。

然而，在这个腐败不堪的国度，改革谈何容易。令克劳塞维茨愤恨的是，他接触的军政首脑并非人人都是改革者，其中不乏顽固的封建卫道士。这些被称为保守派的人主要是贵族阶级的上层人物和昏庸老朽的将领。他们相互勾结，大叫大嚷地抨击改革派，肆意诟骂，百般诽谤，甚至明目张胆地煽动人们破坏新措施和新法令的实施。面对守旧派的围攻，克劳塞维茨更加急切地希望加入改革派的队伍，以助一臂之力。他一边设法调换工作岗位，一边连续写文章，为改革派进行"军事问题上的舆论工作"。

1808年秋，奥古斯特亲王被任命为炮兵军军长，克劳塞维茨终于得以加入沙恩霍斯特麾下。次年3月，他正式被任命为军事改组委员会的办公室主任，开始直接协助沙恩霍斯特推进这场重大改革。

在克劳塞维茨的协助下，沙恩霍斯特起草了一份《陆军法规纲要》，以法律的形式明确规定了军队三大改革的具体内容，不久之后颁行全军。

军事改革是一项系统工程。实行征兵制、废除体罚制、推行新的军官制，确立新的军队编制——这些措施的根本目的，是在拿破仑的严密监控下，将普鲁士仅有4万人的小型军队打造成一支基干部队，以便在时机成熟时能够迅速扩充军力。为了避免因扩军引起法国人的注意，让大批适龄男丁接受军事训练，改革者们创立了一种速成兵制度。根据这种制度，每批士兵只需受训数周或数月便可退伍，同时征召新兵补充。这样既保持现役兵额不超过法国人的规定，又可以对大批男丁进行军事训练，向全民皆兵的方向隐蔽地迈进。

沙恩霍斯特高度重视现役部队改革和训练的同时，将目光投向了民众武装，制定出一整套全民武装计划，并征求克劳塞维茨的意见。他们一方面大力推行速成兵制，另一方面则动员各团派出军官到各县区去，利用星期日或节假日，以及做礼拜以外的时间对退伍者和速成兵进行训练。训练内容注重实战经验，重点学习法军的散兵战术和纵队战术。不久，强烈的爱国热情便在广大民众中迅速蔓延，特别是在青年群体中，尚武精神蔚然成风。

在民众尚武精神的鼓舞下，沙恩霍斯特认为普鲁士向拿破仑发动攻势的时机不久之后就将到来。他呈给国王一份奏章，说明其能组织12万人的军队与法军决战，并附上部署计划和作战方案。然而，懦弱的国王仍然不敢与拿破仑对抗，以保护改革成果为名将沙恩霍斯特的奏章束之高阁，并根据拿破仑的要求解除了沙恩霍斯特的军政部部长之职，只保留他在总参谋部的职务。军事改组委员会的工作由此受到严重挫折和阻碍。

1810年8月29日，克劳塞维茨被晋升为少校。鉴于他学识渊博并富有教育才能，他又被任命为柏林军官学校的教官，主要为学生讲授战术和战略课程。同时，他还接受了给15岁的王太子讲授军事课的任务。就在克劳塞维茨晋升少校的第二天，相爱7年的情侣终于正式订婚，并于圣诞节前夕举行了婚礼。

第二年夏天，克劳塞维茨同妻子乘车到西里西亚省的库多瓦温泉浴场疗养。其实，他此行并非单纯疗养，而主要是为了进行实地考察。西里西亚是普鲁士南部的一个省份，与马克－勃兰登堡之间仅有一条狭窄走廊相连。作为普鲁士境内唯一多山多林的地区，这里森林密布、山谷纵横，许多地方几乎无法通行。该地区的格拉茨山脉这一天然屏障直抵奥地利波希米亚，形成绵长的共同边界，使普鲁士得以将奥地利作为战略后方。更重要的是，普鲁士在该地区仍控制着多个可继续扩建的要塞，如施潘道、科尔贝格、库多瓦等。改革家们计划扩建和加固这些要塞，旨在将其打造成为未来解放战争的坚固堡垒。

在西里西亚，克劳塞维茨除了陪伴玛丽游览风景之外，主要精力则用于与沙恩霍斯特一起视察西里西亚的隘口、要塞、道路、渡口及其各要点的防御设施，了解这一地区的风土人情。在沙恩霍斯特的授意下，克劳塞维茨以西里西亚在战争爆发时首先遭到敌人攻击这一假定为根据，草拟了一份防守西里西亚的计划。他在这份计划里设想并详细说明了防御该省的各种可能性。

然而，事情并没有随着他的意志发展，就在他精心拟制防御计划期间，拿破仑向弗里德里希·威廉三世提议缔结同盟条约，普鲁士的亲法派们竭力敦促国王接受侵略者的建议。与法国结盟意味着普鲁士的彻底屈服，但毫无自主能力的国王仍然答应了。随着普法同盟条约的签订，法军主力开进了普鲁士。西里西亚的施潘道和皮拉乌等要地被法军不费一枪一弹地占领了，改革家们千辛万苦积存在科尔堡和格劳登茨的武器、弹药和粮食全部落到了法国人手里。从此，不经法国总参谋部批准，普鲁士再也无权调动或集结军队。同时，普鲁士还要向法国缴纳巨额战争赔款，几乎变成了拿破仑的殖民地。

普鲁士朝廷无耻地屈服于拿破仑的淫威之下，使克劳塞维茨深感奇耻大辱，而国王的怯懦无能更使他失望。他痛苦地看到，通过军事改革而最终驱逐法国占领军的愿望在普鲁士是难以实现的。于是，他决定脱离普鲁士，投奔俄国。他相信，只有与俄国结盟才能把强盗驱出国境。沙恩霍斯特、格奈泽瑙和博因等改革派的主将与他的想法完全相同，他们几乎同时提出辞职，并决定用一份备忘录向德意志人民揭露王室的罪恶，说明他们的政治信念以及他们不得不离开祖国的理由。笔杆子克劳塞维茨受托撰写这个文件，他于1812年2月写成著名的《三个信条》。全文由三大部分组成。第一个信条从道德角度揭露王室的罪恶，阐明自己的主张；第二个信条从政治经济角度怒斥拿破仑的大陆封锁政策，提出普鲁士应当采取的对策；第三个信条则是论述军事改革的可能性和展望。其中，第一个信条是全文的核心。

这篇《三个信条》因感情激越、语言有力、论证确凿和信念纯正，成为充满真正爱国主义思想的宣言书，无论在当时还是后世，都具有很强的感染力和号召力。

四、曲线救国，大败法军

克劳塞维茨虽然对朝廷彻底失望，但对祖国却依然一往情深，他出走俄国并不是逃避现实，而是为了在即将爆发的俄法大战中直接与战神拿破仑作战。他坚信只有打败拿破仑才能拯救普鲁士。然而，他或许没有意识到这一决策对于改变自己的命运也是至关重要的。只有在俄法大战中他才能够体验指挥千军万马的滋味，只有在空前残酷的腥风血雨中他才能洞悉战争规律的真正面目，从而形成一系列真知灼见，登上军事理论的巅峰。

1812年初，俄法两国为争夺欧洲霸权而积蓄的矛盾已经达到白热化，双方积极扩军备战，磨刀霍霍。拿破仑在本国及附从国共征募60余万士兵，组成征俄大军。普鲁士按照《法普同盟条约》被迫出兵2万、大炮60门。与此同时，俄国也积极做各方面的准备。俄军沿维尔纳河和第聂伯河流域，在里加、德里萨、波布洛斯克和基辅等地构筑大量防御工事和野战阵地。在外交上，俄国同英国改善关系，获得英国大量物资支援，又与瑞典和土耳其摒弃前嫌，解除了南北两翼的威胁。但是，俄国的准备不甚充分，速度也不快。俄国计划在对法作战第一线集中50万部队，时至5月，却只集中了部队20万、大炮800门，另有20余万人马分散在芬兰、土耳其边境及东部地区，难以迅速集中。

克劳塞维茨于1812年5月初的一个夜晚只身离开普鲁士，

经过十几天辗转周折，终于在大战爆发之前赶到沙皇大本营所在地维尔纳。在这里，克劳塞维茨遇见了军事改组委员会主要成员之一——格奈泽瑙将军。格奈泽瑙把克劳塞维茨介绍给俄皇亚历山大一世，赞扬他是"最优秀的人才之一，在军事艺术方面造诣很深"。沙皇对这位普军少校表示欢迎，并授予他中校军衔，任命他为富尔将军的副官。十余天后，拿破仑发动了对俄战争。6月24日，法军未经宣战就渡过了涅曼河，兵分三路向前挺进。

克劳塞维茨接受的第一项任务是到德里萨检查临时构筑的防御工事，并为预定进入该营垒的俄国第1军团选定开进途中的宿营地。他发现，富尔将军所制定的计划不能同时有力地抗击法军左路和中路的合围，仓促构筑的工事完全不合乎防御任务的要求，俄军如果不主动放弃这些阵地，不论其兵力有多少，都将腹背受敌，被迫投降。他认为，理智的办法是暂时避免同法军进行任何较大的会战，向纵深退却，诱敌深入，等到削弱敌人并依靠人民战争切断其漫长的补给线以后，再将其一举击败。

克劳塞维茨向沙皇报告了自己的想法。沙皇的战略顾问施泰因赞同克劳塞维茨的建议，主张采用西班牙式的民众战争，逐步击退敌人。俄国第1军团司令巴克莱将军也提出了类似的建议。沙皇接受了克劳塞维茨等人的建议，决定实行战略退却，并解除富尔将军的职务，任命巴克莱将军为第1、2军团的总司令，全权负责实施战略退却计划。巴克莱将军立即率领第1军团向斯摩棱斯克退却，同时命令第2军团向其靠拢，打算在斯摩棱斯克会合两军，选择有利时机实施反击。

富尔离职后，克劳塞维茨转入巴克莱军团一个后卫师任补给官，该师由骑兵将军帕伦伯爵指挥。克劳塞维茨到任后，连续参加了几次阻击战。不久，帕伦将军重病不起，无力继续指挥作战，他的骑兵师随之解散，克劳塞维茨被派到乌瓦罗夫骑兵军任参谋长。

随着战争的推进，拿破仑带领军队迅速占领莫斯科，并急于寻找俄军主力决一雌雄。然而，俄军避而不战。眼看严冬迫近，他转而谋求与俄国媾和。俄军总司令库图佐夫由此判定拿破仑的力量已成强弩之末，因而对其停战建议置之不理。拿破仑求战不得，求和不成，陷入进退两难的境地。这时，法军漫长的补给线被俄国民兵割成数段，人员和物资都得不到补充，士兵饥寒交迫，士气日益低落，军中充满厌战情绪。这位常胜将军意识到情况越来越严重，在莫斯科的废墟上停留了5个星期之后，他只好忍痛下令撤军。1812年10月18日，法军炸毁克里姆林宫，撤离莫斯科。

俄军抓住这一时机发动反攻。库图佐夫率主力部队从梁赞公路转向塔鲁季诺，打击法军的翼侧。与此同时，俄国全国范围内迅速展开了一场反击法军的游击战，使法军遭受重大损失。这时，严寒到来。被饥饿和劳累折磨得疲惫不堪的拿破仑大军战斗力锐减，军队撤退变成了溃逃，逃出俄境时只剩下不足5万人。为收缩兵力，拿破仑不得不抽回驻普鲁士的军队。

克劳塞维茨乘胜追击法军，回到了普鲁士的柯尼斯堡，并在这里与昔日的改革家们重新会合。为了准备全面反攻，他们再度展开民众武装的动员和组织工作。克劳塞维茨起草了《国民军和民兵组织要点》，阐明只有通过全民奋起抗击敌人，只有通过全体德意志人兄弟般的团结，才能拯救欧洲和祖国，打倒威胁自由和幸福的凶残暴力，并在文中作出了一系列具体规定。在沙恩霍斯特等人的建议下，普鲁士国王同意进行全民总动员，并于 1813 年 2 月 3 日批准成立志愿猎兵队。号召发出的当天，就在全国掀起了一股从军热潮。志愿参军者从普鲁士全国各地涌来，争先恐后报名登记。在普鲁士的历史上，人民群众还没有过像这一次这样自愿地响应战争号召。

1813 年 3 月 3 日夜间，俄军逼近柏林，留守柏林的最后一批法军匆忙撤离。第二天清晨，维特根施泰因的前卫开进首都，克劳塞维茨见到了久别的玛丽。然而令他痛苦的是，虽然他为普鲁士的解放做出了巨大贡献，但国王仍然对他耿耿于怀，不仅没有像普通百姓那样赞美他，而且还要追究他的所谓叛国罪行，拒绝恢复他的普军军籍。

重新担任军政部长的沙恩霍斯特积极为克劳塞维茨活动，争取尽快把自己的得意弟子招回普军。这时，俄普两国联合，准备联军进攻法国。沙恩霍斯特建议俄军总司令部派克劳塞维茨作为联络官长驻普鲁士布吕歇尔军团司令部，顺理成章地达到了把克劳塞维茨留在身边工作的目的。

就在克劳塞维茨到布吕歇尔军团司令部就职之时，拿破仑亲率 18 万大军向柏林南部的莱比锡进发，打算直趋德累斯顿与俄普联军决战，尔后攻占柏林。4 月 4 日，布吕歇尔军团开拔迎敌。20 多天后，两军在吕岑地区展开激战。法军的兵力占明显优势，攻势猛烈。普军则一改往日怯战、惧战的状态，由大学生、工人、农民和市民组织的志愿军团的士兵们斗志昂扬，奋勇战斗。沙恩霍斯特和克劳塞维茨都在战斗中身先士卒，在战斗最激烈的时候沙恩霍斯特负伤，一颗子弹击中了他的大腿，伤势严重。战至太阳偏西之时，拿破仑率军亲至战场，法军士气大增，迅速发动强有力的反攻。联军拼命抵抗，但毕竟兵力相差悬殊，只好主动退出战场。

经过20天的沉寂,两军在莱比锡东北面的包岑再次交战。这次会战中,法军仍然在兵力上占优势,加之拿破仑巧妙地运用侧翼迂回的战术,使联军腹背受敌,不得不迅速退却。联军虽退,但仍以强大的火炮轰击,使法军伤亡惨重。

吕岑和包岑两次会战,拿破仑只取得了"虎头蛇尾"式的胜利,使欧洲各国进一步清楚地看到,拿破仑已经不是昔日所向无敌的战神,法国军队也不再是战无不胜的常胜之旅。一个规模空前的反法联盟逐渐形成。

沙恩霍斯特敏锐地看到形势的变化,不顾伤势引起的持续高烧,亲自前往维也纳,以争取奥地利加入联盟。在他的努力下,奥地利、英国、瑞典等国先后表示愿意与俄普联盟,第六次反法联盟形成。由于操劳过度,缺乏护理,沙恩霍斯特的伤势日益恶化。6月28日,沙恩霍斯特与世长辞。

沙恩霍斯特去世后,格奈泽瑙接替他的位置,出任布吕歇尔军团参谋长,同时被任命为西里西亚总督兼后备军总司令。鉴于克劳塞维茨在大格尔申会战中勇敢出众,格奈泽瑙建议奖给他铁十字勋章,国王却以铁十字勋章不能颁发给"外国人"为由加以驳回。但格奈泽瑙还是设法将克劳塞维茨提升为新组建的俄德军团参谋长,以示褒奖。

8月中下旬,战争再次爆发。反法联盟军队与法国军队在德累斯顿进行了大规模的决战。因参战国家和民族众多,所以史称"民族大会战"。联军总兵力约70万,法军也有50万之众。联军分四路大军,从南、东、北三面进攻法军。针对拿破仑的习惯战法和各国以往的经验教训,联军决定采取统一的作战方针:各军不单独与拿破仑主力决战,避其锋芒,两翼包围,伺机合击,即所谓"围兽入槛"。拿破仑错误地估计了联军的力量，认为联军人数虽多但行动不一，像以往一样可以断其一指而伤其全身。所以，在面临三面包围的情况下，拿破仑采取南守北攻的作战方针，拟先北攻柏林迫使普鲁士投降，尔后东击普俄军，南击奥俄军主力，最后在维也纳与联军缔结和约。

两军接战后，法军缪拉元帅率领骑兵突然袭击联军左侧背，歼灭3万余人，尔后乘胜猛击，取得歼敌5万的辉煌胜利。然而，这一次联军没有因为断了一指而伤及全身，其他几个方向的联军仍然顽强战斗，以强大的火炮轰击对方，使法军连连失利，被迫退至莱比锡，并陷入联军的合围之中。

克劳塞维茨所在的军团参加了整个会战，但始终未能承担主攻任务，而是一直作为警戒部队保障北方军团的右翼安全。全军在战争中最精彩的场面是格尔德战斗。此次战役的成功实施及其辉煌战果，首先应归功于时任参谋长的克劳塞维茨。

1813年9月初，法军一个师渡过易北河，与驻守马格德堡的部队建立联系。克劳塞维茨通过侦察兵截获的情报准确地掌握了敌人的意图，决定利用格尔德森林一带复杂的地形拦击敌军。按照他的计划，俄德军团于9月15日夜间在预设战场埋伏起来。第二天，当敌人从森林里走出来，尚未展开队形之际，克劳塞维茨指挥部队发动突然袭击，敌人措手不及，只有招架之功，没有还手之力。经数小时激战，法军被击散，俄德军团俘敌1500名。为了表彰克劳塞维茨在此战中的功绩，9月22日，俄皇下令晋升他为俄国皇家上校。

法军退至莱比锡后遭到联军沉重打击，不得不退回本土。1814年3月，联军乘胜从南北两面进攻巴黎，克劳塞维茨率领的俄国军团也攻到了巴黎城郊。拿破仑虽然动员人民、组织军队抗击，屡次取得胜利，但寡不敌众。特别是缪拉元帅于1814

年 1 月 11 日投降、14 日丹麦军倒戈之后，法军更加势单力薄。经过两个多月连续苦战，法军伤亡越来越大，军心日渐溃散，从元帅到士兵大多不愿继续作战。拿破仑自知大势已去，只好于 1814 年 4 月 6 日在枫丹白露宫宣布退位，并于 20 多天之后被流放到地中海的厄尔巴岛。

在格奈泽瑙和维特根施泰因一再努力下，俄德军团攻入巴黎之后被编入普鲁士军队。普鲁士国王不得不于 1915 年 4 月 11 日签署了将俄国皇家上校克劳塞维茨重新接纳为普鲁士军队步兵上校的委任状。至此，长期忍辱报国的克劳塞维茨终于如愿以偿。

拿破仑战败后，第六次反法同盟国在维也纳开会，瓜分曾被法国征服的地区。同盟国之间为攫取更多的土地和利益而勾心斗角，相持不下，会议迟迟不能结束。1815 年 2 月 26 日夜，就在同盟国首脑在维也纳议而不决之际，拿破仑率领千余名卫队员乘 7 艘军舰逃离厄尔巴岛，于 3 月 1 日在法国南海岸的儒昂湾登陆，并在民众的欢呼声中直趋巴黎，重掌法国政权。这一消息使同盟国首脑们十分震惊，各国停止争论，组成第七次反法联盟，调集 70 万大军，再次进攻法国。1815 年 6 月，克劳塞维茨以普鲁士第 3 军参谋长的身份随布吕歇尔军团开赴比利时，准备与英军联合从北面进攻法国。

面对来势汹汹的各国军队，拿破仑试图采取缓兵之计，推迟决战时间。他通告各国，法国愿意承认波旁王朝与英、俄、普、奥等国签订的《巴黎和约》中的一切条款，包括对法国疆界的限定，并请求罢兵言和。但是，联盟国的首脑们决心已定，绝不允许这位拥有巨大号召力的战神东山再起。拿破仑别无选择，只能背水一战。于是，他决定在联军尚未完成包围态势之前，以攻为守，主动进攻北面的两支军队——布吕歇尔指挥的普鲁士军和威灵顿指挥的英荷兰联军，把它们各个击破，杀一儆百，从而打破联军的战略包围。

1815年6月16日，拿破仑集中优势兵力对林尼附近的普军发起进攻。战至黄昏，普军渐感不支，布吕歇尔将军决定利用夜暗撤退。这时，位于索姆布列夫和托格里内两村中间高地的第3军奉命投入战斗，阻击法军骑兵的追击。克劳塞维茨指挥部队且战且退，好不容易才摆脱法军的重骑兵。

拿破仑首战告捷，信心大增，旋即在夸特里布拉斯地区对英军展开攻势。英荷联军初战失利，于第二天中午开始退却。由于天降大雨，后续部队未能按时投入战场，法军没有及时追击，英荷联军得以安然撤离战场，在比利时首府布鲁塞尔以南20余公里外的滑铁卢地区布阵，等待法军。6月18日上午，拿破仑向英荷联军发动进攻。联军各营以惊人的勇气击退了法军连续不断的攻击。傍晚时分，就在英荷两军消耗殆尽，岌岌可危之际，格奈泽瑙率领的普鲁士军赶到战场，突击法军翼侧，与英荷联军一起形成夹击之势。这时，拿破仑已无后备兵力，难以抵御联军的反攻，因而全线崩溃，拿破仑逃离战场。格奈泽瑙的回马枪对于联军赢得滑铁卢决战的胜利起了决定作用，但其之所以能够杀回战场，关键又在于克劳塞维茨的第3军有效地阻止了法军的追击。

6月21日，拿破仑逃回巴黎，联军进入法境追击，克劳塞维茨的第3军也加入了追击行列。拿破仑自知已无力回天，于是再度宣布退位，并于6月29日离开巴黎，拟去美国，中途为英舰拦截，被放逐于圣赫勒拿岛。叱咤风云的战神终于耗尽了最后一点魔力，一代军事天才从此陨落于浩瀚的大西洋之中。

五、擢升将军，潜心著书

1818年，经柏林城防司令格奈泽瑙将军竭力推荐，38岁的克劳塞维茨被普鲁士国王任命为柏林军官学校校长，并于同年9月19日晋升为少将。从此，他进入了一个理性思维的王国，开始了长达12年的军事理论著述工作。

克劳塞维茨初到柏林军官学校时，满心希望能够像恩师沙恩霍斯特那样主持军官学校教学，以全新的军事思想培养未来的指挥官，使他们能胜任面临的伟大任务。但是，他又一次失望了。为了限制他的影响力，国王明确指示军官学校调整编制，将行政与教学分开管理，校长只能行使行政管理的职权，学术领导和教学工作由一个专门的教学委员会掌握。这样一来，作为名义上的校长，克劳塞维茨在这个位置上只能处理一些日常琐事，对于教学活动不能施加任何影响。

克劳塞维茨对国王彻底失去了信心，不再指望在这个懦弱、狭隘的人下有所作为，于是，他决定重新回到那种潜心治学、不问世事的境界之中。从此，他每天坐在校长办公室里，处理例行公事，诸如审核履历书，处理违纪学生，安排入学和毕业问题等。他表面上沉默，内心里却并没有消沉，心中一直怀有一个远大的目标，那就是要写一部"不是两、三年后就会被人遗忘，而是对此有兴趣的人经常翻阅的书"（《战争论》）。因此，离开校长办公室之后的克劳塞维茨简直判若两人。

克劳塞维茨经常同一些卓越的人物在格奈泽瑙家里聚会，其中有黑格尔、施特芬斯、劳赫、申克尔等。他们畅谈哲学、文学、艺术与科学，交流思想，相谈甚欢。然而，对于克劳塞维茨来说，最幸福的莫过于同玛丽相濡以沫。娴雅的玛丽既是他的伴侣，又是他的朋友和爱人。他们虽然一直渴望有子女，却始终未能如愿。但是，在共同读书、倾心交谈的过程中，他们的思想共鸣越来越强烈，以至于逐渐在精神上孕育出新的胚胎。每天从清晨起，克劳塞维茨和玛丽便开始了他们的工作。克劳塞维茨坐在写字台前执笔写作，玛丽则常常坐在他的身旁，或摘录有关著作的引文，或抄写他的笔记草稿。有时，为了不至于中断思路，克劳塞维茨一边沉思一边口述，玛丽则在纸上振笔疾书，记录丈夫的每一句话。

克劳塞维茨先后参加过 5 次战局。在多年战争实践中，他通过自己的直观感受认识了战争，而长期的冥思苦想又使他进一步从感性认识中发现了战争问题的真谛，触摸到战争规律的脉搏。他曾自信地告诉格奈泽瑙，他的著作将在战争理论上引起一场深刻的革命。诚如后来与玛丽共同出版他的遗著的卡尔·冯·格勒本先生所说："克劳塞维茨寻求真理，也找到了真理，因为他热爱真理，而且是以一种少有的批判才能去热爱它的。像克劳塞维茨这样集如此敏锐的思考力，如此深厚的感情和细微的感觉于一身的情况是罕见的……他冷静审慎，头脑清晰，意志坚定而不可动摇。他不仅是军事科学和作战方面的杰出人才，而且也是名副其实的卓越政治家。"

克劳塞维茨并不打算在他有生之年将《战争论》公之于众，他曾认真地对玛丽说："这本书将由你来出版。"但是，他并未因为可以回避读者的评判而随心所欲地用文字堆砌空洞的城堡。他希望自己的宏伟巨著是一部经得起实践考验的军事艺术珍品，是一部具有强大生命力的军事教科书。

1829 年，在《战争论》接近完稿之时，克劳塞维茨萌生了重返部队，到实际工作中去进一步深化认识，并检验已经形成的理论的想法。于是，在圣诞节后不久，他向国王提出了申请，恳求国王将他派到部队中去。翌年1月7日，国王原则上同意了他的请求。两个月之后，即1830年3月9日，国王决定派他去第一炮兵监察部总监布劳恩中将处任职，并暂时保留其军校校长的职务。

炮兵在当时还是一个新生的兵种，代表着军事技术和战术的先进水平。早在1812年前，克劳塞维茨在军官学校任教官时就已讲授过炮兵课，但他缺乏实践经验——既未参与炮兵的组织工作，也未实践过其运用原则。因此，他十分乐于效仿沙恩霍斯特，亲身体验炮兵部队的生活，以便在《战争论》中充实有关炮兵的组织和运用等方面的内容。

克劳塞维茨决定暂时中断著述工作，将全部草稿封存起来。他把写得密密麻麻的3千多页稿纸分成若干份，捆扎起来封好，贴上标签。这时，他的伟大著作已经基本成形。全书共分为8篇，其中前6篇已经加过工，第7篇各章的草稿已经写好，第8篇有许多章节已经草拟出来了。他把底稿封好以前还写了"最后的一笔"，他写道：

"在我死后人们将会发现的这些论述大规模战争的手稿，像目前这个样子，只能看作是对那些用以建立大规模战争的理论的材料的搜集。其中大部分我是不满意的。而且第六篇还只能看作是一种尝试，我准备对这篇进行彻底改写并另找论述的方法。"

"但是在这些材料中一再强调的主要问题，我认为对考察战争来说是正确的。这些问题是我经常面对实际生活，回忆自己从经验中和同一些优秀军人的交往中得到的教益而进行多方面思考的结果。"

"我认为第一篇第一章是全书唯一已经完成的一章。这一章至少可以指出我在全书到处都要遵循的方向。"

至此，克劳塞维茨结束了长达12年的军校生活。

六、染病沙场，遗留巨著

1830年11月29日，波兰人为反抗沙皇俄国和俄国军队的占领，在全国范围举行了起义。起义者占领华沙，夺取了兵器库，并且把居民武装起来。他们建立起波兰国民革命军，并很快扩充到10万人，给沙皇军队以沉重打击。不久之后，波兰国会宣布废除沙皇对波兰的王位权。

普鲁士国王害怕起义之火蔓延到自己的国土，尤其是蔓延到普国境内的波兰人居住区，遂于1831年3月6日下令派遣由四个军组成的东部监视军团开往国境线，并委任格奈泽瑙出任总司令。继而，经格奈泽瑙推荐，克劳塞维茨出任该军团的参谋长。普鲁士军队的总司令部设在波森。这两位曾经倡导新思想的改革家如今不得不率领军队准备去对付为自由而战的波兰人，心中的难堪和苦涩是不难想象的。

监视军团顺利到达边境，没有遇到任何阻碍。这里的形势也远没有柏林传说的那么严重，起义主要集中在首都华沙，边境一带一如往常，这里的波兰人对普军的出现似乎并不在意，没有采取任何带有敌意的行动。

波兰起义之火在俄军镇压下渐渐熄灭。俄国陆军元帅季比奇指挥大军向华沙进军以最后扑灭波兰起义之火时，一个强有力的敌人突然向他袭来。他染上了从亚洲流传过来的霍乱病，于1831年6月10日去世。传染病很快越过了普鲁士国境。

8月22日夜间，意想不到的事情发生了。克劳塞维茨的亲密战友格奈泽瑙感到身体不适，很快便病倒，第二天夜间，这位曾经为了普鲁士的前途和命运奔走呼号的伟人停止了呼吸。

俄国军队经过7个月的战斗击败了起义者。随着波兰起义的失败，普鲁士监视军团的任务也宣告结束。11月7日，设在波森的总司令部最终解散，克劳塞维茨回到布雷斯劳，重返炮兵监察官的岗位。到布雷斯劳后的第9天，即1831年11月16日，当克劳塞维茨像往常一样勤勉处理自己所负责的事务时，长期的精神抑郁和潜伏的霍乱病毒击倒了他，9小时后死在妻子的怀抱中。

卡尔·冯·格勒本在追悼词中写道："军中也许有不少大才大智的人同克劳塞维茨争长较短，但在他们之中，不论任何时候都很难找出一个比他更富有条理的头脑。他对军事艺术的见解是他进行最深入研究和经验的结晶。从广义上说，他的观点为更高的政治所制约，是伟大的，因而既简洁又实际。他的遗著可以向那些不熟悉他的人证实这一点。愿上帝安慰他的高贵的、正在服丧的孀妇，她会把他的遗著奉献给后世。"

诚如格勒本所言，玛丽很快从悲痛欲绝的状态中清醒过来，她把巨大的悲痛化为完成丈夫未竟事业的无穷力量。她打开克劳塞维茨亲手包封的文稿，把全部身心用于整理丈夫的著作上。在弟弟布吕尔·弗里德里希·威廉的帮助下，半年之后，《关于战争和作战的遗著》第1卷出版，其余各卷陆续付印，共出版10卷。其中，前三卷即被后人奉为兵学"圣经"的《战争论》。

第十三章 史论结合的军事方法论

人们常把正确的方法比作"驶达真理彼岸的航船"。克劳塞维茨之所以能够在西方军事领域"发前人所未发,道前人所未道",以其深邃的思想、独到的见解深受世人青睐,无疑得益于他研究军事理论的正确方法。因此,我们了解《战争论》的思想精华,不能不首先了解克劳塞维茨研究军事理论的独特方法。

一、熔炼"纯金属小颗粒",不务虚言

《战争论》的内容涉及战争观、战略战术、战争计划、后勤保障、军队建设等方面,不少人认为它已构成了一个庞大的理论体系。殊不知,克劳塞维茨与当时西方其他军事理论家的区别之一,就在于他并不力求构建一套完整的体系,而是重在探寻新的思想和理论。他曾写了一段文字阐述撰写《战争论》的目的和方法。在他去世之后玛丽从书稿中翻出了这段宝贵的文字,并收录于《战争论》的初版序之中。文中写道:

"起初,我只想用十分简短而严密的形式写下我自己已经确立的、战略方面的最重要的问题,而不去考虑它们的体系和紧密的联系。当时,孟德斯鸠研究问题的方法,隐约地浮现在我的脑际。我认为,这种简短的格言式的篇章(开始时我只把它们称之为'谷粒'),一方面可以使人从中得到许多启发,一

方面它们本身已经确立了许多论点，因而将会吸引那些才智高超的读者。这时，我心目中的读者就是一些有才智的、对战争有所了解的人……在这本书中，我还是要绝对避免写那些人人都知道的、谈论过千百遍的、并已为大家接受的泛泛的东西，因为我的抱负是要写一部不是两、三年后就会被人遗忘，而是对此有兴趣的人经常翻阅的书。"

"所谓科学的东西不仅仅是指或者不主要是指体系和完整的理论大厦，这在今天已经是不需要争论的问题了。在本书的叙述中，从表面上看，是根本找不到体系的，这里没有完整的理论大厦，只有建筑大厦的材料。"但是，这些材料不是普通的材料，而是特殊的材料。他进一步指出："为了避免用这样啰嗦的语言吓跑有头脑的读者，为了避免在少数好东西里掺入清水，冲淡它的美味，作者宁可把自己对战争问题经过多年思考而获得的东西，把自己同许多了解战争的天才人物的交往中和从自己的许多经验中获得的和明确了的东西，铸成纯金属的小颗粒献给读者。"

从上述文字不难看出，克劳塞维茨撰写《战争论》既不是为稿费，也不是为出名，而是旨在总结战争经验、探索战争规律，提出一些有思想价值、有永久生命力的思想观点，即所谓"纯金属小颗粒"。基于这种指导思想，他在撰写《战争论》过程中，总是将精力集中在某些重要问题上，并抓住问题的核心展开论述自己的见解，绝不人云亦云，拾人牙慧。所以，《战争论》初看起来论证似乎有些烦琐，实则是为了熔铸"纯金属的小颗粒"，尽可能透彻地阐明其中的思想观点。

因而，人们只要善于披沙拣金，拣取各篇中的"纯金属小颗粒"，就不难把握全书的思想精华。诸如"战争无非是扩大了的搏斗""战争无非是政治通过另一种手段的继续""消灭敌人军队永远是最高的目的""军队的武德是战争中最重要的精神力量之一""民众武装是一种巨大的战略防御手段""防御是由巧妙的打击组成的盾牌""应该永远打击敌人的重心"等,这些思想至今仍是有生命力的"纯金属小颗粒",分布在《战争论》的各篇中,使这部巨著虽历经180多年却依然熠熠生辉。有鉴于此,我们阅读《战争论》时,最好将注意力集中在提炼其有生命力的思想观点上,而不要在寻求体系上浪费功夫。

二、由简入繁,从局部到整体

克劳塞维茨虽然不刻意追求战争理论体系的完整性,但他的思想观点并非杂乱无章,随意堆砌,而是在探索战争现象的实质过程中将"纯金属小颗粒"逐步串联起来,自然而然地形成了一个有机的整体,使其军事理论既有丰富内容又有一定的系统性。为此,他非常重视研究战争的基本方法。他在《战争论》正文的开篇,曾对其研究方法作了一段极为精辟的表述,指出:"我们想首先研究战争的各个要素,其次研究它的各个部分或环节,最后就其内在联系研究整体,也就是先研究简单的再研究复杂的。但是研究这个问题时,比研究其他问题更有必要先对整体的性质有一个概括的了解,因为在这个问题上,研究部分时更必须经常考虑到整体。"这段话比较全面地展示了克劳塞维茨从整体到部分,再从部分到整体的独特的思维方法。

在克劳塞维茨看来,战争是一个由各个要素、部分或环节紧密构成的统一整体,因此,应以现实的战争整体,而不是以其各个孤立的要素、部分或环节作为研究的对象和认识的起点。既然研究对象和认识起点是现实的战争整体，那么，是不是可以运用综合的方法直接把握战争的整体呢？克劳塞维茨认为这是不符合人们的认识规律的。因为在认识过程开始时，研究对象往往在人们面前呈现为某种混沌的整体。要认识这个整体，就必须先把这个完整的对象在思维中分解为各个独立的要素和部分加以考察，进而由感性具体升华为理性抽象。他特别指出："尽管同任何别的场所比较起来，在战争中部分更决定于整体，更渗透着整体的特点，更是随整体作重大改变的，我们还是不能从战争的整体开始研究，而且不得不先把各个问题看作是彼此分开的几个部分来研究，以便比较清楚地认识它们。如果不是先研究简单的再研究复杂的……各种各样的相互作用就会经常使我们的观念混乱。"

从哲学上来说，克劳塞维茨所主张的研究方法，实际上就是从个别到一般的方法。他的许多重要观点都是运用这种方法推论出来的。例如，对于战争本质问题，他首先从两个人的搏斗这种最简单的暴力形式入手，分析暴力行为的基本属性，然后将之与战争活动对比，得出"战争无非是扩大了的搏斗""战争是迫使敌人服从我们意志的一种暴力行为"的结论。

值得注意的是，在分析各个要素和部分的同时，克劳塞维茨并没有忽略综合的作用。他认为，对战争的分析不能脱离对对象的整体性指导，必须从现实的战争整体出发，注意根据战争的整体去分析它的各个要素和部分，在研究复杂的战争问题时，有必要先对整体的性质有一个概括的了解。因此，他虽然从最简单的暴力形式入手研究战争，但在分析过程中却不断向战争整体伸展理性思维的触角，综合分析战争的本质，提炼出战争的"暴烈性""概然性和偶然性""从属性"这三种属性，进而提出"战争无非是政治通过另一种手段的继续"的著名论断。他在考察战斗的意义时，也是"把战斗作为一个更大的整体的一部分来研究它同其它部分之间的关系"的。在研究军队的兵力和编成等方面问题的本质和特点时，克劳塞维茨力求"把每一个方面都作为一个整体来加以研究"。

由此可见，克劳塞维茨不仅重视分析和综合的外在联系，把研究战争的方法分为分析和综合两个过程，提出了应在分析之后运用综合。同时，他也高度重视分析和综合的内在联系，注重在分析过程中运用综合方法，从而深刻认识战争整体中各个要素、部分或环节的具体表现，最终形成一套科学的概念体系。

三、研究活理论而非死规定

克劳塞维茨曾经预言，《战争论》将"在军事领域引起一场革命"。因为，他所写的军事理论大多来自法国大革命和拿破仑战争的实践经验，是时代变革的结晶，包含着一系列新思想、新战法，充满新的活力。另一个主要原因，则是克劳塞维茨始终致力于打破传统军事理论的窠臼，研究那些与战争实践密切相关的理论，为后人提供能够随时代发展而不断丰富的活理论，而非死板的教条。

在克劳塞维茨生活的时代，资产阶级军事理论已经在西欧各个国家产生并发展起来，如英国的劳埃德、普鲁士的比洛、奥地利的卡尔大公和瑞士的若米尼等一些资产阶级军事理论家，都试图为作战制定一些原则、规则，乃至体系。然而，他们费尽心思制定的所谓原则和规则，在克劳塞维茨看来是无用的。克劳塞维茨认为他们的理论至少有三个缺陷。一是把军事行动当作数学题来演算，企图通过计算出准确的数据，得出十分肯定和死板的结论，却看不到战争中的一切都是不确定的。二是热衷于研究物质因素，诸如作战的角度、战线、基地以及兵力火力的数量等有形的东西，对无形的精神因素在军事行动中的作用却无人问津。三是只考虑单方面的活动，不注意对敌对双方相互作用的过程及其不断变化的情况进行动态的考察。

为了避免重复其他军事理论家的缺陷，克劳塞维茨将理论与实践相结合，尽力从三个方面去建立活的军事理论。

首先，克劳塞维茨把战争活动区分为两大类，即战争准备和战场作战，并根据这种分类把战争理论分为狭义的军事艺术和广义的军事艺术。所谓狭义的军事艺术，是指在战争中运用现成的手段达到战争目的艺术。它又可称为作战理论，或使用军队的理论。至于广义的军事艺术，不仅包括狭义的军事艺术的内容，而且还包括一切为战争而存在的活动，即包括建立军队的全部工作——征募兵员、装备军队和训练军队。此外，他还进一步把狭义的军事艺术区分为战略和战术。"战术是在战斗中使用军队的学问，战略是为了战争目的运用战斗的学问。"按照这种划分，克劳塞维茨得以有条不紊地对战争准备、战争计划、战略进攻、战略防御及战术原则、战斗指挥等主要方面的问题进行理论阐述。

其次，克劳塞维茨十分注重对战争理论进行考察。所谓考察，就是对事物进行分析探讨，从而得到辩证的认识。他指出："企图为军事艺术建立一套死板的理论，好像搭起一套脚手架那样来保证指挥官到处都有依据，这是根本不可能的。""在军事艺术中，数学上所谓的绝对值根本就没有存在的基础。"也就是说，理论不应当成为一套供战场上使用的代数公式，不能通过死板的原则来规定一切。恰恰相反，理论应该"成为通过书本学习战争问题的人的指南，到处都能为他们指明道路，使他们顺利前进，并且能培养他们的判断能力，防止他们误入歧途"；"理论应该培养未来的指挥官的智力，或者更正确地说，应该指导他们自修，而不应该陪着他们上战场，这正像一位高明的教师应该引导和促进学生发展智力，而不是一辈子拉着他走一样"。总之，战争理论主要是帮助指挥官和从事战争的人们"确定思考的基本线索，而不应像路标那样指出行动的具体道路"。克劳塞维茨认为，只有按照这些观点研究理论，才能消除理论与实践之间的矛盾，建立一种有生命力的、切合实际的军事理论。从《战争论》中不难看出，他自己也一直沿着这个方向不遗余力地进行着探索。

最后，克劳塞维茨在对理论进行考察的同时，特别注重运用批判的武器进行辩证分析。战争情况总是在不断发生变化的，但在一定条件下进行战争的具体方法不一定发生相应的改变，只是会随着时过境迁而变得陈旧、过时。所以，战争理论的任务之一，就是"应该通过明确而合理的批判去防止使用这种过时的方法"。所谓"批判"，主要是指把战争理论研究得出的正确结论应用于实际事件，用以探讨原因产生什么结果、手段是否与目的相适应，指出作战方法的正确与否，使战争理论更加接近战争实际。这种"批判"的武器，不仅能够检验理论的正确与否，而且还能够促进理论在修正过程中不断发展，使之避免成为僵死的规定。

四、大量解剖战例，以史为鉴

克劳塞维茨早年就读于柏林军官学校时，受"精神之父"的影响而重视对战史的研究。此后，他一直对剖析古今战例颇有兴趣，先后详细研究了 130 多个战例。在整部《战争论》中，他引用拿破仑战争战例来分析问题的地方多达 220 处。犹如淘金者一般，在分析和研究这些战例的过程中，他始终睁大着双眼，力求从中发现有价值的经验或教训，以便熔铸成为"纯金属的小颗粒"。为了熔铸纯金属的小颗粒，他写出大量分析和评论战例的文章，《战争论》只是其中很小的一部分。在后来出版的克劳塞维茨 10 卷遗著中，前三卷为《战争论》，后七卷则都是战史研究方面的论述。

克劳塞维茨在总结自己的研究经验时指出，只有通过对战争史例的研究，才能建立起与之相应的战争理论。因为"在军事艺术中经验要比一切哲理有价值得多""通过战史的研究就仿佛身临其境，亲眼看到事件的进程。从理论课程中学到的原则只能帮助我们研究战史，使我们注意到战史中最重要的东西"。他还把实战经验比作土壤，把战争理论比作植物，提出在战争活动中"不能让理论的枝叶和花朵长得太高，而要使它们接近经验，即接近它们固有的土壤"，因为"只有当它们的枝干长得不太高时，才能结出果实"。

正因为理论不能离开实际，所以从战争理论的研究和学习角度来说，"光辉的战例是最好的教师"。从历朝历代成功的、失败的战争经验中，从正面的、反面的老师身上，人们可以触摸到战争规律的脉搏，可以领悟到决定战争胜负的奥妙。

同时，克劳塞维茨又辩证地指出，重视战史研究并不等于一切墨守成规，为经验是从。他认为注意正确地运用史例和防止滥用史例是很重要的，否则所运用的战争史例不但不足以说明问题，还会直接妨碍和影响对问题的理解。为此，克劳塞维茨认为，必须注意防止两种错误的做法。

一是要防止用大量事实来弥补某个理论观点缺陷的做法。在用史例证明理论观点的过程中，当无法叙述一个事实的详细情况时，某些人往往求助于用一定数量的事实来补救，他们往往只满足于提出若干个史例，造成一个似乎很有说服力的假象。这是一种经常被人们滥用的危险的办法。其实，对有些经常反复出现的情况，即便列举大量实例也证明不了什么，因为别人同样可以轻易举出同样多反例来反驳，这样根本无法得出任何正确的结论。

二是要防止只是简单提出史例的做法。有些人在用史例进行证明时，不是从各个方面详细地叙述一个事件，而只是简单地提示一下，以致由于人们看问题的角度不同，往往对同一事件提出完全不同的看法。

中国古代有"点石成金"的寓言故事，这个故事意在说明金子固然可贵，但可贵的是使石头变为金子的"点金术"。同样道理，《战争论》的不少观点正确揭示了战争规律，值得珍视，但对于人们探索和创造新的军事理论来说，更值得珍视的是他研究战争理论的一系列方法。以上所分析的几种研究方法，我们在研究新军事理论过程中都是可以借鉴的。当然，他过于烦琐的论证方法则不足以效仿。

第十四章　三位一体的战争本质论

克劳塞维茨认为:《战争论》"第一篇第一章是全书唯一已经完成的一章。这一章至少可以指出我在全书到处都要遵循的方向"。诚如其言,在这一章里,克劳塞维茨第一次系统地揭示了战争的本质,比较科学地解释了战争与政治的关系,从而形成了独树一帜的战争观。为了形象地说明问题,他把战争比作一个奇怪的"三位一体"。所谓"三位一体",是指战争具有暴烈性、概然性和偶然性、从属性三种本质属性,并且这三种属性相互影响、相互作用,共同组成矛盾运动的统一体。这种认识贯穿于各篇之中,是阐述各个观点都必须遵循的准绳,实为克劳塞维茨对战争本质问题的总的认识。下面我们不妨具体分析这三种本质属性及其所包含的一些颇有新意的思想观点。

一、战争是一种征服敌人的暴力行为

按照克劳塞维茨的观点,战争最原始的属性是暴烈性。这种属性源自人类最基本的搏斗形式。在两个人搏斗过程中,每一方都力图用暴力迫使对方服从自己的意志,每一方的直接目的都是打垮对方,使对方不能再做任何抵抗。作为扩大了的搏斗,战争无疑也具有这种属性。由此,克劳塞维茨给战争下了一个定义:"战争是迫使敌人服从我们意志的一种暴力行为。"有人认为,孙子"兵者,国之大事,死生之地,存亡之道,不可不察也"的论断最先明确了战争的概念,揭示了战争的本质。其实,孙子在这里只是高度强调了重战、慎战的必要性,并未说明战争究竟是什么。应当说,在世界军事思想发展史上,第一次明确界定战争概念的当属克劳塞维茨。他的这一论断从三方面确定了战争概念的内涵:第一,暴力是战争的手段;第二,把自己的意志强加于敌人是战争的政治目的;第三,使敌人无力抵抗是战争的最高军事目标。

克劳塞维茨进一步指出,战争要素原有的暴烈性具有三种自然趋势。一是以打垮对方为唯一目的,二是无限制地使用暴力,三是无限制地使用各种手段。这三种自然趋势如果不受任何因素的阻碍和制约而任其发展,最终很可能导致"绝对战争"。他的这一概念显然来自黑格尔的"绝对精神"。黑格尔认为,在人类社会出现以前,自然界存在着一种超乎人的主观之外的宇宙精神,即"绝对精神"。借用这一理论,克劳塞维茨设想在一切现实战争中都蕴含着一种最原始的战争形态,即战争的原始概念所固有的、按其自然趋向所表现出来的形态。简单地说,就是目的无限、暴力无限、手段无限的战争形态,克劳塞维茨将其称之为"绝对战争"。

黑格尔把"绝对精神"看作自然界的主宰,克劳塞维茨却不然,他注意到现实战争虽然具有向极端发展的趋向,但由于种种因素的制约,通常难以演变为绝对战争。因而,他又将绝对战争称作"抽象战争""纸上的战争",认为它只是一个用来说明战争暴烈性的理论概念,为人们研究现实战争提供了一个参照系。

战争的暴烈性和绝对战争概念的提出,具有重要的理论意义,它使人们得以认识战争的原始本质。同时,其现实意义也是十分明显的，旨在告诫战争指导者们应正确认识战争的暴烈性，不要对战争抱有仁慈的幻想。克劳塞维茨指出："火药的发明、火器的不断改进已经充分地表明，文明程度的提高丝毫没有妨碍或改变战争概念所固有的消灭敌人的倾向。"基于这一认识，他批评了两种观点。一种观点是将不必造成太大的伤亡就能解除敌人的武装或打垮敌人，看作是军事艺术发展的真正方向；一种观点是将文明民族的战争说成纯粹是政府之间的理智行为，只需要计算双方的兵力对比，对行动进行代数演算即可。在他看来，这些观点不管多么美妙、多么动听，都是必须消除的错误思想。因为，不论在什么时代，战争都具有向极端发展的暴烈性。第二次世界大战就是最好的例证。

从1939年开始至1945年结束，参战国由中欧几个国家发展为遍布全球的61个国家，战场范围由欧洲扩大到亚、非陆地和大西洋、北冰洋、太平洋、印度洋等广阔海域，作战手段由常规战争上升为使用原子弹的战争。尽管这次战争最终由反法西斯的正义力量取得了彻底胜利，避免了可能导致人类灭亡的绝对战争，但它毕竟造成了人类历史上巨大的物资破坏和人员伤亡。可见，克劳塞维茨的警言在任何时候都不可忽视。

二、战争是一种富于变化的精神活动

克劳塞维茨凭什么认为现实战争难以达到极端呢？重要原因之一，是因为战争具有概然性和偶然性。

所谓概然性，是指在现实世界中偶然事件发生的可能性也是有规律的，根据大量现象可以估计偶然事件发生的可能性的大小，这样的可能性称为概然性。所谓偶然性，是指智力和勇气的精神因素常常使事物的发展过程出现意想不到的变化和意想不到的转机。克劳塞维茨之所以把这二性归结为一种特性，主要是因为它们都属于精神活动的范畴。

这两种性质中，前者是就战争的客观特点而言，后者则是就战争的主观特点而言。从客观上来说，战争绝不是孤立的行为，而是政治、经济、外交等多方面因素综合作用的产物。这就决定了战争不是突然发生的，它的扩大也不是瞬间的事情。因此，交战双方可以根据对方政治、经济、外交等方面的状况，推断其可能抱有的战争目的，或可能投入的兵力及可能采取的战法，从而确定自己的对策，一举打败对方，迅速结束战争。这种推断就是一种概然性的计算。从主观上来说，军事活动是充满危险的领域，而危险的领域又是发挥人的精神力量的最好舞台。在这个舞台上，由于不同指挥员所具有的智慧和勇气千差万别，因而既可能出现四两拨千斤的谋战，也可能出现狭路相逢勇者胜的力战，从而使战争进程发生意想不到的变化和转机，在符合智者、勇者利益的情况下结束。

克劳塞维茨认为，正是因为战争的主客观特性，使人们可能通过概然性的计算或主观能动作用的发挥而尽早结束战争，从而使战争的暴烈性在现实战争中得到了纠正，或者说得到了遏制。也正是因为概然性和偶然性的结合，使战争成为一种自由的精神活动。在这种精神活动中，战争指导者能够充分发挥聪明才智，从而使战争进程发生戏剧性的变化，导演各种战争活剧。所以克劳塞维茨指出："战争在人类各种活动中最近似赌博"。"赌博"过程中，运气和勇气，甚至冒险，往往在关键时刻能起很大作用。他说："战争中一切情况都很不确实……一切行动都仿佛是在半明半暗的光线下进行的，而且，一切往往都像在云雾里和月光下一样，轮廓变得很大，样子变得稀奇古怪。这些由于光线微弱而不能完全看清的一切，必须靠才能去推测，或者靠幸运解决问题。因此，在对客观情况缺乏了解的场合，就只好依靠才能，甚至依靠幸运了。"应当说，克劳塞维茨看到了偶然因素和人的主观因素在战争中的重要作用，这是难能可贵的。但是，克劳塞维茨过于夸大其作用又失之偏颇，给战争认识涂上了一层神秘的色彩。

战争是有规律可循的。正如毛泽东在《论持久战》中所说："我们承认战争现象是较之任何别的社会现象更难捉摸，更少确实性，即更带所谓'盖然性'。但战争不是神物，仍是世间的一种必然运动……战争的特性也使人们在许多的场合无法全知彼己，因此产生了战争情况和战争行动的不确实性，产生了错误和失败。然而不管怎样的战争情况和战争行动，知其大略，知其要点，是可能的。先之以各种侦察手段，继之以指挥员的聪明的推论和判断，减少错误，实现一般的正确指导，是做得到的。"这就告诉我们，战争固然有概然性和偶然性，但都不过是其必然性的反映，是战争规律的特殊表现。争取战争胜利主要靠指挥员在掌握战争规律的基础上，能根据双方的客观情况作出正确的分析判断，实施正确的作战指导，而不是依赖灵机一动或勇猛冒险，更不是依靠所谓的"运气"。

当然，客观上来说，克劳塞维茨的这一观点还是有积极意义的。其积极意义在于昭示人们，战争固然有向绝对方向发展的趋势，但在各种因素，尤其是在人的心理因素的制约下，通常只会表现为目标有限、力量有限、手段有限的有限战争。而要想在有限战争中立于不败之地，战争指导者必须具备良好的精神素质，诸如高超的智力、非凡的勇气和胆略等。

三、战争是一种从属政治的有限暴力

战争毕竟不是赌博，而是阶级、民族或政治集团之间的斗争，概然性和偶然性固然是制约战争发展方向的重要因素，但不是决定因素。决定因素是什么呢？克劳塞维茨通过大量研究认识到，遏制现实战争向绝对战争发展的决定因素就在于战争对政治的从属性。他以一段精辟的论断清楚地揭示出这种从属性——"战争无非是政治通过另一种手段的继续"。在克劳塞维茨的军事思想中，最具有学术价值、最受人重视的，莫过于这一著名论断。它拨开了长期以来笼罩在战争观上的迷雾，第一次比较正确地揭示了战争的本质。其中至少包含三层意思。

第一，政治引起战争。在以往的军事理论中，对于为什么会产生战争的问题，西方多数军事理论都作了种种错误的解释。例如，"战争宗教论"认为，战争由神支配而产生和结束，神的意志决定战争的胜败；"战争生物论"认为，战争产生于人类好斗的生物本能和欲望；"战争种族论"认为，战争产生于种族之间的差别等。克劳塞维茨则认为，战争是政治的产物。战争只不过是政治交往的一部分，而绝不是什么独立的东西，政治"是孕育战争的母体，战争的轮廓在政治中就已经隐隐形成，就好像生物的属性在胚胎中就已形成一样"。简单地说，政治是整体，战争是部分，政治产生战争，政治的性质决定战争的性质。这一观点不仅揭示了战争的起因，而且对于认识和研究现实战争性质有着重要的方法论意义。

克劳塞维茨主张"我们首先应该根据由政治因素和政治关系产生的战争的特点和主要轮廓的概然性来认识每次战争"。而他也正是运用这种方法分析现实战争的。对于18世纪末期欧洲军事领域发生的一系列深刻变革，人们大多局限于在狭窄的军事范围内去寻找原因，克劳塞维茨却从更广泛的领域进行分析。他认为，这种军事上的大变革与其说是由作战的新手段和新观点引起的，不如说是由彻底改变了的国策和内政、政府的特点和人民的状况等引起的。他的这一番深入分析，无疑为人们正确分析战争的原因和性质做出了很好的示范。

第二，政治支配战争。克劳塞维茨认为，政治不只是引起战争，而且还像一支无形的手始终支配着战争。为了形象地说明这层关系，他把政治和战争比喻为头脑与工具，或者手与工具的关系。他指出："政治是头脑，战争只不过是工具，不可能是相反的。"在1827年12月22日给罗德尔少校的信中，他也写道："我们必须认识到战争是一种政治行为，它的规律不完全是自己决定的。它是一种真正的政治工具，工具本身不能活动，要靠手来操纵，而操纵这一工具的手就是政治。"这种支配和被支配的关系主要表现在两个方面。

一是政治决定战争目的的大小和使用力量的多少。在一般情况下，战争的政治目的越小，要求敌人所作的牺牲越小，可能遭到敌人的反抗往往就越小；而敌人的反抗越小，则需要使用的力量也往往就越小。反之亦然。因此，要明确所要进行的战争达到何种目标以及使用多少力量，就必须考虑敌我双方的政治目的。

二是政治决定战争计划和战局计划的制订。克劳塞维茨指出，战争计划的任务在于为整个军事行动规定一个适应战争目的的目标，而这个目标不可能是纯军事的，它必然是政治目的的具体体现。战局方案虽然着重部署各个战局的军事行动，但必须始终围绕战争计划所提出的目标行事。因此，政治因素对制订整个战争计划和战局计划,甚至往往对制订会战计划,都是有决定性影响的。

不难看出,战争要不要打,打的目标是什么,打到什么程度,采用什么战略,要不要和谈等,一切都是由政治决定的。

第三,政治不能违背战争的特性。尽管战争是由政治目的引起的,战争必须服从政治的支配,但政治目的并不"因此就可以任意地决定一切,它必须适应手段的性质"。战争作为政治的"另一种手段",有其自身的特殊性。克劳塞维茨归纳了战争的四大特点:战争是充满危险的领域、是充满劳累的领域、是充满不确实性的领域、是充满偶然性的领域。这些特点说明,战争虽然是政治的一部分,但它是以剑代笔的政治,是流血的政治。政治家在使用这种手段为自己的政治开路时,如若不了解战争的特殊性,而随意向战争提出违背其特性的要求,或者说,提出战争所不能实现的要求,就必将招致战争的失败,进而导致政治失败。所以,他在1827年12月22日写给罗德尔少校的信中指出:"军事艺术的任务和权利主要在于不使政治提出违背战争性质的要求,在于防止政治使用这一工具时因不了解工具的效能而产生错误。"

通过上述分析,我们可以看出,现实中的战争之所以难以向绝对战争的方向发展,关键在于战争与政治之间的从属关系。一方面政治引起和支配战争,使之仅为一定目的服务;另一方面,战争对政治具有反作用,使政治不能任意支配战争。这两方面因素互相制约,决定了战争只能是政治的一种手段,是政治在特殊情况下的继续。作为政治工具的从属性,战争因此属于纯粹的理智行为。这种理智行为往往使战争仅仅为有限的政治目的服务,而不会无限制地扩大。

克劳塞维茨曾把战争比作一条"变色龙",暴烈性、概然性和偶然性、从属性这三种属性共同构成了战争的属性,使战争在不同的情况下表现出不同的特点。暴烈性使战争看起来像盲目的自然冲动,概然性和偶然性使战争成为一种自由的精神活动,从属性则使战争表现为纯粹的理智行为。相比较而言,在这个"三位一体"中,战争对政治的从属性无疑是最重要的一位,是战争的本质属性。

应当指出的是,克劳塞维茨"三位一体"的战争观尽管在世界军事思想发展史上第一次比较正确地揭示了战争的本质,但是,由于阶级和时代的局限,他的观点中也有着明显的缺陷。例如,他的"政治"概念指的是国家一切利益的代表,或者国家之间的政治交往,而不是建立在经济基础和阶级关系之上的政治,因而抽掉了政治的经济基础,抹杀了政治的阶级性质。按照这个逻辑,由政治引起的战争只能是国家与国家、国家联盟与国家联盟之间的战争,国内阶级战争和国内民族战争则不属此列,而且任何战争都没有正义与非正义之分。这种"政治"概念显然是片面的、不完善的。尽管如此,他对战争本质问题的一系列论述还是比以往的理论前进了一大步。

第十五章 注重战斗的战略制胜论

古罗马时期的军事理论家弗龙蒂努斯撰写了《谋略》一书，其中包含一些原始的战略思想。17世纪之后，工业革命带动军事革命不断发展，大兵团会战日益频繁，战略也随之逐步成为当时军事理论界的热门话题，各种观点纷纷涌现。普鲁士军事家比洛认为："战略是关于在视界和火炮射程以外进行军事行动的科学。"瑞士军事理论家若米尼提出："战略是在地图上进行战争的艺术，是研究整个战争区的艺术。"这两种观点揭示出了战略的全局性，在理论上向前迈进了一大步，然而它们都忽视了对战略本质的揭示，没能说明战略的基本任务。相比之下，克劳塞维茨不只是科学地阐明了战略的含义，而且还提出了一些颇有特色的战略思想。

一、战略是运用战斗的学问，必须到战场上去

克劳塞维茨一生参加过多次作战，有攻城战斗，防御战斗，还有运动战、阻击战等，丰富的战争实践经验使他认识到，战争是由一系列大的和小的、同时发生的或相继发生的无数战斗构成的。在战争中，战斗是最基本的形式，是真正的军事活动，其余的一切活动都是为它服务的。他同时注意到，一场战争中的各个战斗并非彼此孤立、互不相干，它们犹如棋盘上分布各处的棋子，既各司其职，又相互配合。同时，每个棋子具体怎

么走，又都要服从一个总的意图或总的计划。这个总的意图或总的计划，就是人们常说的战略。战略运筹各个战斗的任务和战法，而各个战斗又都从不同的角度为战略服务，违背战略意图的战斗，即使打胜了也是毫无益处的。由此，克劳塞维茨得出结论："战略是为了战争目的运用战斗的学问。"与比洛、若米尼的观点相比，他的这一认识，没有在地域大小上做文章，而是着重揭示出战略与战争、战斗的关系，即战略服从战争目的并通过运用战斗实现战争目的，从而比较正确地说明了战略的基本内涵，显然更为理论化。

战略既然是为了达到战争目的而对战斗的运用，那么，战略面临的主要任务自然就是如何正确地运用战斗。克劳塞维茨根据当时的战争形式，认为战略运用战斗主要通过两条途径：一是必须为整个军事行动规定一个适应战争政治目的的目标，即拟制战争计划；二是必须把达到这一目标的一系列行动同这个目标联系起来，即拟制各个战局的方案和部署其中的战斗。简单地说，就是以一个总的战争计划协调各个局部战斗的任务，以一套战局方案规定各个局部战斗的行动原则，最终通过一系列战斗实现总的战争目的。

为了使战争计划和战局方案既符合战争实际情况又能有效地指导军队，争取作战的胜利，克劳塞维茨还特别提出了战略指导的两点要求：一是要有相对的灵活性。这是因为，以往战略通常由内阁掌握而不是由军队掌握，战略的具体内容往往与战争实际不符，而且往往一成不变。另一方面原因，则是战争计划和战局方案大多只能在战前根据那些与实际并不完全相符合的预想来确定，而且许多涉及细节的规定根本不能在事先作好。因此，克劳塞维茨明确倡言："战略也必须到战场上去，以便在现地处理各种问题,并且不断对总的计划作必要的修改。"二是要有相对的稳定性。战争计划和战局方案往往是根据国家各方面情况而确定下来的,在国家大局中具有牵一发而动全身的作用,所以要有相对的稳定性,要坚定不移地把战略计划贯彻到底,绝不能因为一千个原因动摇一千次。这就要求决策者除了要有十分坚强的性格外,还要有异常清醒和坚定的头脑。

海湾战争中,萨达姆之所以失败,战略指导的失误无疑是重要原因之一。萨达姆先是力主决战,后又提出和谈,自乱军心;先是打算进行地面进攻,后又主动收缩兵力,自乱阵脚。这说明,萨达姆的战略指导既不灵活,又不坚定,最终的失败自然是在所难免的。显然,克劳塞维茨的这些观点即使在现代战争中,也仍然具有生命力。

二、战略五要素,精神居首位

克劳塞维茨战略理论的核心特色在于其战略要素论。他认为,战略不是个人意志的结果,而是综合因素的产物。它通常由五种要素构成,即精神要素、物质要素、数学要素、地理要素、统计要素。精神要素主要指精神素质及其作用所引起的一切;物质要素主要指军队的数量、编成、各兵种的比例等;数学要素主要指作战线构成的角度、向心运动和离心运动等有计算价值的几何数值;地理要素主要指制高点、山脉、江河、森林、道路等地形的影响;统计要素主要指一切补给手段。在战略的形成和运用过程中,这些要素往往错综复杂地交织在一起,相互影响,共同发挥作用。因此,研究战略问题时绝不能局限于某一种要素,而要把整个战争现象当作一个整体,综合分析各要素的特点及作用。

值得注意的是，这五种要素的顺序并不是随意排列的。其中，精神要素排列在第一位，体现出克劳塞维茨对战争的深刻观察和独到见解。在他之前，西方军事理论家们热衷于把几何学、物理学引入军事领域，只注重物质因素，以至于把一切都局限在力量的均势和优势、战场的时间和空间这几个数学关系上，局限在几个角、几条线上，对精神因素却很少有人问津。克劳塞维茨在目睹法国大革命蓬勃发展和拿破仑战争顺利进行的过程中，认识到法国的革命军队和拿破仑之所以能够取得一个又一个的辉煌胜利，重要原因之一是他们有着巨大的精神优势。

一方面，由解放了的市民和农奴组成的革命军队为维护自身的自由而战，斗志高昂；另一方面，拿破仑有着高超的军事指挥才能和全新的军事思想，谋略过人。拿破仑有一句名言："每一个士兵的背囊中都有一根元帅的指挥棍。"以此激发将士英勇作战，多立战功。与此相反，欧洲各封建君主国家的军队中，士兵大多是雇佣兵，光要钱，不卖命；将军们则大多年迈体弱，思想保守，指挥无能。所以，法军与反法联盟的前五次作战中，法军虽兵力少、武器差，却能屡战屡胜，联军虽兵力多、武器好，却屡战屡败。克劳塞维茨看到，个中奥妙就在于法军具有巨大的精神优势。

由此，克劳塞维茨得出一个明确结论：精神要素是战争中最重要的问题之一。精神要素不仅占据首位，而且影响战争的各个方面，贯穿于战争始终。"物质的原因和结果不过是刀柄，精神的原因和结果才是贵重的金属，才是真正的锋利的刀刃。"他的这种精神要素至上的观点，超越了前人的认识水平，真正把握了战争中的制胜之枢。

所谓精神要素,概略地说,是指精神素质及其作用所引起的一切。具体而言,主要指三种精神力量:一是统帅的才能,二是军队的武德,三是军队的民族精神,此外还包括政府的智慧、作战地区的民心等。这几种主要的精神力量通常是综合在一起的,共同发挥作用,很难具体区分孰重孰轻,因而都必须加以重视。

根据克劳塞维茨的观点,精神要素之所以是战争最重要的问题之一,主要有三个方面的原因。首先,精神要素贯穿于整个战争领域,是将帅意志和军心士气的支柱,良好的精神素质能激发将帅的聪明才智,能鼓舞士兵的高昂斗志。因此,在战争中,精神要素有着惊人的作用,精神力量的得失是决定胜负的主要原因。

其次,精神要素与物质要素紧密结合,并赋予物质要素巨大的活力。受客观条件限制,物质要素通常是有限的,而精神要素的发挥却没有任何限制,它在特定的情况下能使物质要素的力量成倍地增长。所以,克劳塞维茨指出:"当我们说消灭敌人军队时,并不是仅仅指消灭敌人的物质力量,而是还包括摧毁敌人的精神力量,因为这两者是紧密地交织在一起而不可分割的。"

最后,在物质力量势均力敌的情况下,精神力量往往是战争胜负的决定因素。克劳塞维茨认为,现代欧洲各国军队在技能和训练方面差不多达到了相同的水平,作战方法也变成了一套几乎是各国军队所通用的方法,以致不可能期待统帅运用什么个人特有的手段。在这种情况下,军队的民族精神和战争锻炼便有着更大的作用了。

自《战争论》问世后，历史的长河虽然又流淌了 180 多年，但克劳塞维茨的这些观点非但没有过时，反而被河水冲刷得更加鲜亮。随着军事技术的发展，信息化条件下的局部战争日益成为现代战争的主要样式，军事技术的作用空前重要，但越是技术的东西，便越离不开精神力量的支配。因而，绝不可只重技术不重精神。

三、军队武德是最重要的精神力量之一

值得注意的是，虽然克劳塞维茨重视精神力量的重要作用，但他也重视军队武德，并列专章阐述了军队武德的作用以及武德的培养锻炼方法。他提出了一个富有新意的观点："军队的武德是战争中最重要的精神力量之一。"

克劳塞维茨认为，战争是一种特殊的事业，它与人类生活中的其他各种活动是不同的，无论是一名军人还是一支军队，都必须具备良好的武德。所谓武德，对个人而言，主要表现为深刻了解这种事业的精神实质，激发、锻炼和汲取那些在战争中活动的力量，把自己的全部智力运用于这个事业，并通过训练使自己能够敏捷地行动，全力以赴，从一个普通人变成称职的军人。对于一支军队而言，则表现为：在极猛烈的炮火下仍能保持正常的秩序，永远不为想象中的危险所吓倒，而在真正危险面前也寸步不让；在胜利时感到自豪，在失败的困境中仍能服从命令，不丧失对指挥官的尊重和信赖；在困苦和劳累中能像运动员锻炼肌肉一样增强自己体力，把这种劳累看作是制胜的手段，而不看成是倒霉晦气；能抱有保持军人荣誉这样一个唯一的简短信条，因而能经常不忘自己的义务和美德。

简而言之，单个军人的武德，主要是指彻底的敬业精神和高超的军事技术；整个军队的武德，主要是指团结战斗，勇往直前的作风和胜不骄败不馁的精神。虽然不能断言没有武德就不可能取得胜利，但是，如果一名军人或一支军队缺少这种力量，他所做的努力就得不到应有的效果。一旦武德的幼芽长成粗壮的大树，就能抵御不幸和失败的大风暴，甚至可以抵制住和平时期的松懈。

无论对个人还是对军队来说，武德都不是天生就有的，这种精神力量只能从两个来源产生，而且只有两者结合在一起才能产生。第一个来源是实战锻炼。战争锻炼是产生军队武德的重要途径。从士兵到将军，战争锻炼能使人的身体承受巨大劳累、面对极大危险，从而培养出准确的判断力和宝贵的沉着品质。这种品质能有效减少军队在行动中的困难，因而要尽可能让军队到实战中去锻炼。第二个来源是和平时期所进行的极度劳累、困苦的军事训练。克劳塞维茨认为，只有在劳累和困苦中，军人才能认识到自己的力量，才能逐步形成良好的秩序、技能、意志以及一定的自豪感。在和平时期，培养军队武德的最有效途径是军事演习，聪明的指挥员应当尽可能组织部队进行接近于实战的军事演习。实践证明，平时具备良好武德的军队往往最有可能在战争中取得胜利。

克劳塞维茨比前人更加清楚地看到精神要素的作用，这是他的过人之处，但他并不是一个唯精神论者。他在提醒人们重视精神要素的同时，并未忽略物质要素。他认为，物质要素是精神要素的基础，物质要素好比是刀柄，精神要素则好比是刀刃，如果没有刀柄，刀刃便难以发挥作用。在物质要素方面，他吸收了拿破仑的一个信条："多兵之旅必获胜。"因此，他提出争取兵力、兵器数量上的优势是物质要素中最重要的问题。为争取这种优势，必须在空间和时间上尽可能集中兵力。

数量上的优势无论是在战术还是在战略上都是最普遍的致胜因素。克劳塞维茨的观点是："最好的战略是首先在总兵力方面，然后在决定性的地点上始终保持十分强大的力量……战略上最重要而又最简单的准则是集中兵力。"然而，他同时又告诫战争指导者们，并非拥有数量上的优势就有了胜利的把握。数量上的优势只是有利的客观条件，而要把有利的客观条件变为现实，则必须发挥人的主观能动性，指导者应当注重在指导战争过程中灵活运用出敌不意、战略欺骗等诡诈之术，实际上就是要充分发挥统帅的才能。这种精神要素和物质要素兼重的思想反映了战争的客观要求，颇有辩证色彩。

克劳塞维茨多因素制胜的战略理论，无论是讲战略指导还是讲战略要素，都充分肯定了人在战争中的能动作用，避免了许多军事理论著作忽视精神要素的片面性，具有一定的进步性。但是，用今天的眼光来看，克劳塞维茨置身于近代第一次军事革命的浪潮之中，却未能高度重视当时已经出现的新兴军事技术及其巨大作用，在战略要素论中只字不提军事技术问题，这无疑是一个严重的疏忽。现代历史条件下，军事技术的发展日新月异，武器装备的优劣对战争胜负有着越来越直接的影响，因而研究战略问题断不可忽略军事技术这个要素。

第十六章 尽歼敌军的主力会战论

会战，是指"双方军队的主力，或至少是在单独的战区内独立行动的两军集团之间的冲突"。这种作战形式早在古希腊、古罗马时期就已运用于欧洲战场。但是，从长矛大刀到火炮问世，虽然军事技术发生了巨大变化，但欧洲各国军队的会战方式却一直没有突破方阵对列、短促突击的模式，直到17世纪末18世纪初法国大革命和拿破仑战争才完全改变了会战的情况。恩格斯在《会战》一文中描述这一变化时说：现在会战却可能持续一整天，甚至两三天，而且在这整个期间，攻击、反击和机动反复交替，双方互有胜负。置身于这样一个军事大变革时代，克劳塞维茨对新的会战形式不仅有着切身的体会，而且有着深刻的思考，这使得他能够从理论上分析和研究会战的目的、方法及影响等问题，其中的一些观点对后世西方军事理论影响较大。

一、战斗是实现战争目的的唯一手段

拿破仑曾说过：在欧洲有许多好的将领。但是他们一下子期望的东西太多，我看见的只有一个——敌军的兵力，我全力去消灭它，因为我确信，随着敌军兵力的被歼灭，其他一切也随之而崩溃。若米尼在总结拿破仑的战争经验时也指出：拿破仑在选择战争目标时，推翻了陈旧的理论，"不满足于仅仅攻下一两个要塞，或占领一个不大的边境省份，他深信，创造伟大战绩的最主要方法，就是分割和消灭敌人的军队。他认为，不论是一个国家，或者是一个省份，只要它们失去了有组织的部队，就必然会自行陷落"。克劳塞维茨作为研究拿破仑的专家，自然不会忽视拿破仑的这一经验，并将之进一步理论化、系统化。他不仅在第一篇中揭示出战争的暴烈性和战争的双重目的，而且在第四篇中进一步说明战斗在战争中的重要地位及战斗的最主要目的，从而层层递进，十分透彻地阐明了尽歼敌军主力部队的问题。

首先，克劳塞维茨认为运用暴力手段使敌人无力抵抗是战争的军事目的。如前所述，他给战争下的定义是："战争是迫使敌人服从我们意志的一种暴力行为。"其中，迫使敌人服从我们的意志是战争的政治目的，而打垮敌人，使其无力抵抗则是军事目的。基于这个观点，克劳塞维茨认为迫使敌人屈服的唯一途径是打垮敌人，使其不能再作任何反抗，"解除敌人武装或打垮敌人，不论说法如何，必然始终是战争行为的目标"。他批评对战争抱有和平幻想的观点时指出："如果把文明民族的战争说成纯粹是政府之间的理智的行为，认为战争越来越摆脱一切激情的影响，以致最后实际上不再需要使用军队这种物质力量，只需要计算双方的兵力对比，对行动进行代数演算就可以了，那是莫大的错误。"他还告诫人们应清醒地认识到，文明程度的提高和军事技术的进步丝毫没有改变战争概念所固有的消灭敌人的倾向，只要进行战争，就必须准备用武力去打倒对方，使其无力抵抗。

其次，克劳塞维茨认为战斗是实现战争目的的唯一手段。1804年的奥斯特里茨会战是俄奥联军与法军进行的一次著名战役。克劳塞维茨虽未直接参战,却远远地听见了奥斯特里茨战场的火炮声。当时,普鲁士国王虽然表面上与俄奥两国签署了结成第三反法联盟的条约,但在行将与法军决战之前又畏缩不前。他既不敢直接加入联军行列而惹怒拿破仑,又不想完全隔岸观火而得罪盟国。于是,他想出一个虚张声势的两全之计:一方面,他让部队整装待命,如果联军形势看好就投入奥斯特里茨战场,反之则按兵不动。另一方面,他派出大臣豪克维茨伯爵前往法军营地进行"军事调停",并准备在调停失败后向拿破仑递交最后通牒。就在豪克维茨即将会见拿破仑的前夕,俄奥联军在奥斯特里茨战场遭到惨败。豪克维茨立即收藏起最后通牒,转而向拿破仑表示祝贺,并与法国签署友好条约。

　　在欧洲各国一片谴责声中,克劳塞维茨对普鲁士国王的背信弃义行为深感羞耻。同时,他也从中认识到一个真理,那就是尽管在现实战争中可以用来达到目标的方法是无穷无尽的,但"手段只有一种,那就是战斗",只有通过战斗才能真正使敌人无力抵抗,类似普鲁士"军事调停"之类的手段都是难以达到战争的军事目的。因此,他十分注重研究战斗的作用和原则。他认为,战斗是战争中唯一有效的活动,是用武器解决问题的最高法则,是一切军事活动的基础,战争中一切军事活动都是为它服务的。因此人们应当认真地研究战斗的性质。

　　恩格斯十分欣赏克劳塞维茨这一方面的观点,他在给马克思的信中说道:战争最像贸易。战争中的战斗就等于贸易中的现金支付,它虽然实际上很少发生,但是一切毕竟都以它作为目的,它最后总是要进行的,而且是起决定性作用的。简单地说,不进行现金支付就不是真正的贸易,同理,不进行战斗也就不是真正的战争。

二、消灭敌人军队是战争中的长子

克劳塞维茨通过研究大量战例，发现要想实现在现实战争中打垮敌人这个战争目的，通常包含三个要素：第一是消灭敌人的军队，使其不能继续作战；第二是占领敌人的国土，使其无处建立新的军队继续进行战争；第三是征服敌人的意志，迫使敌人签订和约。三要素之中，如果按自然顺序排列，应该是先消灭敌人的军队，然后占领敌人的国土，最后迫使敌人媾和。因为消灭了敌人的军队，敌人的国土自然能够唾手可得，敌人的意志自然会随即崩溃。所以，克劳塞维茨反复强调消灭敌人军队的必要性和重要性，诸如："用流血方式解决危机，即消灭敌人军队，这一企图是战争的长子""在大多数情况下和在最重要的情况下，消灭敌人军队是最主要的""直接消灭敌人军队总是最主要的事情""在所有以大量消灭敌人军队为胜利的条件的情况下，消灭敌人军队必然是计划中的主要事项""消灭敌人军队不仅在整个战争中，而且在各个战斗中，都应该看作是主要的事情，这是我们的原则"。

同时，克劳塞维茨也认识到，任何战斗都是双方物质力量和精神力量以流血的方式和破坏的方式进行的较量，那么消灭敌人的军队就不是仅仅指消灭敌人的物质力量，还包括摧毁敌人的精神力量。在战斗过程中，精神力量的损失是决定战争胜负的主要原因。胜负决定后，精神力量的损失还在增长，要到整个行动结束时才达到顶点。因此，使敌人精神力量遭受损失也是获得利益的一种手段，而获得这种利益是战斗的真正目的。在这方面，腓特烈大帝进行的索尔会战堪称典型战例。在这次会战中，普鲁士军队获得了胜利，腓特烈大帝考虑到整个战局，虽然按计划将向西里西亚撤兵，但他仍然命令普军在战场上停留了五天，其目的在于向奥地利宣告胜利，并利用这种胜利的精神效果，进一步摧毁奥地利人民的意志，迫使其缔结和约。

三、主力会战是战争的真正重心

战斗固然是一切军事活动的基础，但由于战斗任务不同，并非每次战斗都十分紧要。如上所述，战斗通常有三项任务，即消灭敌军、占领敌国、征服敌心。三者之中，消灭敌军最为重要，而在消灭敌军的战斗中，关乎战略全局胜负的主力会战才是最为重要的。所以，克劳塞维茨突出强调主力会战的地位和作用。

所谓"主力会战"，是指"双方主力之间的斗争，当然，它不是为了一个次要目的而进行的不重要的斗争，不是一发觉目的难以达到就要把它放弃的那种纯粹是尝试性的活动，而是为了争取一个真正的胜利而进行的全力以赴的斗争"。从目的上来说，主力会战的意图是要在进行主力会战的这个地方、这个时刻战胜敌人。"进行主力会战只能是为了消灭敌人的军队，而且也只有通过主力会战才能达到消灭敌人军队的目的，这是千真万确的。"从形式上来说，主力会战是战争目的的集中表现，是整个战争或战局的核心。正如凹面镜能将阳光聚焦产生高温，战争的各种力量和条件也都集中在主力会战中，产生高度集中的效果。至于如何赢得主力会战的胜利，克劳塞维茨认为主要取决于四个方面的条件。

第一，会战所采取的战术形式。会战的规模虽然比一般战斗的规模要大，但战术原则仍然是相同的。克劳塞维茨认为，在过去的战争中，某种巧妙的队形和编组是军队能够发挥勇敢精神和夺取胜利的主要条件，那么这种队形被破坏的时候就是胜负已定的时刻，只要一翼被击溃，其他部分的命运也就决定了。现代战争中，作战队形已不起决定性作用了，但攻敌翼侧或后侧的战术仍然是有效的。因此，主力会战中应当巧妙地采取正面进攻和翼侧袭击相结合的战法。在正面进攻的同时，以一部分兵力攻击敌军的翼侧或背后，往往能使敌人腹背受敌，措手不及。相反，只采取正面进攻而不注意迂回，很少能够收到理想的战果。

拿破仑是一位善于迂回侧击的高手，他在许多战斗中都灵活地运用了这一战法，以进军北意大利一战最为典型。1800年5月中旬，拿破仑率领一支新组成的军队越过欧洲天险阿尔卑斯山，进军北意大利，突然出现在梅拉斯指挥的奥地利军队的背后，对奥地利军队形成三面合围之势。6月14日两军在马伦哥展开会战，奥军始终处于被动挨打的地位，最终失败。

第二，地形的特点。克劳塞维茨认为，对于地形条件，进攻者和防御者各有不同的要求。进攻的一方一般不要选择复杂的地形或山地作为会战战场，因为在这里进攻，力量会受到削弱。防御的一方面则往往需要借助地形条件以削弱进攻者的力量，因而必然尽量选择复杂地形实施防御。一旦会战展开，无论进攻还是防御，都有一个共同目标——争夺锁钥阵地。所谓"锁钥"，喻指关键部位。进攻者应力求占领敌人的锁钥阵地，而防御者则应全力保证自己锁钥之地的安全。他强调说："锁钥阵地丢失了，整个阵地就守不住了，会战就不能继续了。"

第三，各种兵力的比例。胜利的一方通常是炮兵和骑兵比例较大的一方，如果胜利者的这些兵种与失败者的同样多，那么就很难扩张战果。应当说，随着军事技术的发展，这一观点越来越有现实意义。现代战争中，一般情况下，掌握较多先进军事技术、拥有更多先进武器装备的一方，必然占有更多有利条件，获胜的机会也更多。这是不容置疑的。

第四，兵力的对比。克劳塞维茨是"数量优势论"者，一贯主张集中优势兵力，全力以赴与敌决战，力求首战必胜。他认为越是把全部作战力量集中在一次会战中，越是把全部军事力量变成作战力量，越是把全国的力量变成军事力量，胜利的影响也就越大。只有在大规模会战中才能决定重大的胜负。自古以来，只有巨大的胜利才能导致巨大的成就，对进攻者来说必然是这样，对防御者来说或多或少也是这样。当然，无论进攻还是防御，主力部队的集中绝不是随心所欲的，而是要在决定性的地点和决定性的时间上集中，在最佳状态下发挥主力部队的战斗力。双方兵力对比中，预备队兵力的对比是不容忽视的。预备队是主力会战的决胜力量，关键时刻能对战局产生决定性影响。所以，双方预备队兵力的对比，往往是最后决定胜负的主要根据。克劳塞维茨认为，拿破仑之所以在前期能够屡战屡胜，关键在于他总是善于在决定性地点和决定性时间集中优势兵力，并在关键时刻及时投入预备队，力求在第一次会战中就打垮敌人。

除上述四个方面的客观条件外，克劳塞维茨还就统帅的精神力量提出了要求。他指出："要想进行主力会战，要想在主力会战中主动而有把握地行动，就必须对自己的力量有信心和对必然性有明确的认识，换句话说，必须有天生的勇气和在广阔的生活经历中锻炼出来的锐敏的洞察力。"统帅只有具备了这些精神力量，才能在战略指导上展现出高超的智慧，诸如为主力会战选择合适的战法，巧妙地确定主力会战的时间、地点和使用兵力的方向等。

为了确保主力会战的胜利，克劳塞维茨强调获胜的一方要实施追击。他认为，当敌方放弃战斗撤出阵地时，虽然胜利已基本确定，但其规模和效果往往十分有限。若不在当天乘胜追击以扩大战果，胜利所带来的实际利益将大打折扣。事实上，绝大多数战利品都是在追击过程中获得的。著名的滑铁卢之战中，拿破仑曾先在尼里和夸特里布拉斯两次打败普鲁士军队和英国军队，正当他挥师追击时，天不作美，下起了瓢泼大雨。泥泞的道路使法军无法追击，以致英军得以顺利逃到滑铁卢重新布设阵地，普军也得以摆脱追兵，在关键时刻转入滑铁卢战场，侧击法军。拿破仑在腹背受敌的情况下，不得不放弃进攻，撤回法国本土。如果当时他能够按计划实施纵深追击，大量歼灭已战败的英普联军，其他方向的俄奥联军、奥意联军就可能望风而逃，他也可能因此而避免第二次被流放的命运。

综上所述，克劳塞维茨的主力会战论可以概括为相辅相成的两条原则："消灭敌人军队主要是通过大会战及其结果实现的，大会战又必须以消灭敌人军队为主要目的。"这些原则在一定程度上揭示了战争的规律，对西方各国进行第一、第二次世界大战有着直接影响。但克劳塞维茨过于看重战斗和会战的作用，忽略了其他手段，尤其是和平手段的作用。可以说，他在战争与和平问题上是有所偏废的，远不如孙子那么灵活、那么辩证。

第十七章　以攻为守的积极防御论

　　克劳塞维茨 13 岁就走上战场，一生中参加过多次作战，而且大多是防御战斗。或许因为这一缘故，他对防御研究尤为深入，以致《战争论》中关于防御的论述不仅篇幅最长而且内容也很精彩，其中最受后人称道的是他的积极防御思想。他在给皇太子讲课的讲稿中提出了"积极防御"与"消极防御"的概念，尔后在《战争论》中又对这一思想作了比较系统的阐述。虽然《战争论》没有明确以积极防御作为篇章题目，但当人们翻开第六篇时，会赫然发现其中所蕴含的积极防御思想及其一系列原则。

一、防御是比进攻强的一种作战形式

　　进攻和防御是战争的两种基本形式。自古以来，无论东方还是西方的军事家和军事理论家大多攻防兼重。如孙子强调："善守者，藏于九地之下；善攻者，动于九天之上。"唐朝著名将领李靖提出"攻是守之机，守是攻之策"。拿破仑认为："防御战争不能排斥进攻，就像进攻战争中不能没有防御一样。""整个战争的艺术，就是先作合理周密的防御，然后进行快速、大胆的进攻。"然而，在攻防兼重的同时，不少人又明显偏爱进攻。孙子大量的思想观点是有关进攻的，对于防御则言之甚少。奥地利的卡尔大公认为，进攻战是最有利的类型，因为进攻战可以保持主动，可以把自己的意志强加于敌人，并能最迅速达到预定的作战目的。而防御只有在预定尔后要转入进攻战时，才可能是有意义的。普鲁士的弗里德里希二世曾把进攻作为他的"军队所特有的精神"。

克劳塞维茨在这个问题上的独到之处在于，他没有因袭传统的观点，而是明确提出了"防御是比进攻强的一种作战形式"的观点。他承认，防御具有消极的目的——据守，进攻具有积极的目的——占领，这使得防御者往往处于被动地位，进攻者却常常居于主动地位。但是，从总体上来说，防御在若干方面比进攻有更多的有利条件。为了论证这一观点，克劳塞维茨在战斗和战略两个层次上对进攻与防御进行了一番比较。

从战斗上来说，克劳塞维茨认为极有利于取得胜利的因素只有三个：出敌不意、地形之利和多面攻击。

出敌不意，就是使敌人在某一地点面临远远出乎其意料的优势兵力。这种在某一点上形成的优势兵力与总体上的优势兵力十分不同，它是短促而有力的铁拳，是军事艺术中最有效的手段。进攻者要想取得出敌不意的胜利，只能以全部军队对敌人全部军队进行一次大规模的奇袭，而防御者却能在战斗过程中通过各种大小规模的袭击不断地出敌不意。

地形条件是战斗中必须考虑的一个重要因素，在一般情况下，防御者可以充分利用地形之利，这是很明显的。进攻者必须在大小道路上行进，因而不难被侦察出来，达成奇袭的难度相对来说比防御者的要大得多。防御者可以在战斗前熟悉地形，并在选好的地形上隐蔽地配置，以致在决定性时刻以前，进攻者几乎无法发现他们。由于拥有地形之利，防御者比进攻者更容易达成出敌不意。

多面攻击是制胜的有效手段，通常进攻者更易于采用这种手段。由于防御者处于静止状态，进攻者能够在机动中包围对方或切断他们的退路，对敌实施多面攻击或前后夹击。但是，防御者也并非只能消极挨打，在战斗过程中防御者的各个部分都可以利用有利地形对敌人进行打击，尤其是当进攻者深入防御者的阵地之后，防御者更易于四面出击。

如果说在战斗层次上进攻与防御双方的有利条件不相上下的话，那么在战略层次上，防御显然比进攻有更多的优势。克劳塞维茨从三个方面论证了这一问题。

首先，防御者更容易得到兵员和物资的保障。当进攻者的军队发起一次进攻战役时，他们必然要把自己的要塞和各种仓库留在后方，造成补给困难；同时，他们通过的作战地区越大，军队必然因长途行军和分兵防守而受到越来越大的削弱。而防御者的军队则仍然可以利用自己的要塞，而且离自己的人员补充和物资补给基地较近，易于得到及时的补充。

其次，防御者更容易得到民众的支持。特别是本土防御，通常是抵御外来入侵的作战，不仅军队将士在爱国精神的激励之下勇敢战斗，而且各种民众武装也会群起响应，积极参战。民众武装是一种巨大的战略防御力量，是淹没进攻者的汪洋大海。

最后，防御者更容易利用巨大的精神力量。"巨大的精神力量，有时像真正的酵素似的渗透在战争的各个要素中，因而在一定的情况下统帅能够利用它们来增强自己的力量。"相比之下，防御者更有利于激发出巨大的精神力量，而且这种精神力量往往随着进攻者的逐步深入而日益增强。进攻者的精神力量则可能随着作战地区的扩大而日渐衰弱，尤其是在遭到防御者战略反攻时更容易崩溃。

正是由于防御比进攻拥有更多的有利条件，所以克劳塞维茨深信"防御是比进攻强的一种作战形式"。同时，他又辩证地指出，防御与进攻的优劣是相对的，不能厚此薄彼，有所偏废。因此，他突出强调了二者相互包含、相互转化的关系。他认为："战争中的防御（其中包括战略防御）绝不是绝对的等待和抵御，也就是说，绝不是完全的忍受，而只是一种相对的等待和抵御，因而多少带有一些进攻的因素。"

1812年9月，俄军在莫斯科门前的咽喉要地博罗迪诺抗击法军的进攻就是一次大规模的防御战役。在防御过程中，俄军为阻止法军进攻，曾使用两个骑兵军向法军左翼反击，给法军造成严重威胁，这种反击就是进攻的因素，是局部上的进攻行动。同样，进攻也不是单一的整体，而是不断同防御交错着的。在奥斯特里茨会战中，拿破仑就成功地运用了攻防交替的战法。法军与俄奥联军交战之初，拿破仑为牵制联军主力并掩护己方左翼部队展开进攻，先以一部分兵力在右翼实施防御作战，并佯装退却，诱敌紧追不舍。当敌集中兵力猛攻法军左翼时，拿破仑突然以主力部队对联军实施中央突破，将俄奥两军一分为二，进而各个击破，一举消灭联军3万余人。此战中，法军左翼的作战就是防御性的行动。

二、防御是由巧妙的打击组成的盾牌

既然"防御是比进攻强的一种作战形式"，而且防御与进攻可以相互包含、相互转化，那么军队进行防御作战时就完全没有理由单纯防守，消极地等待敌人的进攻，而应当充分发挥防御的优势，把防御与进攻有机地结合起来，实行积极防御。这是克劳塞维茨防御理论的一个基本观点。他在《战争论》中至少4次明确引用了"积极防御"这一概念，并反复指出：尽管防御本身的目的具有消极性，但手段应当是积极的。例如，"防御者采取这种防御配系时，越是不直接地掩护目标，就越要借助于运动和积极的防御，甚至采取进攻手段。""如果防御者采取的是积极防御，他在其他地点向我们进攻，那么，我们除了在毅力和胆量方面超过他以外，就没有其他办法取得胜利。如果他采取的是消极防御，我们当然就不会有什么大的危险。"

虽然克劳塞维茨没有专门对"积极防御"加以解释，但意思已经表述得十分明确。所谓积极防御，是指目的消极但手段积极的防御，也就是说，应在防守中攻击敌人。所谓消极防御，是指目的和手段都消极的防御，即单纯防守而不进行积极的还击。他对此作了一个形象的比喻："防御这种作战形式绝不是单纯的盾牌，而是由巧妙的打击组成的盾牌。"可以说，这句话生动形象而又高度凝练地表达了克劳塞维茨的积极防御思想。其中，"巧妙的打击"这几个字突出体现了以攻为守的奥妙之所在。

首先，防御作战要采取进攻行动。克劳塞维茨认为，进攻与防御是一对矛盾的统一体，彼此的"搏斗"推动着战争进程的发展。如果防御的一方单纯忍受或纯粹的防守，那么就只有进攻的一方在进行战争，也就构不成"搏斗"，这与战争的概念是相矛盾的。因此，防御中的忍受或等待不能是绝对的，只能是相对的。"防御是由等待和行动这两个性质不同的部分组成的。""等待和行动（行动常常是反攻，也就是还击）是组成防御的两个十分重要的部分，没有等待，防御就不成其为防御，没有行动，防御就不成其为战争。"这里说的"行动"，就是还击或进攻。尤其要注意的是，等待与行动并不是一先一后的两个阶段，这两种状态通常是交错在一起的。所以，克劳塞维茨强调，各种规模的防御中都应有相应的进攻。在防御战局中可以有某个方向的进攻行动，在防御会战中可以用某些师进攻，在防御战斗中也可以用进攻的子弹迎击敌人。

其次，防御作战要巧妙地打击敌人。按照克劳塞维茨的观点，防御的一方无论采取何种规模的进攻行动都必须在"巧妙"二字上做文章。这篇文章说起来简单，做起来并非易事。难就难在防御者必须善于根据不同对象、不同战区而灵活采取相应的防御方式，没有一成不变的模式。他系统阐述了四种防御作战方式：其一，迎头痛击式防御：在敌军进入战区时立即发起进攻性会战；其二，先发制人式防御：依托要塞、山川等有利地形设伏，待敌接近时主动出击；其三，后发制人式防御：在预设阵地等待敌军发起进攻后实施反击；其四，战略退却式防御：退入腹地保存实力，即"不若则能避之"。这四种防御方式在战术运用上既相互关联又各具特色。诸如侧面阵地、翼侧活动、坚守锁钥阵地、发动民众武装等，是进行各种防御时都必须遵循的共同原则。至于各种防御方式的具体原则和方法则各有特点，应当区别运用。

防御者只有根据情况灵活运用相应的防御方式，并将防御方式的共性和个性有机地结合起来，才能给予进攻之敌以巧妙的打击。在克劳塞维茨看来，这四种防御方式中，向本国腹地退却不失为战略防御的最佳选择。他认为，"最大胆的、成功时效果最大的圈套是向本国腹地退却。""我们把主动向本国腹地的退却看作是一种特殊的间接的抵抗方式，采用这种抵抗方式时与其说是用我们的剑消灭敌人,还不如说是让敌人通过自己的劳累拖垮。"这种防御方式的优点是:使进攻者的力量遭到削弱,退却者的力量得到增援;增加进攻者的补给困难,而退却者则能得到补充;分散进攻者的兵力,集中防御者的兵力。这些优点使得防御者最终能实现强弱转化,为反攻创造有利的条件。

当然,向本国腹地退却也是有条件的。其中,国土辽阔、退却线较长、农作物不多的地区,忠诚尚武的民众,气候恶劣的季节等,是主要的条件。列宁曾对克劳塞维茨的这一观点表示赞同,并推荐说:如果力量显然不够,那么最重要的手段就是向腹地退却(谁要是认为这只是临时拉来应急的公式,那么,他可以去读一读克劳塞维茨这个老头子——伟大的军事著作家之一——关于这一点的历史教训的总结)。

最后,防御作战必须以战略反攻争取最后的胜利。通常防御者取得显著优势时,防御作战就已完成了它的使命,那么防御者应当趁热打铁,利用有利战场态势发起反攻,以阻止敌人发动新的进攻,或打败已经衰弱的敌人。所以,克劳塞维茨强调:"应该把转入反攻看作是防御发展的必然趋势,是防御的一个基本组成部分;不论在什么场合,如果通过防御形式所取得的胜利在军事上不以某种方式加以利用,而听任它像花朵一样枯萎凋谢了,那就是重大的错误。"他还形象地比喻说,迅速而猛烈地转入进攻,是闪闪发光的复仇的利剑,是防御的最光彩部分。至于以什么方式反攻,以及何时何地开始反攻,要根据许多条件来决定。最重要的条件就是力量占有巨大的优势,处于明显的有利地位。

克劳塞维茨的这些有关积极防御的思想主张绝非凭空想象,

而是他对历代战史以及自身战争实践经验的总结。1812年，他从始至终参加了俄国反抗拿破仑进攻的作战，并发挥了重要作用。战争初期，他奉命视察德里萨一带防御阵地时，发现俄军不可能凭借临时构筑的阵地挡住法军强大的攻势，认为当务之急是向纵深退却，诱敌深入，逐步削弱法军，转化强弱对比，为反攻创造条件。俄军统帅部后来采取了与他看法一致的战略，并取得了巨大的成功。由此，他找到了积极防御理论的可靠依据，并在论述防御问题时一再引用这一战例。

任何理论都是特定时代的产物。19世纪初，克劳塞维茨能够突破陈说，独树一帜，提出防御比进攻强以及积极防御的主张，这需要非凡的慧眼和深厚的理论积淀。当然，他的思想观点中也存在着一些不足。首先，他虽然产生了积极防御的思想萌芽，但未能完全形成清晰的理论。因而，有关"积极防御"的直接表述主要体现在《战争论》的附录中，正文中却颇为少见，而且与此有关的间接阐述也比较零散，不够集中。

其次，他仅仅把积极防御看作一种可以选择的战术形式或战略手段，未能上升到战争规律上来认识。毛泽东曾指出："据我所知，任何一本有价值的军事书，任何一个比较聪明的军事家，而且无论古今中外，无论战略战术，没有不反对消极防御的。只有最愚蠢的人，或者最狂妄的人，才捧了消极防御当法宝。"这说明实行积极防御、力避消极防御是一条战争规律，并不是可以随意选择的。再次，他强调"绝不要采取完全消极的防御"，却又认为在某些情况下消极防御是必要的。

克劳塞维茨的积极防御理论尽管存在着这样或那样的不足，但是，从当时的认识水平来看，应该说其中的许多思想观点是有一定深度的。

第十八章　借助民力的民众战争论

在西方战争史上，民众战争是 18 世纪才出现的现象。对于这种战争，有人赞成，有人反对。克劳塞维茨是最早、最坚决的赞成者，而且还是一位积极的实践者。在参与普鲁士军事改革期间，为组织强大的反法力量，他十分注重动员和组织民众参军、参战。在撰写《战争论》时，他又辟专章论述民众武装的地位、作用，并深入探寻其特点及运用原则等问题，从而开创了研究民众战争理论的先河。

一、民众武装是巨大的战略防御力量

克劳塞维茨之所以高度重视研究民众战争，并积极倡导和组织民众战争，有其特定的主客观条件。

从客观上来说，他生逢法国大革命和拿破仑战争时期，目睹人民群众参军、参战的壮观场面，以及民众武装的巨大威力。法国资产阶级革命以民众武装推翻了统治法国一千多年的封建制度，建立了资产阶级政权。这一历史性变革引起欧洲各反动君主国的仇恨，普鲁士、奥地利、荷兰、西班牙、那不勒斯、撒丁等国迅速组成反法联盟，对法国进行武装干涉。法国资产阶级组织武装起来的民众与敌展开激烈斗争，法国民众为维护刚刚获得的自由而战，斗志高昂，因而粉碎了反法联盟的围攻，取得光辉的胜利。从法国波澜壮阔的民众战争中，克劳塞维茨清楚地看到,"由于人民参加了战争,于是,不是政府和军队,而是全体人民以其固有的力量来决定问题了。"

这个时期如火如荼的西班牙民众战争也为克劳塞维茨认识民众武装提供了难得的机会。1808年,拿破仑为了对英国实行大陆封锁,率领法军假道西班牙,占领葡萄牙。得手之后,他又回头占领了西班牙,并废除了西班牙国王,派自己的哥哥约瑟夫担任西班牙国王。西班牙统治集团投降了,人民群众却极为不满,迅速发动了全国范围的武装起义,组织游击队,开展广泛而持久的游击战。法军不得不分兵对付西班牙的民众武装,但不仅没有扑灭民众战争的烈火,反而激起西班牙人民越来越强烈的反抗,迫使法军不断增加兵力。

1812年,拿破仑进攻俄国时,由于数十万法军深陷在西班牙战场,致使拿破仑难以集中更多精锐兵力进攻俄国,并且陷入两面作战的不利境地。拿破仑虽然号称有60万大军,其实大部分是在附从国强征的军队,出工不出力。他既要对付俄国,又要对付西班牙,不得不瞻前顾后,最终失败。

拿破仑被流放圣赫勒拿岛后,曾经悲叹地说:使我遭到如此败运的是西班牙那个肿瘤。这位曾经横扫整个欧洲的战神居然对民众战争如此心有余悸,足见民众战争的威力是何等的巨大。

对此,恩格斯曾高度评价说,西班牙反抗拿破仑的战争"是一场敌人以任何烧杀手段也不能摧毁人民的抵抗精神的战争"。在这场旷日持久的战争中,西班牙树立了一个民族抵抗入侵军的光辉榜样。普鲁士的所有军事领导人都曾向他们的同胞指出这是一个值得仿效的榜样。沙恩霍斯特、格奈泽瑙、克劳塞维茨在这一点上全都持有同一见解;格奈泽瑙甚至亲赴西班牙同拿破仑作战。

从主观上来说，早在1793年参加美因兹会战时，克劳塞维茨就已经深刻领教了民众武装的威力。在激战的树林里，他亲眼看到由工人、农民、市民组成的法国国民军战士像云雾一样散布在每一棵大树之后，打一枪换一个地方，而习惯于横队战术的普鲁士正规军在时隐时现的法国国民军面前简直如盲如聋，四处挨打。虽然普军最终凭着绝对的优势兵力和优势武器将法国国民军一步一步逼入美因兹，但是代价相当惨重，树林里横七竖八躺着的大多是裹着蓝红色军服的普军官兵。由此，克劳塞维茨对民众战争有了深刻的印象。

1806年，耶拿—奥尔斯泰特会战失败后，按照拿破仑规定的条约，普鲁士军队的人数不得超过42000人。沙恩霍斯特、格奈泽瑙等改革派领导人从西班牙民众战争中得到启示，积极探寻动员和组织民众武装的办法，力求重建普鲁士军队，这无疑为克劳塞维茨研究和创立民众战争理论提供了极好的机会。

在"军事改组委员会"中有"笔杆子"之称的克劳塞维茨主要负责撰写各种军事文章、草拟规章制度。1812年2月，告别普鲁士投身俄国战场前夕，他代表沙恩霍斯特、格奈泽瑙、博因等改革派领导人，执笔撰写了向普鲁士人民说明他们政治信念的《三个信条》。其中具体阐明了民众武装的任务、编成、实施办法等问题，尤其对民众战争的巨大作用予以了充分的肯定。

1813年，由俄国凯旋不久，克劳塞维茨结合俄国组织民众抗击拿破仑大军的成功经验，又起草了一份关于《民军和民兵组织要点》的计划，对后备军和民军等民众武装的编成及其进行战争的方式等问题作了详细的规定和说明。这份计划为沙恩霍斯特拟定《后备军组织法》和《民军组织条例》提供了蓝本。

上述客观条件和主观因素的结合，使克劳塞维茨在民众战争问题上形成了独到的见解。他注意到自从民众介入战争之后，军队的面貌和作战的方式方法都发生了深刻的变化。义务兵役制度、后备军制度、民军制度等突破传统的兵役制度，形成一种不可遏止的发展趋势；民众武装的散兵战术和纵队战术改变了正规军传统的横队战术，使战场作战的方式方法更为复杂多样。在撰写《战争论》时，他进一步从理论上分析了这一系列变化，对民众战争问题作了比较系统的论述。他指出："虽然战区内单个居民对战争的影响，在大多数场合像一滴水在整个河流中的作用那样，是微不足道的，但是，全国居民，即使在根本不是民众暴动的场合，对于战争的总的影响也绝不是无足轻重的。"民心和民意在国家力量、军事力量中都是一个重要因素。

民众战争是对战争过程的扩大和增强，采用民众战争可以大大增强自己的力量。一般说来，善于运用民众战争这一手段的国家比那些轻视民众战争的国家占有相对优势。民众武装和起义尽管在个别方面还有缺点和不完善，但总的说来是能起很大作用的，它"像暗中不断燃烧着的火焰一样破坏着敌军的根基"。基于这种认识，克劳塞维茨提出"民众武装是一种巨大的防御力量"的观点。换言之，如果说防御是一块盾牌，那么，这块盾牌主要是由民众武装的力量铸成的。

二、民众武装的任务及使用原则

克劳塞维茨同时也认识到，尽管民众武装这种巨大的防御力量具有其他力量无法代替的重要作用，但是这种力量的组织和发挥也是有一定条件的。因此，他提出了使用民众武装必须具备的五个基本条件：战争在本国腹地进行；战争的胜负不仅仅由一次失败决定；战区包括很大一部分国土；民族的性格有利于实行民众战争；国土上有山脉、森林、沼泽，或耕作地等，地形极其复杂，通行困难。具体说来，在本国腹地进行的战争通常是正义的卫国战争，易于动员民众参军参战；战争需要进行多次会战，则有利于组织民众武装；战争在广大战区进行，则便于民众武装到处打击敌人；具有坚韧、尚武精神的民族，更易于凝聚起民众巨大的反抗力量；至于复杂地形，则是发挥民众武装威力的最好战场，因为，"民族战争和民众武装等等……在极其复杂的地形上和在兵力十分分散的情况下，可以发挥其优越性。"

　　上述五个条件固然有利于实行民众战争，但不是绝对的。法国民众在巴黎的起义、西班牙民众在马德里的起义，都是在城市进行的，并没有复杂的地形，却仍然取得了胜利。其中，更重要的因素在于如何正确组织和实施民众战争。因此，克劳塞维茨在"民众武装"这一章中以大量篇幅阐述了民众武装的任务及其使用的原则。

　　第一，民众武装不宜正面对抗敌军的主力，只能从外部和边缘蚕食敌军。他指出："民军和武装的民众不能而且不应该用来对抗敌军的主力，甚至也不能用来对付较大的部队，它们不能用来粉碎敌军的核心，而只能从外部和边缘去蚕食敌人的军队。"这里所说的"外部"，主要指战区的两侧或敌后，即敌军主力尚未到达的地区，而且通常是山地、森林、沼泽等不便于敌军大部队行动的地区。在这些地区，反抗的烈火比较容易蔓延起来，形成燎原之势。这里所说的"蚕食"，主要指民众武装的任务主要是切断敌军的交通线，破坏敌军的补给基地，突袭敌军小股部队等。

第二，民众武装不宜凝结成反抗的核心，但必要时可相对集中。他认为："民众战争必须像云雾一样，在任何地方也不凝结成一个反抗的核心。否则，敌人就会用相应的兵力来打击这个核心，粉碎它，俘虏大批人员。"但是，另一方面，这种云雾还是有必要在某些地点凝结为较密的云层，形成一些将来能够发出强烈闪电的具有威胁力量的乌云。这些地点，主要是敌后或敌翼的山地、森林、沼泽、关隘等险要之地。在这些地点上，民众武装能够结合成更大的、有组织的整体，并配以少量正规军，这样，民众武装就会具有正规军的形式，敢于采取较大规模的军事行动。

第三，民众武装的作战应与正规军的作战结合起来。他认为，统帅要想使民众武装成为一种巨大的力量，最简便的方法是派一些正规军组成的小部队去支援他们。正规军的支援对民众武装往往会产生极大的鼓舞，提高他们的信心，从而使民众斗争的声势像雪崩那样越来越大。不过，支援民众武装的正规军数量也不可过多，否则，会减弱民众战争的力量和效果。其原因在于，大量集中的正规军会把过多的敌军吸引过来，或者使民众武装产生依赖性，此外还会大大消耗居民的物质力量。

第四，民众武装适于战略防御，但不适于战术防御。民众武装是一种巨大的防御力量，但同时又是一种未经严格训练的力量，这使它具有与正规军不同的特点。民众武装的特点，一是攻击非常猛烈而有力，但是不够沉着，难以持久；二是不怕被击败或击溃，但不能遭受伤亡惨重、大量被俘等致命打击。这两个特点同战术防御的性质完全不同。战术防御要求部队进行持久的、殊死的战斗。所以，民众武装不适于担任具体坚守某一地段的战术防御任务，而只适于以两种不同的方式纳入战略防御计划。一种是把民众武装作为会战失败后的最后补救手段，另一种是把民众武装作为决定性会战前的自然辅助手段。总之，要从战略全局通盘考虑民众武装的使用问题。

19世纪初期，新兴资产阶级与封建贵族阶级激烈斗争过程中，民众武装扮演了重要角色。民众战争风起云涌，声势浩大，以致不少新兴资产阶级的有识之士纷纷把目光投向民众战争，与克劳塞维茨并肩战斗的沙恩霍斯特、格奈泽瑙等都是民众战争的倡导者和组织者。因此，上述民众战争理论显然不完全是克劳塞维茨的个人创见，但可以肯定的是，其中大部分是他独立思考的产物，是他亲身经历的结晶。应当说，克劳塞维茨的民众战争理论不仅在当时集各家之大成，而且为后世的民众战争理论奠定了坚实的基础。

但是，我们同时也应该看到，由于阶级的局限，克劳塞维茨的某些观点也有着明显的缺陷。最为明显的是，他指出了一些人把民众战争看作一把"双刃剑"的看法，即民众战争"这种状态对国外的敌人固然危险，但对国内的社会秩序同样是危险的"。但是，他并没有对此予以批判和否定，而是讳莫如深地说要把这个问题"留给哲学家去解决"。这种暧昧的态度至少说明，他并不反对把民众战争视为"双刃剑"。而且，他"仅仅把民众战争看作是一种斗争手段，也就是只从用它对付敌人的角度来考察它"。这种观点实际上与"双刃剑"之说并无两样。按照这一观点，民众武装仅仅是一种手段，只能在外部力量威胁资产阶级国家利益时使用，至于民众本身的利益则是无足轻重的。这就赤裸裸地暴露出资产阶级欺骗和利用民众武装为本阶级利益服务的虚伪本质。由此可见，克劳塞维茨的民众战争论与马克思主义建立在以人民利益为根本出发点这一基础之上的人民战争理论有着本质区别。

第十九章 以力制胜的战略进攻论

相对来说，东方重谋，西方重力。进攻，是西方军事家们比较偏爱的一种作战形式。古罗马的恺撒、法国的拿破仑，都是以迅速而猛烈的进攻称霸欧洲的。相比较而言，战争实践为军事理论家研究进攻理论提供了更为深厚的基础和更为广阔的领域，因此，西方的进攻理论比防御理论成熟早，而且内容更为丰富。克劳塞维茨虽然说过防御比进攻强，进攻比防御弱，但这只是就二者的客观特性比较而言的。实际上，他在重视防御理论的同时，对进攻理论同样进行了系统的深入研究。这使得他能够在总结前人和当代作战经验、理论观点的基础上提出一系列新的论断，形成独树一帜的战略进攻理论。

一、把尽量多的军队投入战场

集中兵力，是古今中外军事家的一条千年古训。最先提出这条原则的当首推中国的军事家孙子。他早在春秋时期就以夸张的手法指出："胜兵若以镒称铢，败兵若以铢称镒。""形人而我无形，则我专而敌分；我专为一，敌分为十，是以十攻其一也，则我众而敌寡；能以众击寡者，则吾之所与战者，约矣。"这里所说的"以镒称铢""以十攻其一"，核心都是要求谋取兵力上的绝对优势。此后，无论是东方还是西方都不断有人对这一原则发表高见。

两千多年后，法国的拿破仑之所以享有"战神"之称，最重要的原因就在于他运用集中兵力的原则达到了出神入化的程度。拿破仑有一个信条——"多兵之旅必获胜"。基于这一信条，他认为："战争中的第一原则，就是要求所有的部队在战场上集中好了之后才进行会战""军队必须集结，而且必须把最大可能的兵力集中在战场之上"。在与反法联盟长达20多年的作战中，他多次利用这一原则灵活运用军队，在总兵力处于劣势的情况下，巧妙地形成战场上的局部优势，从而大约赢得了30多次会战的胜利。

克劳塞维茨总结拿破仑的作战经验时说："拿破仑这位现代最伟大的统帅，除了1813年的德累斯顿会战以外，在历次胜利的主力会战中，总是巧妙地集中了优势兵力，或者至少集中的兵力不比敌人少很多。"从拿破仑的作战经验中，克劳塞维茨深刻认识到集中兵力在作战中的重要性和必要性，从而得出结论说："数量上的优势不论在战术上还是在战略上都是最普遍的致胜因素。"

克劳塞维茨同时又指出，随着战争实践的发展，各国军队规模、武器装备、战略战术都相差无几的情况下，兵力的优势就是决定一次战斗结果的最重要的因素。然而，在现代战争条件下，所谓集中兵力，既不可能做到"以镒称铢"，也不可能做到"以十攻其一"，甚至连一倍都很难做到。在这种情况下，只要拥有比敌方多一倍优势的兵力就有了胜利的把握。换言之，即使最有才能的统帅也很难战胜拥有一倍优势兵力的敌军。拿破仑的几次失败就很能说明问题。在莱比锡会战中以16万人对联军28万人，在布里昂会战中以4万人对13万人，在郎城会战中以5人万对12万人，在滑铁卢会战中以13万人对22万人，结果都失败了。这些会战中，联军的兵力优势多则三倍，少则不足一倍。由此，克劳塞维茨告诫人们，在双方都竭力谋求优势兵力的现代战争中，战略上"首要的规则应该是把尽量多的军队投入战场"。

二、在决定性地点上造成相对的优势

"把尽量多的军队投入战场"，说起来简单，做起来却要讲究艺术。克劳塞维茨的艺术是："即使不能取得绝对优势，也要巧妙地使用军队，以便在决定性地点上造成相对的优势。""最好的战略是首先在总兵力方面，然后在决定性的地点上始终保持十分强大的力量。"他将之概括为"空间上的兵力集中"和"时间上的兵力集中"。

所谓空间上的兵力集中，就是在主要方向和决定性的地点上，巧妙地集中尽可能多的优势兵力。具体来说，就是："力求用巨大优势的兵力攻击敌人阵地的一点，即敌军的一部分（一个师，一个军），同时使敌军的其余部分也处于不安定的状态（即牵制它们）。在兵力相等或较少的情况下，只有这样我们才能在战斗中占有优势，即有获胜的可能性。如果兵力很少，那么只能用很少的兵力在其他地点牵制敌人，以便在决定性地点集中尽可能多的兵力。""即使兵力很大，也只能选择一点作为主要攻击目标，而且只有这样才能在这一点上集中更多的兵力。"

克劳塞维茨认为，在这个问题上最忌讳的是平分兵力。因此，他要求指挥官必须具有为了主要目标不惜牺牲次要利益的决心。也就是说，为了在主要的地点上尽可能多地集中兵力，必须宁肯在其他地点上忍受损失。只有在次要的地点做某些必要的牺牲，才能保证在主要的地点上更有把握地获得胜利。至于攻击地点的选择问题，要注意具体情况具体分析。一般说来，两翼、侧面、背后和中央等处在特定情况下都可能被选作攻击地点。其中，两翼便于夹击敌人；侧面便于出敌不意，直趋敌腋下；背后同侧面具有相同的作用，更便于断敌后路；中央便于点敌要穴，瓦解敌军。

所谓时间上的兵力集中，就是在关键的、有决定意义的时机，同时集中使用全部兵力。在克劳塞维茨看来，这一原则主要适用于战略，并不完全适用于战术。因为，相比之下，战略上比战术上更为强调初战必胜。战术上的初战往往不一定是双方主力交战，其结果也不一定能够最终决定一切战斗，因此必须逐次使用兵力，以对付敌军的主力或预备队。而战略上的初战往往是双方主力的全面较量，一旦初战获胜，则获胜的概率大大提升，因而一开始就必须赢得战场优势。由此，克劳塞维茨得出结论说："在战略上使用的兵力越多越好，因此，必须同时使用现有一切可以使用的兵力。""一切用于某一战略目的的现有兵力应该同时使用，而且越是把一切兵力集中用于一次行动和一个时刻就越好。"

当然，克劳塞维茨并不是一个不顾一切的拼命三郎。他强调集中兵力，但同时也指出兵力并非越多越好，超过作战的客观需要就会造成浪费。而且，他还提醒人们："根据情况不确实的程度保留一定兵力以备以后使用，也是战略指挥上的重要条件。"

拿破仑曾经总结自己的作战经验时说过："军事艺术的秘密在于，在必要的地方和必要的时间，使自己的军力超过敌人。"

显而易见，克劳塞维茨有关"空间上的兵力集中"和"时间上的兵力集中"的论述，进一步发展了拿破仑的思想，使之更加具体化、更加理论化。

三、应该永远打击敌人的重心

如果说，克劳塞维茨有关集中兵力的论述不过是对千年古训的系统总结，那么，打击重心的观点则是他独特的理论创造。克劳塞维茨认为，集中兵力只是战略手段，打击敌人的重心才是真正的战略目的。

重心本是力学概念，克劳塞维茨将之创造性地运用于作战理论分析，体现出其独特的军事理论创新。他认为，物体的重心总是位于质量聚集最多的地方，指向物体重心的打击是最有效的，而最强烈的打击又总是由力量的重心发出的，那么，在战争中情况也是如此。作战的任何一方（不论是一个单独的国家，还是几个国家的联盟）的军队都会有一定程度的统一，通过这种统一，军队就有了相互联系；而有相互联系的地方，就存在着同重心相类似的东西。因此，军队中也有重心，这种重心的运动和方向对其他各点起着决定性的作用，这种重心就是军队集中最多的地方。由此可知，所谓重心，就是指敌人力量的核心、要害、关键部位。

重心是多种多样的，并非仅仅指军队。不同的情况或不同的敌人往往会有不同的重心。在一般情况下，除军队之外，重心还可能是首都、同盟之间的共同利益、主要领导人和民众的情绪。克劳塞维茨举例说：亚历山大、古斯达夫·阿道夫、查理十二和腓特烈大帝，他们的重心是他们的军队，假如他们的军队被粉碎了，那么他们也就完了。那些被国内的派别弄得四分五裂的国家，它们的重心大多是首都。那些依赖强国的小国，它们的重心是同盟国的军队。在同盟中，重心是共同的利益。在民众武装中，重心是主要领导人和民众的情绪。

作为战略指挥员，不仅要善于识别敌人的重心，而且更要善于集中兵力予敌致命一击。克劳塞维茨认为，以彻底打垮敌人为目标的作战，所有力量的集中打击都必须指向敌人整体所依赖的重心。"以优势的兵力平平稳稳地占领敌人的一个地区，只求比较可靠地占领这个小地区而不去争取巨大的成果，是不能打垮敌人的，只有不断寻找敌人力量的核心，向它投入全部力量，以求获得全胜，才能真正打垮敌人。"尤其要注意的是，如果敌人由于重心受到打击而失去平衡，那么，胜利者就不应该让敌人有时间重新恢复平衡，而应该一直沿着这个方向继续打击。换句话说，应该永远打击敌人的重心，绝不予敌以喘息之机。

为了有把握地打敌重心，克劳塞维茨强调应遵循三条原则。第一，必须首先消灭敌人的军队。也就是说，"不管我们要打击的敌人的重心是什么，战胜和粉碎敌人军队始终都是最可靠的第一步，并且在任何情况下都是极为重要的"。第二，要集中兵力打敌重中之重。也就是说，要"尽可能集中行动"。"把敌人的力量归结为尽可能少的几个重心，如果可能，归结为一个重心；同时，把对这些重心的打击归结为尽可能少的几次主要行动，如果可能，归结为一次主要行动；最后，把所有的次要行动尽可能保持在从属的地位上。"第三，要尽可能迅速地行动。也就是说，没有充分理由就不要停顿，不要走弯路，力争速战速决。

作为研究拿破仑战争的专家，克劳塞维茨的这些原则大体都来自拿破仑的成功经验或失败教训。拿破仑先后七次率领法军与反法联军作战，赢得了前五次作战的胜利。克劳塞维茨总结拿破仑的作战经验时说：拿破仑虽然要同那么多的敌人作战，可是对他来说这些敌人几乎都在同一个方向上，而且敌人军队的战区之间有密切的联系和强烈的相互影响。拿破仑的高明之处就在于，他总是善于准确地抓住联军的重心，并集中使用主要兵力打击作为联军重心的主力部队，因而也就同时决定了其他各部分敌军的命运。奥斯特里茨会战中，就是因为拿破仑一举打垮了联军的主力部队，使第三次反法联盟迅速瓦解。

当然，拿破仑的几次失败，也正是由于没有按预期计划打垮敌人的重心。如1812年进攻俄国时，虽然法军占领了莫斯科，但因兵力不足和战略误判，未能歼灭俄军主力，最终导致失败。在1815年的滑铁卢会战中，他试图以英普联军为打击重点，而且作战中也确实击败了英普两军，但由于后续部队行动不迅速，追击不得力，使英普两军得以逃脱，最后竟然成了他的掘墓人。

四、不能超越进攻的顶点

"进攻的顶点"之说，也是克劳塞维茨"发前人之所未发，道前人之所未道"的一个新概念。

克劳塞维茨通过研究大量战争现象认识到一条规律，那就是："胜利者不是在每次战争中都能彻底打垮敌人的。胜利常常而且在大多数情况下都有一个顶点。"所谓"顶点"，指的是适时停止进攻的时刻。也就是说，"大多数战略进攻只能进行到它的力量还足以进行防御以等待媾和的那个时刻为止。超过这一时刻就会发生剧变，就会遭到还击，这种还击的力量通常比进攻者的进攻力量大得多"。

进攻的顶点不是人为设定的，而是一种客观存在。因为，军事行动过程中通常涌动着相反的"两股洪流"。一股由不断增强自己作战力量的因素组成。诸如敌军遭到比我方更大的人员损失和物质损失；敌人开始丧失土地和补充新的作战力量；敌人丧失了内部联系和继续作战的勇气；敌人的同盟开始分化瓦解等。另一股由不断削弱自己作战力量的因素组成。诸如我方被迫分兵围攻、封锁或监视敌人的要塞；敌国各地燃起反抗的烈火；我方日益远离自己的补充基地，因而不能及时补充已经消耗的力量；敌国反抗程度逐步上升，而且引起其他强国介入等。

不难想象，在这两股洪流的相互作用过程中，必然会出现一个谁优谁劣的转折点。也就是说，进攻者的优势不会无限地增强，而是在增强的同时必然受到种种因素的削弱，并且随着作战时间的推移，这种削弱必然会越来越大，以致进攻者可能丧失原有的优势。那么，高明的军事统帅必须善于认识和把握这个转折的时机，采取相应的对策。否则，超过顶点的努力不仅是力量的无效发挥，不再能带来任何积极的成果，而且是力量的有害的发挥，会引起敌人的还击，这种在进攻者衰弱之际的还击往往会产生非常大的效果。因此，克劳塞维茨认为，顶点问题对于进攻作战十分重要，所以，进攻者在战前拟制战争计划或战局方案的时候就要对此心中有数，并以此为确定战争全局的依据。

相比而言，制定作战计划时预期进攻顶点比作战进程中准确掌握进攻的顶点要容易得多。战争是人类最复杂的活动之一。在作战中，比较双方力量时要考虑很多因素，因而在很多场合要确定交战双方究竟谁占有优势是相当困难的。此外，由于敌军实施战术欺骗、部队因轻敌冒进而盲目推进、指挥官未能及时研判战场态势变化等原因，部队在机动过程中往往会产生持续突进的无意识惯性，最终超出作战行动应有的合理限度。那么，究竟应该怎样掌握顶点呢？

克劳塞维茨提出了一个标准，即进攻者的力量还不足以进行进攻，而防御者的反攻力量尚未形成。一般来说，在这种时刻，进攻者就应该立即停止进攻，并转入防御。这就要求进攻一方的统帅要时刻保持清醒的头脑和坚强的意志。一方面，指挥者要勇于集中兵力打敌重心，与敌在决定性的地点和决定性的时间进行决战；另一方面，指挥者又要注意量力而行，适可而止，不要被表面的现象所迷惑，不要因胜利而冲昏头脑，要全面考虑时刻都在不断变化的各种情况，及时定下停止进攻的决心，即中国兵法上所说的"见可而止"。

正确掌握进攻顶点不仅仅是进攻者的事情，防御者也应该善于判断进攻一方的顶点。当进攻者尚未达到进攻顶点时，要想办法引诱其超过顶点，一旦进攻者超越顶点，防御者就应迅速转入反攻。1812年俄国抗击法国入侵客观上做到了这一点。拿破仑曾计划三年征服俄国，第一年占领斯摩棱斯克，第二年占领莫斯科，第三年占领彼得堡及全境。可是，俄军在斯摩棱斯克组织的防御会战吊起了拿破仑尽早决战的胃口，使其一步步深入俄国广袤的原野，一步步接近以至超过了进攻的顶点。由此可见，正确掌握进攻的顶点何其重要。克劳塞维茨在战争实践中发现并提出了"进攻顶点"之说，不失为世界军事思想发展史上的一大贡献。

总之，克劳塞维茨的战略进攻思想是对拿破仑战争经验的全面总结，其中蕴含着不少新颖独到的见解，在某些方面揭示了进攻作战的一般规律。但是，他的一些见解显然是片面的、不完善的。例如，他过分强调集中兵力而忽略了分散兵力的作用，不如孙子的"分合为变"之说那么辩证。再如，打击重心的问题主要散见于第六篇和第八篇之中，以致他虽然提出了重心问题，但论述尚嫌不够清晰、不够系统。

第二十章　基于政治的有限目标论

在西方军事思想发展史上，最先提出战争有限性问题的当属克劳塞维茨。尽管他在这方面的认识还不够清晰、不够完善，但他对战争有限性的历史分析，以及对确定战争有限目标的原则与方法的探索，都具有重要价值。这些研究为人们限制战争，或者说更巧妙地运用战争为政治服务，开辟了新思路。20世纪50年代末美军提出的"有限战争理论"是核恐怖平衡出现后的产物，其理论渊源却应当上溯到19世纪初期克劳塞维茨的"有限目标论"。

一、绝对战争与现实战争的区别

苏联军事理论家米尔施泰因等人在《论资产阶级军事科学》一书中对西方的有限战争理论进行了专题分析，深刻揭示了美国及其他西方国家热衷于鼓吹有限战争理论的原因，许多观点鞭辟入里，见解深刻。然而，该书对有限战争理论思想渊源的分析却显得较为局限。该书作者认为，尽管有限战争的历史形态早已存在，但在资产阶级军事科学发展史上，从未有军事家明确提出需要建立专门的理论来指导这种战争。以往的理论都认为，无论是小战还是大战，或者说无论是局部战争还是世界大战，都是用同样的兵力兵器、基本上按同一规律进行的。翻开《战争论》第1卷和第3卷，人们不难发现，早在一百多年前，克劳塞维茨就已经发现了现实战争的有限性，并区分了绝对战争和现实战争的不同特点，明确提出了确定战争的"有限目标"问题。所以，讲有限战争理论的思想渊源问题，仅从今人的思想言论中寻找而完全忽视克劳塞维茨的理论贡献，显然是较为局限的。

克劳塞维茨曾指出，从理论上来说，战争如果任其暴烈性自然发展，必然导致绝对形态，然而，从实际上来看，由于各种因素的制约，现实中的战争往往难以趋向极端，而是表现为一种目的有限、暴力有限的有限形态。撰写《战争论》第八篇时，他再次对此展开论述，并着重以战争史为依据，分析了绝对战争与现实战争的不同特点。不同的是，在这里他并没有把绝对战争当作"纸上的战争"，而是认为拿破仑战争已经具有绝对战争的性质，并将之与以往的战争相比较，由此区分出绝对战争与现实战争的不同特点。

克劳塞维茨认为，事实上有史以来的战争很少是按逻辑上必然的样式进行的。"在大多数情况下，最大限度地使用力量这个意图往往会因自己内在关系的牵制而不能实现。于是进行战争的人又回到折衷的道路上来，在行动时就或多或少遵循这样的原则，那就是只使用为达到政治目的所必需的力量和确定为达到政治目的所必需的目标。"正是因为这种原因，18世纪以前欧洲的战争史上基本上没有出现过绝对战争，几乎都是目的有限的战争。

中世纪以前，各国版图都很小，军队的规模也很小，这使他们不能采取大规模作战行动。因此，各国的战争只限于劫掠平原和占领少数城市，目的是在这些地方能保持一定的势力。

中世纪时期，大大小小的君主国用封建的军队进行战争，一切行动都只能是短暂的。凡是不能在这个短时期内完成的事情，就只得看作是无法实现的事情。这个时期的战争进行得比较迅速，军队很少在战场上停留，战争目的大多只是惩罚敌人，而不是打垮敌人，只是掠夺敌人的牲畜，烧毁敌人的城堡。

中世纪之后，各国都已变成了内部关系十分简单的君主国，战争越来越成为国家政府之间的行动。由于军队是靠国家供养的，受国家经济条件限制，各国政府所能使用的手段就有了不同程度的限度，也就是说使用手段的规模和持续时间都有了一定的限度，而且这种限度是作战双方彼此都能估计出来的。人们大体上可以知道敌国有多少金钱、财富和信用贷款，也可以知道敌国有多少军队。只要摸清了敌人的最大力量，就能在确保自身不被完全摧毁的前提下，掌握相当的胜算；意识到自己力量有限，就会选择适当的目标。既然不致遭到极端的打击，自己也就没有必要去追求极端了。这样，"战争就其意义来说只是一种比较强硬的外交，是一种比较有力的谋求谈判的方式，在这里会战和围攻是重要的外交文书。即使是荣誉心最强烈的人，他的目标也不过是谋取适当的利益，以便缔结和约时作为资本"。

然而，从1793年开始出现了一种人们没有预料到的情况，那就是战争突然成为人民的事情。"由于人民参加了战争，于是，不是政府和军队，而是全体人民以其固有的力量来决定问题了。这时，所能使用的手段和所能作出的努力已经没有一定的界限了，用来进行战争的力量再也遇不到任何阻力了，因此，对敌人来说危险也是最大的。"尤其是当法国大革命的成果转入拿破仑的手中以后，在他的指挥下，战争毫不停顿地进行着，最大限度地投入兵力，他的那支由民众组织起来的军队信心百倍地踏遍欧洲，粉碎了一切抵抗。当然，反抗的力量也随之迅速形成。"自从拿破仑出现以后，战争首先在作战的一方，尔后又在另一方变成全体人民的事情，于是战争获得了完全不同的性质，或者更正确地说，战争已十分接近其真正的性质，接近其绝对完善的形态。"显而易见，在克劳塞维茨看来，拿破仑战争就是典型的绝对战争。

通过上述比较，人们可以看出绝对战争与现实战争至少在两个方面有明显的区别。首先，二者战争目的的大小和使用力量的多少有所不同。绝对战争以打垮敌人为最终目的，为此不惜尽可能使用力量；现实战争的目的大多限制在掠夺某个地区，或为政治谈判增加筹码，因而只使用有限的力量。其次，二者的作战对象和作战规模有所不同。绝对战争是双方民众都参加的战争，也是地区无限扩大的战争；现实战争则是双方政府和军队之间进行的战争，是局限在某一地区进行的战争。虽然克劳塞维茨对二者的区别分析得还不够清晰，但他在战争有限性问题上的分析对后人有一定的启发作用。

核恐怖平衡出现后，美国的一位政论家曾宣称：有限战争使得我们有可能避免在退却和全面原子大屠杀之间作选择。此外，这种战争能使我们免遭大战必然带来的革命震荡和其他震荡，以及使军事目的和政治目的取得比以往更加完全的一致。稍加分析的话，便不难看出他的这些观点与克劳塞维茨关于绝对战争是全民的战争、现实战争不过是一场政治游戏等论述基本上是一脉相承的。

二、根据政治目的确定战争目标

从表面上看来，战争似乎是一种非常简单的活动，许多伟大的统帅往往都用最简单、最朴实的言辞谈论它，而且有时他们仅仅发出几道命令就决定了战争的胜负。然而，事实上战争是人类最复杂的活动之一。战争指导者为了赢得战争胜利，必须考虑多方面的关系和利益，然后才能从中形成适当的战略战术。拿破仑曾经称这一过程为"连牛顿那样的人也会被吓退的代数难题"。在克劳塞维茨看来，解决这道难题必须从制订战争计划入手。

所谓战争计划，是指为整个军事行动规定一个适应战争目的的目标。克劳塞维茨认为，战争计划是指导战争的一个极其重要的问题。他说："战争计划总括整个军事行动，并使它成为具有一个最终目的（一切特殊目的都归结在最终目的之中）的统一行动。人们如果不知道用战争要达到什么以及在战争中要达到什么（前者是目的，后者是目标），那么就不能开始战争，或者就不应该开始战争。这个主要思想规定了作战的一切方针，确定了使用手段的范围和所用力量的大小，而且一直影响到军事行动的最小环节。"由此可知，制订战争计划的关键在于确定战争目的。

战争的目的，就其概念来说，永远应该是打垮敌人。因为，战争是两股活的力量的对抗，军队是战争的主体，仅仅占领敌国领土而不消灭其军队是难以取得胜利的。拿破仑1808年占领了西班牙全境，因为无法扑灭西班牙民众武装的烈火而不得不撤军。1812年他虽然占领了莫斯科，由于没有消灭俄军主力，最后遭到了致命的还击。因此，只有战胜和粉碎敌人的军队才能最终解决战争的根本问题。毫无疑问，消灭敌人军队通常是战争计划中的主要目的。然而，消灭敌人军队大多是在有物质和精神优势的情况才能实现的战争目的。在不具备这些优势的情况下，军事行动往往是以夺取敌国的一部分国土，或保卫本国的国土这两种有限目标而展开的。那么，制订战争计划也应当着眼于这些有限目标。

究竟是以打垮敌人为绝对目标，还是以占领或保卫一部分国土为有限目标，这一切都取决于政治。如前所述，"战争无非是政治通过另一种手段的继续"，这也是克劳塞维茨对战争的根本认识。在阐明制定战争计划的依据时，克劳塞维茨再次强调了战争对政治的从属性。他认为，战争是由政府与政府、人民与人民之间的政治交往引起的，政治是决定战争主要方向的因素，战争的轮廓始终是由政府决定的，政治能正确地判断战争事件的进程，所以绝不能离开政治交往来考虑战争。因此，"政治目的的性质、我方或敌方的要求的大小和我方的整个政治状况事实上对战争起着最有决定性的影响。""政治因素对制订整个战争计划和战局计划，甚至往往对制订会战计划，都是有决定性影响的。""如果对政治关系没有透彻的了解，是不可能制订出战争所需要的主要计划来的。"

克劳塞维茨所说的政治，既是整个社会一切利益的集中体现，也指国家之间的外交关系。那么，制订战争计划时所要考虑的政治应当是多方面的，诸如综合国力、外交关系、政府状态、民众情绪等，均应在考虑范围之内。正如克劳塞维茨所指出的那样："为了明确进行战争要使用多少手段，必须考虑敌我双方的政治目的；必须考虑敌国和我国的力量和各种关系；必须考虑敌国政府和人民的特性，它们的能力，以及我方在这些方面的情况；还必须考虑其他国家的政治结合关系和战争可能对它们发生的影响。"只有通过对各种战略关系的全面研判，才能准确判断即将爆发的战争形态、可行的战争目标以及必要的作战手段。

　　克劳塞维茨认为，在各国力量处于均势的情况下，战争的政治目的必然是有限的，谁也没有把握完全打垮对方，因此战争主要表现为有限目标的战争。那么，制订战争计划时应当着重根据有限的政治目的确定有限的战争目标，以指导"有限目标的进攻战"或"有限目标的防御战"。一般来说，进攻作战可以占领敌国一部分国土为目标。实现这种目标，"可以削弱敌人的国家力量，从而也削弱它的军队，另一方面则可以增强我们的国家力量和军队；可以把我们进行战争的负担部分地转嫁给敌人；此外，在签订和约时可以把占领的地区看作是一种纯利，我们或者可以占有这些地区，或者可以用它换到别的利益"。简单地说，进攻作战的目的就是要为将来的政治谈判获取一些筹码。

　　防御作战中，防御的一方如果不能通过有效的打击来疲惫敌人进而迫使其媾和时，有两条道路可以选择。一是尽可能长期地占有并完整地保持自己的国土，以赢得转化强弱对比的时间，同时不妨采取一些小规模的进攻行动，如牵制性进攻、进攻个别要塞等。二是无法完整保持自己的国土时可以向本国腹地退却。最大胆的、成功时效果最大的圈套是向本国腹地退却，在退却中不断削弱敌人，壮大自己。

　　总之，从克劳塞维茨的表述中不难看出，无论是有限目标的进攻，还是有限目标的防御，都是直接为政治服务的，不仅力量投入有限，而且作战规模也有限。

　　应当指出，虽然克劳塞维茨最早认识到战争的有限性，并提出了制订战争有限目标的主张，但由于过度拘泥于自身的理论体系，他不仅未能深入把握战争有限性的本质，还衍生出若干自相矛盾的观点。他一方面声称绝对战争只是纸上的战争，现实战争都是暴力的自然发展趋势受到"修正"的有限战争；另一方面又认为拿破仑战争就是绝对战争，有限目标的进攻战和防御战只是在势均力敌或敌强己弱时的一种选择。甚至他认为绝对战争就是民众参战的全民战争，有限战争则是单纯政府或军队之间的一种理智行为。这种混淆不清的表述削弱有了他的思想光华，严重地影响了人们对其思想真谛的把握，以致人们探寻现代有限战争理论的源头时几乎没有人想到《战争论》，这是令人十分遗憾的。尽管有这样或那样的不足，我们还是应当充分肯定克劳塞维茨在战争有限性方面的理论贡献。

第二十一章 重视智力的军事天才论

"战略五要素"中,排在第一位的是精神要素,而精神要素中的第一位又是统帅的才能,足见在克劳塞维茨的心目中,统帅的才能在战略问题乃至整个战争问题上都堪称"重中之重"。克劳塞维茨在《战争论》中,专列一章来论述"军事天才"问题,从军事心理角度对统帅的品性和才能作了多方面的分析,其中不少观点深受后人称道。美国现代军事评论家罗斯费尔斯赞誉道:克劳塞维茨在他的全部著作中,对于精神和心理因素都是估价极高的。可以说这是他对军事思想的最大贡献。他对主将和普通将领所应有的素质都分别作了详细的分析,这是非常有意义的。

一、军事天才是各种精神力量铸就的"合金"

所谓"军事天才",按照克劳塞维茨的观点,既指擅长军事活动的高超的精神力量,又指具有这种精神力量的军事将领。军事天才并不是天生的,而是在长期军事活动中逐渐形成的各种精神力量结合的产物,犹如多元素熔合而成的"合金",各种精神力量在军事天才身上相辅相成,从而使之具有非凡的才能。所谓各种精神力量,其实概括起来不外乎智力和感情两大类。

从智力上来说,克劳塞维茨认为,军事天才必须具有卓越的智力。因为，在各种精神力量的结合或综合表现中，"智力到处都是一种起主要作用的力量，因此很明显，不管军事行动从现象上看多么简单，并不怎么复杂，但是不具备卓越智力的人，在军事行动中是不可能取得卓越成就的"。换言之，智力是各种精神力量的核心。

首先，智力是引导人们克服战争气氛"四个要素"的主要精神力量。在一般人看来，战争中的一切似乎都很简单。克劳塞维茨却认为，在这个看似简单的领域里，就连最简单的事情要得以实施也是极为困难的。因为战争是一个非常特殊的领域，在这个领域中，危险、劳累、偶然性和不确实性是构成战争气氛的四个要素，军事将领要想在这种困难重重的气氛中寻求道路，掌握方向，确有把握地顺利前进，首先必须有智力的引导。

战争是充满危险的领域，要克服各种险境，固然需要勇气，但这种勇气必须与智力结合起来，形成有智之勇，而非匹夫之勇；战争是充满劳累的领域，要想不被劳累所压倒，就需要有一定的体力和精神力量，而具备这种素质的人，必须要有健全的智力引导；战争是充满不确实性的领域，要想在云雾一样错综复杂的战场情况中辨明真相，首先要有敏锐的智力；战争是充满偶然性的领域，要想不断地灵活处理各种意外事件，就必须具有"在这种茫茫的黑暗中仍能发出内在的微光以照亮真理的智力"。正因为智力在战争气氛中不可或缺，所以智力水平的高低决定着军事将领指挥能力的优劣。克劳塞维茨说得好："平庸的智力碰巧也能辨明真相，非凡的勇气有时也能弥补失算，但在大多数情况下或就平均的结果来看，智力不足总是会暴露出来的。"

其次，智力是军事将领"眼力"的基础。所谓"眼力"，在军事上最初用来表示目测的能力，克劳塞维茨则将其借喻为洞察力、判断力和决策力。这些能力都是智力的发挥和运用，智力是它们的共同基础。克劳塞维茨认为，具有眼力的人"能迅速抓住和澄清千百个模糊不清的概念，而智力一般的人要费很大力气，甚至要耗尽心血才能弄清这些概念"。由于锐利的眼力能使人准确预见事情的利弊、迅速判明情况的真假，因而往往容易使人产生果断而机智的精神力量。所以克劳塞维茨指出："只有通过智力的这样一种活动，即认识到冒险的必要而决心去冒险，才能产生果断。"机智"是敏捷的智力活动的结果"。

最后，智力必须随着职位的提升而得到相应的提高。人们通常认为，只有在最高职位上的统帅才有非凡的智力活动，而以下的各级人员只要具有一般的智力就够了。克劳塞维茨认为，这是一种误解。非凡的智力活动并非只限于最高统帅，"在战争中每一级指挥官都必须具备相应的智力，享有相应的声誉"。或者说，"无论职位高低，只有具备一定的天才，才能在战争中取得卓越的成就"。从这个意义上说，即使一个职位最低的指挥官想取得卓越的成就，也必须具有卓越的智力，而且这种智力必须随职位的提高而提高。克劳塞维茨注意到，有些人在较低的职位上表现得很突出，可是一旦将他们提升到他们的智力与之不相称的较高职位时，他们就会丧失活动能力。其原因就在于，这些人的智力没有随着职位的提升而得到相应的提高，而只是简单地把他们在职位较低时获得的声誉带到了较高的职位上，但实际上他们在这里并不配享受这种声誉。

在"军事天才"这一章的末尾，克劳塞维茨以设问的形式概括说，如果要问具有哪种智力的人最适合称作军事天才，那么，就可以认为，"这种人与其说是有创造精神的人，不如说是有钻研精神的人，与其说是单方面发展的人，不如说是全面发展的人，与其说是容易激动的人，不如说是头脑冷静的人，在战争中我们愿意把子弟的生命以及祖国的荣誉和安全委托给这种人"。

从感情上来说，克劳塞维茨认为在任何一项专门活动中，一个人要想达到相当高的造诣，除了要有高超的智力外，在感情方面也要有特殊的禀赋。如果这些禀赋很高，并能通过非凡的成就表现出来，那么就可称其为天才。

在各种感情因素中，克劳塞维茨最为重视的是勇气。他认为，战争是充满危险的领域，因此勇气是军人应该具备的首要品质。他把勇气区分为两种：一种是敢于冒生命危险的勇气，或称敢于冒肉体危险的勇气；一种是在危急情况下敢于负责的勇气，或称敢于面对精神危险的勇气。

敢于冒生命危险的勇气通常表现为顽强和大胆两种形态。顽强，表现为对危险满不在乎，这种人大多是天性或习惯养成的，在任何情况下都敢于前进，因而是一种恒态的勇气。大胆，表现为对危险充满斗志，主要来源于一个人的荣誉心、爱国心或其他各种激情，斗志的高低取决于激情的强弱，因而是一种动态的勇气。前者能使人判断更为冷静，意志更为顽强；后者往往具有更大的激励作用，能使人更加敢做敢为。只有将"两者结合起来，才能成为最完善的勇气"。

敢于在危险情况下负责的勇气是一种理智的勇气，故又称有智之勇。这种勇气通常表现为果断。它是智力的一种特殊活动的产物。克劳塞维茨认为，较高的理解力和必要的感情的简单结合，往往还不能产生果断。有些人虽然有极其敏锐的洞察力，也不缺乏承受重担的勇气，但是在许多困难的场合却不能当机立断。这是因为他们的勇气和他们理解力各自独立，互不相干，因此不能产生敢于决断的勇气。只有在认识到冒险的必要性并决心去冒险这样一种特殊的智力活动中，才能产生这种勇气。由认识冒险的必要性到决心去冒险，这中间起着至关重要作用的就是智力，一般来说智力较差的人不可能是果断的人。这就是为什么一些人在职位较低时曾表现得非常勇敢，而当其职位提高时却常常表现为犹豫不决的原因。

相比较而言，敢于冒险的勇气和敢于决断的勇气作用范围并不完全相同。前者在小单位中是主要的，因为单位越小，个人的危险就越大，因而越需个人的勇气。后者则主要在大单位中发挥作用，因为单位越大，所涉及的问题越多，因而越需要高超的智慧。

重点论述"勇气"之后，克劳塞维茨还分别论述了机智、干劲、坚强、顽强、刚强和坚定等感情因素的特点和要求。机智，是指及时而敏捷地提出救急办法的能力。干劲，是指引起某种行为的动力的强度。坚强，是指意志对猛烈打击的抵抗力。顽强，是指意志对持续打击的抵抗力。刚强，是指在最激动或热情奔放的时候也能够听从智力支配的一种能力。坚定，是指能坚持自己的信念。克劳塞维茨强调，军事天才必须尽可能兼有这些感情因素，只有智力和各种感情因素有机结合在一起才能产生宝贵的"合金"。

二、卓越的军事统帅必须是杰出的政治家

克劳塞维茨认为，天才不过是一种特殊才能的美称，无论什么人，只要具备了这种才能就可以称为天才。因此，军事天

才原本并没有职位高低之分，无论职位高低，只要具备了一定的才能，就能在战争中取得卓越的成就。但是，在世人的习惯看法中，似乎只有那些在最高职位上的人才是天才，只有那些威名赫赫的人才能戴上天才的桂冠。这是流传久远，已经约定成俗的观点。尽管不甚公允，但也有其道理。那就是这种职位要求具备更高的精神力量，尤其是要求具备更加深邃的政治远见。克劳塞维茨指出："要使整个战争或者我们称之为战局的战争中的大规模军事行动达到光辉的目标，就必须对较高的国家关系有远大的见解，在这里军事和政治就合而为一，统帅同时也就成为政治家。"因此，卓越的统帅必须尽可能成为杰出的政治家。

凡事皆有度。克劳塞维茨辩证地指出："统帅要成为政治家，但他仍应不失为一个统帅，他一方面要概括地了解一切政治关系，另一方面又要确切地知道用自己所掌握的手段能做些什么。"具体来说，一个统帅虽然不必是学识渊博的历史学家，也不必是政论家，但是他必须熟知国家大事，必须对有关的大政方针、国家间的利害关系等有所了解，并能对其做出正确的评价；统帅不必是细致的人物观察家，不必是敏锐的性格分析家，但是他必须了解自己部下的性格、习惯、思考方式和主要的优缺点；统帅不必通晓车辆的构造和火炮的操作方法，但是他必须能正确地估计一个纵队在各种不同情况下的行军时间和作战能力。总之，一个统帅既要具有敏锐的政治远见，又要具有高超的军事才能；既要懂得政治战略，又要谙熟军事战略。

强调统帅的政治远见，这是克劳塞维茨的一贯思想。在他看来，战争无非是政治的继续和延伸，是政治的开路先锋。处于最高职位的统帅如果不善于从政治战略上筹划全局，单纯着眼于军事战略，则很可能违背战争的政治目的，即使取得了某些战役、战斗上的胜利，也可能于事无补，甚至有损大局。

在欧洲历史上，人们之所以没有给享有"18世纪初的小拿破仑"之称的瑞典军队统帅查理十二世伟大天才的称号，就是因为他只知道在战场上拼杀，不懂得使用武力去达到更加光辉的目标。人们之所以没有给法国波旁王朝的创建者亨利四世伟大天才的称号，就是因为他没有来得及以军事效果影响一些国家间的关系就去世了，在处理国家间的政治关系上他的高尚感情和骑士精神不能像在平定内乱时那样起作用。虽然拿破仑被人们称为军事天才，但也因为他缺乏政治远见而使他好运不长。在著名的滑铁卢会战中，拿破仑为了挽救一场必败无疑的会战，使用了最后的兵力，掏出了最后一文钱，结果像乞丐一样逃出了战场，并被流放到圣赫勒拿岛。如果拿破仑多从政治战略上考虑问题，适当借鉴一点中国的韬晦之术，而不是急于战场决战，欧洲的历史恐怕要重新改写。

事实说明，军事天才并非单一因素的产物，也不是一成不变的圣人。一个统帅只有将高超的智力和各种优秀的感情素质与卓越的政治远见有机地结合起来，才有可能迈入军事天才的行列，否则难以享受如此盛誉。

三、军事统帅必须善于思考大问题

克劳塞维茨有过一段使他忧愤万分的战俘经历。耶纳－奥里斯泰特会战中，曾经称雄于整个欧洲的普鲁士军队在短短几天之内全军覆没，拿破仑得以踏着普军将士的尸体阔步迈入柏林，迫使弗里德里希·威廉三世逃往穷乡僻壤的梅梅尔。普军失败得如此迅速，如此惨重，在欧洲历史上是罕见的。克劳塞维茨在流亡法国期间写了一篇《关于普鲁士在巨大灾难中的消息》的文章，着重从普军将领素质方面深刻总结这次失败的教训。

克劳塞维茨首先概括地描写了普军的状态：高级军事领导缺才少智，上自高级军官，下至上尉参谋都是年老、报废的人。甚至部分士兵年龄也过大，一个已经度过四五十年艰苦生活的雇佣兵（他们必须服25年到30年的兵役，才能当作老兵被淘汰）只能精疲力竭地走上战场。至于武器，在欧洲各国中是比较落后的，炮兵装备除去炮身外并不比别国的好。士兵的给养和服装甚至不及最低需要。其他军事装备都是旧式的，按时代要求有许多东西都已成为废铁。军队士气极度消沉，训练很不全面；受到普鲁士传统的束缚，军队不关心、也不注意别国的发展，没有重视最近发生的一些军事事件，演习墨守成规，无的放矢。除了这一切以外，普军将士还有一种出奇的狂妄，其忧虑、畏惧的心理都处于麻木状态。接着，克劳塞维茨又活灵活现地刻画出当时几个主要将军的形象。诸如：

布伦瑞克公爵：年纪已经很大，而且意志消沉，以致没有勇气到柏林去，仅行至哈勒便驻扎下来。因为他想通过高贵的身份向人们明确地显示，他是个发号施令的元帅，而不是参加战争的诸侯。

吕歇尔将军：没有敏捷的思考力，性格像硝酸一样猛烈，才疏学浅，只有一肚子俗套和满脑子的零碎见解，他的熊熊野心如果不通过化为虚荣心而得以降温，将会上升到火热程度。

总参谋长、陆军中将冯·戈伊骚：已是个70岁的老头，他身居要职而不能胜任，对老一套方法十分精通，但从他的头脑中却根本产生不出伟大的指导性思想。他不相信任何人，把每个人都看成他权威的争夺者。

总军需长和陆军大臣：他们的全部精力都消耗在堆积成山的公文里。最糟糕的是，这类人由于野心勃勃，偏要从事他们的才智所不能胜任的重大活动。

路易·费迪南德亲王：在他一生中没有一刻进行过认真、冷静的独立思考，因此他也没有自己的坚实、健康的思想，没有导向彻底行动的完整信念。于是，他对于战争也像对其他事物一样，没有明确的观念。

克劳塞维茨痛惜地指出，正是在这样一群因循守旧、思想狭隘的军事统帅瞎指挥之下，具有光荣历史的普鲁士军队在富有新思想、擅长新战法的拿破仑面前变得不堪一击。有鉴于此，他获释归国之后竭力主张改革军官制度，主张破除按爵位晋升的传统规矩，实行量才选用和晋升的制度。在《战争论》中，他进一步阐明了这些主张，并且突出强调了知识和才能的重要性。他的基本观点是，军事统帅必须具有一定的知识，尤其是关于大问题的知识，并且还要能够把知识转化为才能。他批驳那些把才能归之于天赋的观点时说："这种人的看法是不符合事实的。因为不积累一定数量的观念，就不可能进行智力活动，这些观念至少大部分不是先天带来的，而是后天获得的，这些观念就是知识。"

知识的积累是一个渐进的过程，军官的知识储备应当随着职务的升高而不断丰富。克劳塞维茨强调："在军事活动的领域内，指挥官职位不同就需要不同的知识。如果职位较低，那么需要的是一些涉及面较窄而比较具体的知识。如果职位较高，那么需要的是一些涉及面较广而比较概括的知识。"而对于统帅来说，则应着眼于大事，不必过分拘泥于一些细枝末节，"因为人的智力是通过他所接受的知识和思想培养起来的。关于大问题的知识和思想能使人成大材，关于细小和枝节问题的知识和思想，如果不作为与己无关的东西而拒绝接受的话，那就只能使人成小材"。

在克劳塞维茨看来，获取知识固然重要，但更重要的是运用知识，因此，他对指挥官提出了"知识必须变成能力"的要求。因为在人类的其他一切活动中，即使人们对学过的东西已经遗忘了，在使用时也可以到落满尘埃的书本里去寻找，常用的知识也可以随时翻阅有关工具书，而不必完全变为自己的智力创造。然而，战争领域的情形绝不是这样。"在战争中，人们的精神不断起着反应，客观情况不断发生变化，这就要求指挥官必须把全部知识变成自己的东西，必须能随时随地定下必要的决心。因此，他的知识必须同思想和实践完全融为一体，变成真正的能力。"不言而喻，克劳塞维茨的这些观点在知识和技术成为主要战斗力的信息时代仍然有着重要的现实意义。

纵观西方古代和近代军事思想发展史，对军事将领的才能、修养及作用问题虽然不乏宏论，但像克劳塞维茨这么全面而详细的论述却不多见。他从智力、感情、政治诸方面对军事将领的品性和才能所作的系统探讨，为西方军事人才思想奠定了理论基础。同时，他把勇敢等精神力量的部分来源归之于个人的天性，单纯强调个人才能而忽略集体智慧等唯心主义观点，也深刻地影响着后世西方军事人才观的形成和发展。

第三篇 东西方"兵经"思想精要的异同

人类文化交流的历史告诉我们，只有那些真正体现人类智慧结晶的精品才能跨越时空，魅力永恒。愈是珍贵的也愈是世界的，同样，愈是世界的也愈是珍贵的。众所周知，《孙子兵法》和《战争论》分别代表了东西方古近代军事理论的高峰，堪称世界兵学领域的"双璧"。美国战略学家柯林斯曾说："孙子是古代第一个形成战略思想的伟大人物……孙子十三篇可与历代名著，包括2200年后克劳塞维茨的著作媲美。"英国军事理论家利德尔·哈特也认为："《孙子兵法》堪称兵法之精华。在过去的所有军事思想家中，唯有克劳塞维茨可以与孙子相提并论。"正因为二者是可以相互媲美的"双璧"，因此对它们进行比较研究是一项十分有意义的工作，尤其在21世纪初，这种意义显得比以往任何时候都更为必要。通过比较研究，人们不仅能够更加清楚地理解二者的思想精华，更加准确地把握东西方军事思想发展的不同主线，而且有助于科学地预测未来世界军事思想发展的基本趋势，使之更好地为现实和未来的军事斗争服务。

第二十二章　源远流长的思想文化基础

《孙子兵法》和《战争论》都不是个人灵机一动的产物，它们各有其深厚的文化渊源。中国悠久的军事文化是孕育《孙子兵法》的母体，西方传统的军事文化是培育《战争论》的摇篮。因此，两部军事著作博大的思想体系都来自各自国家、民族的军事文化，它们彼此之间的明显差异也同样来自两种军事文化的不同传统。

一、兵农合一文化孕育的战争智慧

中国古代素有"兵书王国"之称。据统计，从先秦至晚清，见于著录的兵书多达3300余部，现在尚存于世的仍有2300余部。恐怕世界各国的古代兵书全部加在一起也达不到这等规模。中国兵书不仅卷帙浩繁，汗牛充栋，而且相当早熟。公元前6世纪后半期，当古希腊的纪事家们还只能把战争片段的记述当作民间传说、古人事迹或异域见闻的点缀时，中国就已经出现了杰出的军事思想家——孙子，及其体系完备、思想精深的兵书——《孙子兵法》。

古人说："孙子尚智。"诚如其言，《孙子兵法》十三篇，可谓篇篇言智，句句论谋。但是，孙子所尚之智，不是鸡鸣狗盗之类的雕虫小技，而是关乎战争胜负和国家存亡的大谋大智。春秋末期的吴王阖闾运用这些大谋大智，使吴国由弱变强，成为天下霸主；历代谋臣将帅运用这些大谋大智，或不越樽俎折冲千里，或兵不血刃所向披靡。唐代杜牧说得好："自古以兵著书列于后世、可以教于后生者，凡十数家，且百万言。其孙子所著十三篇，自武死后凡千岁，将兵者有成者、有败者，勘其事迹，皆与武所著书一一相抵当，犹印圈模刻，一不差跌。"杜牧认为在一切有价值的古兵书中，只有孙子的理论被战争实践所全面证实；不论胜利者的经验还是失败者的教训，都和孙子所言完全一致。

正因为孙子揭示了战争的规律，阐明了制胜的妙道，所以历代兵家无不尊其为师。其实，孙子并非天生圣人，《孙子兵法》也并非无源之水、无本之木。如同长江、黄河并不是像李白所说的"天上来"一样，孙子的大智大谋也不是天意神授，而是植根于中华大地，吸吮中华民族智慧精华的结果。

我们知道，中华民族发源于中原，然后向四周扩展，逐渐形成统一的民族。中华儿女向来以自己的疆土地大物博、幅员辽阔而自豪。然而几千年来，中国人面对的地理环境实际上却是一个相对封闭的大陆性环境。西北为帕米尔高原，山路崎岖，虽有一线可通，但巨大而高寒干旱之区，在整个古代都是一个难以逾越的西北地理极限。西南有世界上最高的山脉——喜马拉雅山，成为中国与南亚诸国的天然分界，而横断山脉阻隔及热带丛林瘴疠之区，越往古代越是中国与东南亚之间交往的障碍。北方地势起伏不大，为广袤无垠的草原与沙漠，人烟极稀。东面自黑龙江东部沿海直到东南沿海，有2万多公里的海岸。在先人的心目中，他们的国土就是世界，诸夏和四夷共同构成了"天下"。所以，汉语中有两个词语都可以翻译成"世界"。一个是"天下"，另一个是"四海之内"。

生息繁衍于这样一块位于亚热带的"天下",勤劳聪明的华夏祖先很早就知道以五谷为生。传说中的华夏祖先神农氏就是因发明农耕技术而得名的。"神农之时,天雨粟。神农遂耕而种之,作陶冶斤斧,为耒耜锄耨,以垦草莽。然后五谷兴助,百果藏实。"(《周书》)随着农耕技术的普遍推广,先人们逐渐懂得以土地为生存的根本基础,以农作物为生活的主要来源,从而使农耕文化充分发育成长。游牧文化和渔猎文化虽然也占有一定的地位,却未能得到健康的发展。

土地是农业的根本,是华夏民族共同的生活基础,同时也是引起各氏族部落逐渐汇聚的主要因素。在氏族社会,这种迁徙主要是以部落的分化或融合的方式进行的。为了争夺有利于维持生存的土地、河流、山林等天然财富,部落内部分化出的不同势力群体之间常常发生械斗,部落之间更是频繁厮杀,于是招来了人类文明的助产士——战争。人们借助战争开疆拓土,征服异族,向天下之中渐进。战争的频繁出现,成为加剧各氏族部落分化和融合的重要原因之一,以致在漫长的迁徙过程中逐渐形成三大集团,即西北的华夏集团,东方的东夷集团,南方的苗蛮集团。三大集团虽各据一方,却又彼此觊觎,不时进行大规模战争。按先秦文献记载,在距今5000年左右,三大氏族集团之间爆发了几场旷日持久的大战。这就是华夏集团内部黄帝与炎帝的阪泉之战,炎帝、黄帝联合起来与东夷集团蚩尤的涿鹿之战。

这一系列大战,使过去以血缘关系为基础的氏族部落逐渐演变成以地域和财产为基础的氏族联盟,即民族。恩格斯在《家庭、私有制和国家的起源》中分析美洲印第安人的易洛魁人部落战争时指出,氏族联盟出现之后,"战争以及进行战争的组织现在已成为民族生活的正常职能",或者说"变为一种正常的营生"。黄帝一族统一黄河以北地区后，其首领轩辕氏自然成为华夏民族的共同领袖、最高军事长官。此后，战争的确"变为一种正常的营生"，频繁出现，并越演越烈。从夏禹到周武，从齐桓到秦皇，无不是以这种"营生"开疆拓土，夺取天下的。

土地纷争引起战争，战争胜负依赖土地，土地开拓又依赖战争。社会历史如此往返循环，越来越明显地成为华夏民族生活的主旋律。它不仅构造出了一个兵农合一的社会组织形态，而且孕育出了融农耕文化和军事文化精华的制胜智慧。

在长期农耕劳动中，先民们不断探索日月运行和四季变化的规律，努力掌握地理山川的特点及动植物生长的奥秘，以便战天斗地，从土地上得到丰富的生活资料。女娲补天、后羿射日、大禹治水等著名的古代神话形象地说明，勤劳勇敢的华夏远祖们已经习惯于把人类的衣食住行与整个大自然的运动变化联系起来考虑。这种物我合一、天人合一的观念使中华民族逐步形成重整体、重综合、重宏观的独特视角，以及唯物、辩证的思维方法。这种独特视角和思维方法在农战合一的过程中自然而然地被引入军事领域，日渐产生出高度重视战争、长期准备战争、讲机变、重权谋的制胜智慧。这一切蕴藏在中华民族的血脉中，启迪众生的智慧，点悟英雄的心灵，导演出商汤伐桀、周武克殷等一幕幕惊心动魄的战争活剧。无疑，它也遗传到孙子的精神世界，激活这位伟人的聪明睿智和非凡才华，进而衍变为孕育《孙子兵法》的原始基因。

二、千年战争传统铸就的思想基石

克劳塞维茨的军事遗著共 10 卷，《战争论》是其中前三卷，后七卷都是对战史的研究和评论，即使在前三卷中，战史和战例也比比皆是。这些战例，上至古希腊时期的马拉松战役，下至拿破仑战争时期的滑铁卢之战，各个时代的战例均有涉猎，其中尤详于拿破仑战争，全书共有200余处引用拿破仑战争的战例分析和论证问题。所以，列宁曾经称赞克劳塞维茨是"军事史问题的伟大作家之一"，是"一位非常有名的战争哲学和战争史的著作家"。克劳塞维茨有句名言："光辉的战例是最好的教师。"这说明，他的一切理论都来自战例研究。或者说，铁与血铸就的战争史是其军事思想的雄厚基础。

按照英国军事理论家利德尔·哈特的观点，欧洲历史上的第一次大战是"大波斯战争"，而这次战争中最著名的又属马拉松战役，克劳塞维茨称之为西方战争史上以少胜多的杰出典范。从这个"自然起点"开始，欧洲大陆开始了长期的奴隶主贵族集团之间的争霸战争，战争规模越来越大，战法变化越来越多样化，从而促使西方军事思想由萌芽到逐步形成。

继希波战争之后，公元前431年至公元前404年，希腊诸城邦之间展开了长达27年的伯罗奔尼撒战争。旷日持久的战争严重破坏了希腊经济的发展，城邦发生了一系列危机，从而使古希腊从全盛走向了衰落。不过，这场战争在军事上还是有所发展的，诸如完成了公民兵向雇佣兵的过渡，从而出现了职业军人，对军队的组织和训练提出了更高的要求；军队战斗队形虽仍以方阵为基础，但出现了一种能以密集队形和散开队形在起伏地上机动作战的轻皮盾步兵；轻重步兵的协同成为战斗中制胜的关键问题；产生了以逐步消耗敌人为主要目的"伯里克利战略"，制海权成为重大的战略问题等。

公元前334年至公元前324年，马其顿国王亚历山大历时十年的东征，推翻了波斯帝国，在西起巴尔干半岛、尼罗河，东至印度河这一广袤的地域，建成幅员辽阔的亚历山大帝国。这次远征把西方古代军事思想推向了一个新的高峰。远征军孤军深入，以进攻为主要形式，连续战斗，进行了数以百计的抢渡江河、围城攻坚，以及山地、沙漠地和平原地作战，多次以速决战战胜优势之敌。在诸兵种特别是骑兵的运用、陆海军协同作战、进军路线选定、战斗队形编成、作战指挥和后勤保障等方面，为古代军事学术史写下了新的篇章。

古罗马与迦太基争夺地中海西部霸权而进行的三次布匿战争，历时100多年，古罗马最终灭亡了迦太基，成为地中海的霸主。这场战争在战略决策和战术方法上都有所创新，从而把西方古代军事思想发展推向又一个新的高峰。在战略决策上，陆上强国罗马为战胜海上强国迦太基而建立了海军，迦太基统帅汉尼拔在没有制海权的情况下从陆上翻越天险阿尔卑斯山深入罗马腹地，都是前无古人的大胆尝试。在战术上，汉尼拔以劣势兵力围歼优势之敌，罗马海军采取的接舷战法，都是战术史的杰作。

此后，公元前58年至公元前51年间的高卢战争、公元前49年至公元前31年间的罗马内战等，都是对历史进程具有重大影响的战争，都在一定程度上推进了西方军事思想的进步和发展。在这漫长的战争过程中，智勇兼备的统帅和将领层出不穷，可谓英雄辈出，诸如大流士一世、色诺芬、埃帕米农达、亚历山大、费边、汉尼拔、西庇阿、马略、庞培、恺撒等，都是曾经驰骋疆场、叱咤风云的名将。其中，既立功又立言的，当属色诺芬和恺撒。

虽然奴隶制度时代的战争实践为军事思想的形成奠定了雄

厚的基础，但是军事理论家对军事思想问题的论述还是不深刻的，带有萌芽的性质。当时在战略和战术方面的所有著作几乎都局限于对军队的组织、训练以及战斗队形的编成等问题进行研究。这个时期是军事思想的萌芽时期。尽管如此，奴隶社会时期的一些战争以及这个时期所出现的军事理论著作对以后的军事科学，包括资产阶级军事科学的发展，仍然有着巨大的影响。

欧洲的封建割据时代，由公元4世纪一直持续到16世纪。在这段漫长的历史时期中，封建领主们进行过无数次战争，但军事思想并未得到显著的发展。恩格斯认为："整个中世纪在战术发展方面，也像其他科学方面一样，是一个毫无收获的时代。"一直到17世纪专制国家确立时期，由于新的常备军和正规军的出现，以及新的火器的出现，军事思想才又得到了显著的发展。

总的来说，火器问世之前，西方奴隶制时代和封建制时代军事思想的发展明显滞后，但是丰富的战争实践经验为后人从事军事思想研究奠定了坚实的基础，尤其是为克劳塞维茨撰写《战争论》提供了雄厚的历史依据。他所征引的战争史例中有三分之一选自于这个时期。

常言说："时势造英雄。"克劳塞维茨之所以能够成为军事理论巨匠，更重要的原因是他赶上了一个伟大的时代。他生活于18世纪末19世纪初，这期间发生了震撼整个欧洲的法国大革命和拿破仑战争。这是欧洲历史上一场深刻的政治革命和军事革命，波澜壮阔的革命浪潮中涌现出来的新思想、新战法，使克劳塞维茨大开眼界，深受启发。

法国资产阶级革命始于1789年，它是世界历史上一次最大的、最彻底的资产阶级革命。这场革命不仅埋葬了统治法国一千多年的封建专制制度,为资本主义在法国的发展开辟了道路,而且对欧洲各国有着巨大的影响,使资产阶级革命的火种在一些封建国家燃烧起来。

法国大革命引起欧洲各国封建君主极大的恐慌。普鲁士、奥地利、西班牙、荷兰等国,从 1792 年起联合起来,组成反法联盟,对法国进行武装干涉。法国人民英勇抵抗,打退了反革命的进攻,胜利地保卫了革命成果。法国大革命推动了人类历史向前发展,"开辟了人类历史的新时代",致使整个 19 世纪的世界都是在法国革命的影响下度过的。

法国革命不仅是一次政治大革命,而且也是军事史上的一次重大变革。在反击封建联盟进攻的作战中,法国民众武装表现出巨大优势,武装起来的工人、农民和市民为维护自由而战,斗志高昂,而且极富创造精神,以前所未有的散兵线和纵队战术打败了习惯于横队战术的旧军队。列宁曾高度赞扬说,法国革命改造了全部战略体系,冲破了一切旧的战争法则和惯例,废除了旧军队,建立了新的、革命的、人民的军队,创立了新的作战方法。

这一系列根本性的变化,标志着资产阶级军事思想对封建军事思想的胜利,是军事领域里的重大变革。它使资产阶级军事思想从封建阶级陈腐的军事教条中脱胎出来,形成全新的战争观和战略战术。克劳塞维茨不仅亲身经历了这场革命,而且以其敏锐的观察力和冷静的思考力对革命中涌现的新思想和新战法进行了深入的研究。他虽然在政治上仍然站在落后的封建君主一边,反对法国资产阶级革命,并在战场上长期与拿破仑为敌。但是,他又通过亲身经历看到了"法国革命战争突然打开一个同过去完全不同的战争现象的世界",这些现象"在拿破仑所指挥的战争中形成了一套最好的方法，带来了使所有人惊叹的成果"。所以，他十分注重研究拿破仑的战争艺术，及时总结拿破仑的经验和教训，《战争论》中涉及的战争史例中有三分之二与拿破仑有关，克劳塞维茨因此而享有"拿破仑战争高僧"的雅号。不言而喻，法国革命战争，尤其是拿破仑战争中产生的新思想、新战略战术，是克劳塞维茨军事思想的直接源泉，是培育《战争论》的沃土。

三、东西方军事文化传统的异同

中西方军事文化，一个发源于大陆农业文化，一个产生于海洋商业文化，彼此之间从一开始就有着明显的差异，其中有社会、经济、地理、民族等各方面的原因，仅从思维方式来看，就有一个"道器"之别。《易传》说："形而上者谓之道，形而下者谓之器。"所谓"道"是无形象的，含有规律或准则的意义；所谓"器"是有形象的，指具体事物或名物制度。简单地说，道与器，实际上就是指抽象道理与具体事物。综观中西方军事文化发展的历史，有一个最为明显的区别：中国古典军事学重道轻器，西方古典军事学重器轻道。

例如，西班牙勒文特悬岩有一幅原始人绘画的作战图，考古学家描写道：它以惊人的真实性画出一群手持弓箭的战士怎样追赶另一群战士，右面是进攻群，左面是防守群。进攻战士表现出迅速的运动，他们不可遏制地向前奔驰，脚步大跨开，从紧张的弓弦上向敌人放出如雨的箭。在另一方，我们看到为箭所射伤的、缩着身子忍痛的、却仍不向敌人投降的战士。他们中有四个做前锋的射手，以决死的顽强在抗击敌人的进逼。

同样是对原始战争的描写，中国的先民们则采用了别具匠心的表现手法。河南汝州市发现一幅母系时代的彩陶画，画面是一只白鹳衔着一条鱼，旁边竖着一把斧子。它表现以白鹳为图腾的氏族战胜了另一个以鱼为图腾的氏族。专家们认为，这幅彩陶画是原始战争的记录。西班牙壁画直接描绘原始人的弓矢作战场面，表现出微观具体，求实索真的思维特征。而临汝陶画则大笔勾勒原始人斗争历史，显现出抽象概括，现实与想象结合的思维特点。

又如，中国史籍，无论是《左传》《战国策》，还是《二十四史》《资治通鉴》，其中描写战争的篇章，无不在运筹帷幄的谋略上浓墨重彩，精雕细刻。至于战争经过，从战场到部署，从开战到结束，从战绩到伤亡，常常是惜墨如金，语焉不详。商周牧野之战，人们可以从史书上清楚地看到兵家鼻祖吕尚的一系列战略谋划和策略运用。但是，真正写这场战争，双方的作战部署、战术运用、战场地理却相当简略而模糊，甚至连歼敌数量也只是用"血流漂杵"四个字一笔带过。这种重视谋略运用的传统思维习惯，无疑是促使中国古典兵学早熟的重要原因。

相比之下，西方的史籍，尤其是军事史籍，则迥然不同。公元前六世纪中国的军事理论专著《孙子兵法》问世，而古希腊、古罗马在晚了半个多世纪之后才陆续出现战争实录性的军事著作《历史》《伯罗奔尼撒战争史》《高卢战记》《内战记》等。这些著作对战争的战略谋划、策略思考很少提及，而对战争进程的叙述、战争场面的描写、技术战术的记载远比我国同时代的著作详尽得多。与《孙子兵法》相比，它们中没有一部能够望其项背，没有一部称得上对战争规律进行抽象概括的军事理论著作。直到公元一世纪古罗马军事家弗龙蒂努斯在其《谋略》

一书中，才初步从战争经验中提炼出部分军事原则，诸如"出敌不意""示假隐真""攻其无备""声东击西"等，但是不系统、不全面，更没有像《孙子兵法》那样进行理论阐发。

再如，中国自古崇尚足智多谋的谋士。善于运筹帷幄、决胜千里的姜太公被称为兵家始祖，而富有雄韬大略和远见卓识的孙子则更被后人尊为兵圣。这种崇尚谋略的传统不仅培育了无数兵家战将，而且对文学家、艺术家也有着深刻的影响，中国古代著名小说《封神演义》《三国演义》《水浒传》等，塑造出姜子牙、诸葛亮、吴用等一大批神机妙算的谋略家的高大形象。通过这些形象，人们可领略军事谋略的奥妙，"顿悟"克敌制胜的道理。相比之下，西方人似乎更加敬慕武将。恺撒、亚历山大等能征善战的统帅都先后被授予"战神"的桂冠。去过意大利观光游览的人都会看到，无论是绘画还是雕塑，无不浸透着古罗马时代对力量和英雄的崇拜。罗马广场上的马卡斯·奥里欧斯青铜像，是一座身着戎装、胯下战马、威风凛凛、令人生畏的战神塑像。显而易见，这座塑像同成都武侯祠诸葛亮羽扇纶巾的谋士塑像在审美情趣上是截然不同的。通过对战神的膜拜，西方人模仿英雄，从而确立了自己的行为准则。

观察中西方军事文化的传统，我们可以清楚地看到中西方之间的确有着道器之别，或者说存在着两种不同的思维形式。具体来说，主要有三点区别。

首先，中国军事文化传统表现出重宏观、重综合的特点，而西方军事文化传统则表现出重微观、重分析的特点。在研究和分析战争问题上，中国古典军事学往往首先从国家整体利益出发，偏重战争与政治、经济、外交等方面的关系，并综合起来进行统观全局的战略思考；西方古典军事学则往往注重从纯军事角度着眼，偏重战斗、会战的战法，并善于对此进行缜密的思考，提出具体的原则和明确的方案。

其次，中国军事文化传统表现出重谋略、重技巧的特点，而西方军事文化传统则表现出重力量、重技术的特点。在谋划战争问题上，中国古代兵家战将往往从制定谋略入手，强调"以计代战一当万"（《晋书·杜预传》），即使对单兵作战，也同样重视谋略；西方古代兵家战将则往往依赖于作战的物质力量，特别看重兵力优势和兵器优势，拿破仑的一句名言是"多兵之旅必获胜"。

最后，中国军事文化传统表现出重变化、重顿悟的特点，而西方军事文化传统则表现出重实际、重直观的特点。在战争理论的表述上，中国古代兵书不仅提出用兵的原则，而且特别注重分析其变化，如奇正之变、虚实之变、强弱之变、迂直之变，其中所包含的用兵原则都不是固定不变的，必须根据战场实际情况而灵活运用。至于如何灵活运用，没有一定之规，也没有现成的"说明书"，只能靠人们充分发挥理解力和想象力，用心去领悟其中的奥妙。所以有"阵而后战，兵法之常；运用之妙，存乎一心"（《宋史·岳飞传》）之说；西方古代军事著作则往往致力于确定具体的作战原则和规定，因而在17世纪前后，数学原理、几何原理、物理原理曾经在军事理论中占据主要地位，使作战理论更加直观，更具有可操作性。

然而，上述这些区别只是相对而言，并不是绝对的。比如在重力还是重谋的问题上，自古以来，无论中外没有不用谋略的战争。战争中的诡道——欺骗、佯动、伪装、用间等，不仅反映在古代中国的战争实践中，也反映在西方的军事著作上。同样，也不能得出中国人自古以来只重谋而不重力的结论，孙子"以镒称铢"的观点强调的就是力量优势。

此外，比较中西方军事文化传统的目的并不在于辨明孰优孰劣，而是为了更好地把握二者的不同特点。中国重道的传统虽然有利于启发人们深谋远虑的战略思维，但长期轻视军事技术的倾向也导致了中国近代史上一系列丧权辱国的惨祸。西方重器的传统虽然制约了军事思想的成熟过程，但他们重视战法研究、重视军事技术革新的传统与世界近代社会的进程更为合拍，在历次军事革命的浪潮中表现出更大的灵活性和适应性。总之，中国军事文化也好，西方军事文化也好，各有所长，各有所短。

孙子和克劳塞维茨之所以伟大，他们的著作之所以具有不朽的魅力，重要原因就在于他们既拥有雄厚的军事文化基础，又善于取其精华，弃其糟粕。他们在各自的著作中分别发挥了中西方军事文化的优势，因而能够站在前人的肩膀上，看得更高、更远，思考更加深刻、更加理性化。同时，基于不同的思想基础，他们的思想观点明显地带有各自军事文化传统的烙印，在思维方法、战争理论、战略思想、作战原则和人才标准等方面都表现出不同的特色。

第二十三章　风格迥然的理性思维方法

思维方法是开启智慧之门的钥匙，孙子和克劳塞维茨之所以能够先后登上世界兵学的最高殿堂，与他们超凡脱俗的理性思维方法有着密切的关系。应当说，孙子和克劳塞维茨探索真理的基本方法是大体一致的。他们都注重以当时进步的哲学思想为指导，并将之运用于对战争一般规律的分析和研究之中。所以，在中国哲学史上，孙子与老子、孔子齐名，有"军事哲学家"之称；在西方哲学史上，克劳塞维茨也享有盛誉，被视为军事哲学的开山之祖。尽管如此，他们在具体运用哲学原理分析问题、创立学说的过程中，思路并非完全一致。概略而言，孙子的军事思维方法受中国朴素唯物主义自然观和无神论的影响，基本上是唯物主义性质的。克劳塞维茨的军事思想受德国古典唯心主义辩证法的影响，具有客观唯心主义的性质。

一、博采众家之长的兵家思维方法

思维方法，即人们通过思维活动达成特定思维目的所凭借的途径、手段或办法，也就是思维过程中所运用的工具和手段。学习和研究《孙子兵法》固然应当深入系统地掌握其思想体系和思想观点，但是相比较而言，这只是取其"鱼"而未得其"渔之法"，取其"指"而未得"点金之术"。《孙子兵法》中的思维方法是指孙子在构思兵法十三篇过程中把握战争规律、分析战争矛盾运动、研究战争指导艺术等问题时所凭借的途径、手段或办法，或者说表现出来的相对稳定的思维模式或框架。其中不少方法与先秦诸子的哲学思维方法颇为相似，具有直观性、整体性、系统性、矛盾性、思辨性、模糊性等共性特点，但又有军事哲学思维，尤其是战略思维的独特个性。

第一，整体思维——总体把握战争属性。

中国传统思维的突出特点之一是整体思维，人们习惯于以普遍联系、相互制约的观点看待世界，把天地、人、社会看作密切贯通的整体，认为天地人我、人身人心都处在一个整体系统之中，各系统要素之间存在着相互依存的联系。这种整体思维方式，在道家、阴阳家、儒家理论以及中华传统医学中表现得相当明显。《孙子兵法》的理论大厦之所以高屋建瓴、详备富瞻，无疑得益于全方位、多层次地运用了这种思维方法。

在十三篇结构上，孙子十分注重从整体上思考战争的全过程。孙子意识到战争不是一个简单的活动，而是系统性、阶段性、互动性很强的矛盾运动。他在《九地篇》中用"率然"比喻善于用兵之势。"善用兵者，譬如率然。率然者，恒山之蛇也。击其首则尾至，击其尾则首至，击其中则首尾俱至。"这种率然之势生动形象地表现了用兵打仗应有的整体联动、灵活应变的态势。其实，仔细分析《孙子兵法》全篇，不难发现其前后呼应、浑然一体的篇章结构不失为"率然之势"的最好诠释。

十三篇每篇各有立论，独自成章，却又篇篇相连，脉络一贯，构成一个有机的整体。在这一整体中，一方面，从《计篇》到《用间篇》层层递进地论述了战争筹划、作战指挥、战场机变、军事地理、特殊战法等方面的问题，涉及战争的各主要阶段和主要方面。另一方面，从《计篇》开始，通过强调"庙算"

讲先知而后行，中间各篇从不同角度提出"知彼知己""知天知地"的若干方法，如知天知地、知胜有五、知战之日、相敌三十二法等，到《用间篇》则通过强调"用间"专讲先知而后行。整个十三篇始终贯穿着"知彼知己，先知后行"这么一条主线。全书的思想观点既递进有序，又首尾呼应，表现出整体思维的特点。

具体就十三篇的每一篇来看，孙子十分注重围绕主题进行多维度、多层次进行系统分析。十三篇的每一篇篇名都是各篇的主题，分别研究战争决策（计）、作战准备（作战）、谋略制定（谋攻）、力量建设（形）、态势营造（势）、虚实变化（虚实）、战场争夺（军争）、作战应变（九变）、排兵布阵（行军）、地形利用（地形）、敌国进攻（九地）、火战攻敌（火攻）、间谍情报（用间）等重要问题。就整个战争链条而言，这些问题都是不可或缺的重要环节，既彼此连接，又对战争胜负均有直接影响。就每一环节自身而言，这些问题并不是一蹴而就的简单动作，而是由一系列因素、环节、步骤组成的小系统，指挥员务必整体把握才有可能措置裕如。

试以《计篇》为例，篇名点明主题，说明本篇主要讲战略决策过程中的计算、计划、计谋问题，然后围绕这一主题分步骤展开分析与此密切相关的若干重要问题。诸如，强调兵者国之大事、提出五事七计的决策方法、列举战略分析的具体内容、阐明将听吾计的必要性、指出落实战略决策的主要途径、论述实现战略决策的诡道十二法，最后归纳全篇主题，重申决策务必以先知为依据，谋略务必以实力为基础，"多算胜，少算不胜，而况于无算乎"。全篇五百余字紧扣主题，一环套一环，层层递进式地将战略分析和战略决策的整个过程，以及每一步骤需要关注的重点和相应的方法，非常系统，甚或可以说是十分精确地揭示出来了。

深入研读十三篇，不难发现《作战篇》《谋攻篇》《形篇》《势篇》各篇皆以此方法构思和撰写，从而使各篇主题突出、主线清晰、要点连贯，构成战争全局链条上一个个既互相联系，又相对独立的模块。

此外，在思想观点的表述过程中，孙子不是就战争论战争，而是从战争与政治、经济、外交、军事技术、自然条件的广泛联系中进行宏观考察和整体把握。例如，《计篇》要求人们进行战略决策时必须"经之以五事，校之以计"，从政治、天时、地利、人才、管理五个方面入手全面分析交战双方的优劣，整体比较双方的强弱，从而为预测战争胜负和确定战略决心提供客观而准确的依据，避免决策中出现盲目性、主观性、随意性问题。

在战略执行层面，孙子往往注重从战略全局着眼，多维度、多因素阐述某一作战原则。比如《作战篇》为了强调"兵贵胜，不贵久"的速胜原则，一开篇便以大篇幅论述用兵作战通常所需的经费和物资，既精辟地揭示出战争与经济的密切关系，又清楚地说明速战速决的必要前提是充分的战略准备和雄厚的物质基础。又如《谋攻篇》提出"不战而屈人之兵，善之善者也"的战略思想，紧接着便列出"上兵伐谋，其次伐交，其次伐兵，其下攻城"四种可操作的方法，实质是要求综合运用政治、外交、军事威慑，甚至攻城之类的军事打击，意在告诉人们"不战而屈人之兵"并非完全不战，而是要善于打组合拳，以最小的代价赢得最大的胜利。再如《九变篇》中提出通过战场变化削弱敌人强化自己的谋略思想，接着阐明具体方法是"屈诸侯者以害，役诸侯者以业，趋诸侯者以利"。屈以害，役以业，趋以利，显然都不是纯粹的军事手段，实施过程中必然涉及经济、政治和外交等方面。显而易见，孙子的这些思想主张都没有单纯谈兵论战，而是从社会整体，或者战争整体着眼，全方位、多层次地深入分析，表现出一种重宏观、重整体的思维方法。

第二，求实思维——客观审视战争现象。

自古以来，人们认识客观事物往往是通过感官观察一个具体对象，获取关于该对象尽可能多的感性材料，然后通过理性思维对这些材料进行整理，分析出关于此对象的各种属性，并尽可能抓住其本质，即主要矛盾。但是，由于人的认识能力、认识角度有差异，人们对同一观察对象会形成不同的认识判断，或偏离本质，或直击要害。纵观古今，人们对战争本质和主要矛盾认识的差异大致就源于此。

先秦时期，由于人们对自然现象和社会运动的认识能力较低，尚不能理性地解释人类面临的各种问题，因而唯心主义的鬼神论、天命念大行其道。《左传》曰："国之大事，在祀与戎。"大体反映了当时国君处理军国大事的基本方法。国家大事以祭祀为重，从事战争活动则以占卜为先，战与不战、胜与不胜以祖先和神灵的旨意为决策依据。

孙子出身于兵学世家，饱读兵书，而且长期亲身经历战争的洗礼。这种特殊的经历使他对战争的认识超越了前人，并上升到理性层次。孙子认为，战争是人类社会的必然活动，是人命关天、军命关天、国命关天的大事，如果战争决策建立在阴阳杂占之类迷信做法的基础上，那结果只会是亡国败军，身死家残。因此，他以求实的思维方法，把研究战争的基点放在客观唯物主义的基础之上，认为赢得战争胜利主要靠人们按照战争规律办事，靠发挥将士的主观能动性，靠雄厚的物资基础。

例如，孙子提出"庙算"的观点，认为多算胜，少算不胜。所谓"庙算"，就是指国君将帅在祖庙内对敌我双方的情况进行客观地分析比较，用6寸长的小竹棍表示作战条件，具备某种有利条件的一方加一算，不具备某种有利条件的一方减一算，比较必备的各种条件之后，根据得算的多少，对战争凶吉做出预测。"庙算"是一种古老的形式，春秋末期已经不再沿用。显然，孙子的意图在于借用"庙算"一词强调战前对双方客观条件的分析研究，根据有利条件的多少，最终预测战争胜负，制定作战方案。

又如，孙子主张分析双方情况、判断战争胜负、确定作战方案等活动，都"不可取于鬼神，不可象于事，不可验于度，必取于人，知敌之情者也"，也就是说，战略决策必须摒弃主观臆断，其依据只能来自前线或敌内部获取的可靠情报。一个"必"字，反映出孙子求真务实的思维方法。

再如，孙子在《行军篇》《地形篇》《九地篇》中，用大量篇幅论述山川地理、天候条件对作战行动的影响，实则是用求实思维的方法告诉人们战争不是单纯拍脑瓜子的事情，必须在天时地利构成的战争舞台上协调各种外在资源，充分发挥"兵之助"的作用，这样才能做到天地人"三才"合一，形成合力，从而灵活进退，巧妙攻守。

值得注意的是，孙子的这些思想观点并不是大而化之地表述原则，也不是笼而统之地点到为止，而是采用求真务实方法进行了非常系统而又具体的分析。以《行军篇》为例，讲"处山之军"，必须"绝山依谷，视生处高，战隆无登"；讲"处水上之军"，必须"绝水必远水，客绝水而来，勿迎之于水内，令半济而击之，利；欲战者，无附于水而迎客；视生处高，无迎水流"；讲"处斥泽之军"，必须"绝斥泽，惟亟去无留，若交军于斥泽之中，必依水草而背众树"；讲"平陆之军"，必须"平陆处易，而右背高，前死后生"。虽然孙子提出的许多具体的"处军"方法已经过时，不宜照搬照套，但是这种在战场上求真务实的思维方法却仍然值得人们重视。古今多少战将，不知战日，不知战地，更不知战场天候地理条件，单凭图上作业或主观想象指挥作战，以致部队实际作战过程中误入歧途，陷入绝境，损兵折将；或者即使占有天时地利，也不知如何巧妙利用，一味血拼，造成众多官兵无谓伤亡。血的教训，不可不察。

战争是死生之地，存亡之道，上述分析充分表明孙子观察和思考战争问题，完全摆脱了神学论、天命观和唯心主义的窠臼，走出了一条从客观实际出发，实事求是的新路子，孙子运用求实思维的方法充分表现出朴素唯物论的思想。

第三，辩证思维——多方辨析战争矛盾。

与整体思维和唯物思维相生相伴，中国人很早便注意到自然现象中的变化、发展规律，善于从正反、对立的两个方面去体悟万事万物的彼此联系和运动变化，如"物极必反""乐极生悲""否极泰来""塞翁失马，焉知非福""祸兮福所倚，福兮祸所伏"等，逐渐形成辩证的思维方式。正如英国著名科学史家李约瑟在《中国科学技术史》中所指出的那样："当希腊人和印度人很早就仔细地考虑形式逻辑的时候，中国人则一直倾向于发展辩证逻辑。与此相应，在希腊人和印度人发展机械原子论的时候，中国人则发展了有机的宇宙的哲学。"诚如其言，中国传统哲学中的辩证思维方法不仅成熟早，而且运用很广，道家、儒家、阴阳家、法家皆以此提出各种富有辩证法色彩的思想观点，从而使辩证法成为中国传统哲学最显著的特征。

《孙子兵法》作为中国军事哲学的典型之作，最突出的特点当属军事辩证法思想。中国古代的战争活动进展到春秋末期已经完全超越了单纯棍棒格斗或一次性冲杀的原始形态，战争规模空前广大，战场交战异常激烈，奇谋诡道广为运用，杀伤破坏相当巨大，充分显示出冷兵器战争形态的复杂性、残酷性、多变性。孙子从波谲云诡的战争风云中逐渐发现军事领域的一切事物都有着密切的联系，由此构成的矛盾关系更是不断变化，相互影响，相互转化，诸如：

　　表现在武器装备上，有矛就有盾；
　　表现在兵员数量上，有众就有寡；
　　表现在综合实力上，有强就有弱；
　　表现在战争规律上，有常就有变；
　　表现在作战方法上，有攻就有防；
　　表现在兵力运用上，有分就有合；
　　表现在军心士气上，有高就有低；
　　表现在战场态势上，有虚就有实；
　　表现在谋略变化上，有正就有奇；
　　表现在作战条件上，有利就有害；
　　表现在行军途径上，有迂就有直；
　　表现在战场地形上，有险就有易；
　　……

诸如众多的矛盾对子，分布在十三篇之中，凸显出《孙子兵法》辩证思维的耀眼光芒。概括起来看，孙子运用辩证思维方法有三个特点。

首先是普遍化、体系化。整部《孙子兵法》中，构成矛盾关系且成双成对出现在各篇之中的矛盾范畴，全书共计有一百对左右。这些矛盾范畴覆盖了战争的全方面，战争决策、战略筹划、战争准备、作战指挥、谋略运用、战场变化、军队建设、部队管理、军心士气、天时地利等重要方面，均有涉及，几乎囊括了战争中各方面至关重要的关节点。孙子将体现这些关节点的矛盾范畴纳入每篇之中，犹如一粒粒珍珠，串起了各篇的思想链条，从而编织出博大精深的军事思想网络体系。研究《孙子兵法》不能不高度重视这一系列的矛盾范畴，不能不深入剖析一个个矛盾对子。

其次是辩证分析，点明要害。孙子不仅注意到战争活动中矛盾的普遍性，而且运用辩证思维的方法发现这些矛盾往往是对立统一的，矛盾双方在一定条件可能向对立面转化，从而影响双方的强弱得失，左右双方的谋略运用，甚至决策战争的胜负成败。他意识到作为战争的指挥员只有认识这些矛盾及其在一定条件转化的规律，才有可能巧妙地利用矛盾和解决矛盾，兵法的奥妙往往就隐藏在这些矛盾的运动过程之中。所以，孙子十分注重从对立统一的矛盾范畴入手分析战争现象，并加以辩证地分析和阐说。

比如，对于"利害"这对矛盾范畴，孙子主张"智者之虑，必杂于利害。杂于利而务可信也，杂于害而患可解也"。所谓"杂"，即兼顾、混合、辩证。"杂于利害"，就是要求人们善于害中见利，利中思害，趋利避害。事实上，孙子不仅是杂于利害，而且还运用这种思维方法杂于攻守、杂于全破、杂于虚实、杂于奇正、杂于速久，对一切矛盾范畴都杂而思之，辩证思考矛盾的两个方面，从而把握战争中矛盾斗争的两个方面和相互转化关系。

值得注意的是，孙子对矛盾范畴进行辩证分析的同时，特别注重指出矛盾运动的关键环节，甚至提出抓住这一环节的方法。比如讲"奇正"这对范畴，孙子首先阐明一般规律："凡战者，以正合，以奇胜。"提醒人们注意战场上有正就有奇，有奇就有正，明智的指挥员，要善于奇正两手并用。但是，战场上双方都用这一规律，为什么采用同样的战法有的获胜，有的失败？

孙子接着指出，奥秘就在于变化。不善于奇正之变的人往往墨守成规，底牌早已被对方摸透，当然只能被动挨打。而善于以正为奇，以奇为正，奇正互变的一方，则在变化之中惑敌、乱敌、弱敌，同时隐蔽自己、保护自己，创造良好态势，捕捉有利战机，达成"攻其无备，出其不意"的效果。显然，"变"是掌握奇正这对矛盾范畴的关键。至于变化的具体方法，亦要随着战场情况变化而变化，切不可形成固定模式，所以孙子说："故善出奇者，无穷如天地，不竭如江河。"

又比如讲"攻守"矛盾，孙子首先分析两种作战方法不同的特点和效能，指出："不可胜者，守也；可胜者，攻也。"紧接着孙子指出，究竟是守还是攻，关键在于量力而行。"守则不足，攻则有余"，实力不足则采取防御，实力强大则采取进攻。掌握好这个关键环节，可知道何时该攻，何时该守，何时由守为攻，何时由攻为守。

最后是言简意赅，注重实用。孙子虽然高度重视各篇之中的矛盾范畴，但从不长篇大论地论证，更不用艰涩文字层层推理，而是直击要害，言简意赅地阐明观点。如："夫将者，国之辅也，辅周则国必强，辅隙则国必弱。""善守者，藏于九地之下；善攻者，动于九天之上。""胜兵若以镒称铢，败兵若以铢称镒。""凡先处战地而待敌者佚,后处战地而趋战者劳。"这一系列经典语句,既兼顾了周与隙、守与攻、藏与动、胜与败、先与后、佚与劳等矛盾双方,又指出了双方的特点,点明了掌握矛盾运动主动权的方法,具有很强的实用性和可操作性。真可谓易读、易懂、易记、易传、易用。

如果说"知彼知己"是贯穿十三篇的主线,那么也可以说军事辩证法是整部《孙子兵法》活的灵魂,各种各样的谋略思想或方法在战争实践中能否产生积极作用,取决于指挥员是否善于根据战场实际情况灵活变化。任何一种精彩的谋略方法都不能墨守成规,照搬照套只会导致僵化死板。照着书本打仗没有不失败的。正因为如此,孙子始终注重用辩证思维方法分析战争中的矛盾运动规律,阐释运用矛盾规律的谋略原则,一以贯之,统摄全书。

第四,兼容思维——广纳各家思想精华。

明代兵学家茅元仪曾评价说:"先秦之言兵者六家,前孙子者,孙子不遗;后孙子者,不能遗孙子。"这段评价精辟地概括了《孙子兵法》在中国古代军事思想发展史上承前启后的巨大作用。诚如其言,《孙子兵法》并不是凭空产生的,而是孙子站在前人肩膀上取得的成果。有人说《孙子兵法》是"中国最古老的兵书",这是不确切的说法。应当说,《孙子兵法》是中国现存军事典籍中产生最早、最为成熟的一部兵书。因为,在它之前,中国军事思想的发展已经有相当长的历史。基于"国之大事,在祀与戎""国之所兴者,农战也"的共识,先秦君臣名士都热衷于议兵,仁者见仁,智者见智,涌现出诸如《军政》《令典》等兵书和谈兵论战的策论,从而使孙子得以兼收百家之长,成一代兵圣之言。所以说,《孙子兵法》并非完全由孙子个人创作，而是集大成的结果。从这个角度来看，茅元仪的评论恰如其分。但是，如果换个角度来看，这一概括似乎又尚有欠缺。《孙子兵法》与先秦其他几部兵书并非"不遗"的关系，而是综合集成，全面超越的关系。

在"先秦之言兵者六家"中，《孙子兵法》之所以能成为"百代兵经"，具有"后孙子者，不能遗孙子"的永恒价值，不仅在于后世兵家无法绕过其理论框架，更在于其思想体系的独创性和超越性。若仅仅停留于"不遗"的层面，则无异于照本宣科，断难自成一家。通过对比分析《吴子》《司马法》《尉缭子》《六韬》《三略》等其他先秦兵书可以发现，无论在理论深度还是思想体系方面，这些著作都较《孙子兵法》略逊一等。究其原因，关键在于孙子赶上了"百家争鸣"的时代，他在"不遗"先秦各兵家思想的同时，采用兼容的思维方法广泛吸纳道、儒、法、阴阳诸家学说的思想精华，并用以分析和研究战争的基本规律、一般原则和谋略艺术，从而使其思想观点超越单纯战争和军事的范畴，多元化地体现出中华民族的传统智慧。

比如："道者，令民与上同意也。""不战而屈人之兵，善之善者也。"这些观点可反映出儒家以仁义治国的思想。而"先为不可胜，以待敌之可胜""实而备之，强而避之""避实击虚"之类的表述显然与道家顺应自然、以柔克刚的思想神韵相通。再如："厚而不能使，爱而不能令，乱而不能治，譬若骄子，不可用也。""施无法之赏，悬无政之令，犯三军之众，若使一人。"这一系列观点则明显体现出法家依法治国的思想。至于《易经》的思想痕迹，十三篇中比比皆是。

由此不难看出，《孙子兵法》虽然被奉为兵家圣典，却不惟武人所专有，古今中外政治、外交、商业、体育等各界人士都热衷于学习和运用这部经典。这种跨越时空的普适性，源于孙子善于博采众长，以兼容并蓄的思维方式，融汇了春秋时期各主要流派的思想精华。

思维是人的一种意识活动，是人的大脑中一个复杂的心理过程和系统工程。完成这一心理过程和系统工程，绝非一念之间，更不是单独某一种思维方法所能胜任的，而需要对思维对象进行长期、系统、分层、多维度的思考，这就决定了思维方法必然具有系统性、层次性、多维性的特点。孙子分析和研究战争问题的思维方法充分显示出这些特点。上述四种方法只是孙子构思兵法十三篇最基本的思维方法，此外还有直观思维法、逻辑思维法、类比思维法、聚焦思维法、创新思维法等。正是因为综合运用了这一系列思维方法，孙子得以客观而又正确地认识战争规律，深入而又系统地揭示出战争中的矛盾运动机理，全面而又精辟地阐明军事谋略运用艺术，从而锤炼出一颗颗富含军事哲理的思想"小颗粒"，最终构建出一座光耀古今的军事思想大厦。

二、兼取大师精髓的哲学思维方法

法国资产阶级革命的辉煌胜利，极大地鼓舞了欧洲各国新兴资产阶级的革命热情，尤其是在其南部邻国普鲁士激起了资产阶级的热切回响。当时，谈论哲学在普鲁士几乎成了知识界的一种时尚。德意志哲学泰斗康德、黑格尔等人的学说，因此而走出了哲学家的小沙龙，进入社会大课堂，对人们的思想产生了一定的影响。对于正处于青年时期的克劳塞维茨来说，这种影响无疑是直接的、深刻的。

第二十三章 风格迥然的理性思维方法

不少研究《战争论》的学者都注意到康德哲学对克劳塞维茨的影响，认为克劳塞维茨战争理论的哲学基础就是康德哲学。英国著名的军事理论家富勒认为，克劳塞维茨的战争哲学遵循了康德的思想路线，假定了一种绝对战争形式的存在，认为所有一切军事行动，都应该朝这一方向去指导。简单地说，在克劳塞维茨的思想中，有一种战争顶点的思想观念，相当于康德的"事物之本"。不管克劳塞维茨是不是这样想，但有一点是清楚的，他把他的绝对战争概念作为一种尺度，用它来衡量所有的军事行动。

另一位英国著名军事理论家利德尔·哈特把克劳塞维茨称作"康德的再传弟子"，并认为：由于受了康德的影响，克劳塞维茨的思想具有二元论的趋势；他相信有一个完满的（军事）理想境界，但同时又认识到，在现实的世界里，这种理想绝无完全达到的可能。利德尔·哈特强调，克劳塞维茨对理想和现实之间差异是有深刻认识的，明确指出了'军事理想'同'现实中的情况变化'有所不同。

联邦德国学者威廉·冯·施拉姆认为，康德哲学对克劳塞维茨的影响，主要表现在克劳塞维茨从康德哲学中学到了逻辑方法和辩证法的敏锐。美国军事评论家罗斯费尔斯也认为，克劳塞维茨的战争哲学思想，毫无疑问是从研究康德派哲学中所获得的重要启示。

这些评论虽然角度不同，但说明了一个共同的事实，即康德哲学确实对克劳塞维茨的战争哲学思想产生过深刻的影响。从《战争论》中不难看出，这种影响虽然尚未支配克劳塞维茨的整个战争哲学体系，但在许多方面都有不可忽视的启蒙作用。

德意志民族是一个善于哲学思辨的民族，是一个哲学家辈出的民族。继康德之后，年轻的哲学家黑格尔以其博大精深的辩证法思想成为普鲁士渐进式改革的精神旗帜。如果说康德哲学曾对克劳塞维茨产生过重要的启蒙作用，那么，黑格尔哲学则对克劳塞维茨战争哲学体系的最终成熟产生了决定性影响。

翻开《战争论》，人们不难发现，黑格尔哲学的"胎记"确实随处可见。我们略举数端，便可窥见一斑。

首先，在思维方法上，黑格尔与克劳塞维茨都主张从抽象到具体，从简单到复杂的研究方法。黑格尔的一个著名观点是："逻辑理念的开展是由抽象进展到具体"。克劳塞维茨极为重视黑格尔的这一观点，他在《战争论》开篇的引言中就指出，要把握战争的实质，必须"首先研究战争的各个要素，其次研究它的各个部分或环节，最后就其内在联系研究整体，也就是先研究简单的再研究复杂的"。

其次，在思想体系上，黑格尔哲学与克劳塞维茨的战争哲学都是以所谓客观精神为基础的。黑格尔认为在自然界和人类社会出现以前，就存在着一种宇宙精神，这种宇宙精神不是人类主观的东西，而是在人之外的客观精神或客观思想，也就是所谓的"绝对观念"。这种"绝对观念"是一切事物的本原，世界上的任何现象，无论是自然的、社会的，还是人类的思维，都由它派生出来，是它的表现。克劳塞维茨在《战争论》中所提出的"绝对战争"这一概念显然是继承黑格尔"绝对观念"的产物。所谓"绝对战争"，也是指一种客观精神的东西。克劳塞维茨强调指出：在创立战争理论时，应"把战争的绝对形态提到首要的地位，并且把它看作是研究问题的基本出发点，使那些希望从理论中学到一些东西的人永远记住它，把它当作衡量自己一切希望和忧虑的基本尺度，以便在可能和必要的场合使战争接近这种绝对形态"。这说明，克劳塞维茨的理论体系与黑格尔的哲学体系一样，都是建立在一种绝对观念或绝对形态之上的。

最后，在思想观点上，黑格尔哲学和克劳塞维茨的战争哲学都充满了辩证思维。黑格尔哲学的精华集中体现在其逻辑学体系中。他以唯心主义的方式，系统阐述了质量互变、对立统一和否定之否定等辩证思维规律。克劳塞维茨战争哲学最重要的成果，在于运用辩证方法考察战争现象。这明显体现出他对黑格尔关于发展与内在联系思想的吸取。克劳塞维茨将揭示战争与周围事物的联系、探究战争实质与本质，视为研究战争问题必须遵循的基本原则，因而在其著作中始终贯穿着辩证的分析研究方法。

哲学是智慧之学。尽管康德哲学和黑格尔哲学清浊混流，但对克劳塞维茨的影响，总的来说还是积极的多于消极的。他们的逻辑思维和辩证方法，启迪着克劳塞维茨比较正确地认识了战争本质，比较准确地揭示了某些战争规律和战争问题的辩证关系，最终形成一个比较系统的战争哲学思想体系。恩格斯和列宁曾经都肯定了克劳塞维茨的哲学成就，恩格斯认为《战争论》哲学推究的方法很奇特，列宁则称其为"非常有名的战争哲学家"。

三、东西方军事巨匠的思维差异

孙子研究战争主要从战争的物质基础入手。作为新兴地主阶级的代表，他否定了战争问题上求天乞地的天命论，主张无神论、唯物论。对于"天"，孙子作了明确的唯物主义的解释：

"天者，阴阳、寒暑、时制也。"这同天命论者把"天"看作无所不能的神是冰炭不容的。并且，孙子把"天"看作决定战争胜负的条件之一，强调从战略全局上巧妙运筹"道、天、地、将、法"五个方面的因素，为赢得战争胜利创造良好的物质基础。

基于唯物论的基本立场，孙子始终着眼于探索战争的真正规律。他坚信战争规律是可以认识的，因而竭力反对用迷信的方法去预测胜负，主张"禁祥去疑"，认为"明君贤将，所以动而胜人，成功出于众者，先知也。先知者，不可取于鬼神，不可象于事，不可验于度，必取于人，知敌之情者也"。所以，"知彼知己""知天知地"实为贯穿十三篇的一条主线。沿着这条主线，孙子阐明了一系列符合战争实际特点的战略战术和作战原则。诸如"兵贵胜，不贵久""以迂为直，以患为利""避其锐气，击其惰归"等，都是孙子运用唯物主义认识方法对战争规律的理论概括。

孙子的军事思想不仅表现出朴素唯物论的色彩，而且表现出朴素辩证法的特点。他说："是故智者之虑，必杂于利害。杂于利而务可信也，杂于害而患可解也。"一个"杂"字，体现出他认识和解决战争中各种矛盾的基本方法，即辩证法。孙子看到，战争中的种种矛盾总是不断变化的，对立双方总是互相依存，互相作用、互相转化的。比如敌人防备严实，但由于"备前则后寡，备后则前寡，备左则右寡，备右则左寡，无所不备，则无所不寡"，不可能天衣无缝，总有疏漏。那么，如果避其实而击其虚，敌人的主动地位就转化为被动地位了。为了充分说明普遍存在于战争各个方面、各个层次的辩证关系，他构建了一个范畴体系，诸如攻守、全破、阴阳、刚柔、虚实、奇正、强弱、众寡、治乱、迂直、利害等，《孙子兵法》的每一篇都通过对范畴的阐释来揭示战争中的某种辩证关系。

克劳塞维茨研究战争主要从战争的基本属性入手。作为新兴资产阶级的代表，他致力于创立资产阶级自己的军事学说，着重强调首先从理论上弄清什么是战争，并由此出发建立一套全新的军事理论体系。为此，他借用黑格尔唯心主义哲学的一个基本观点——"绝对观念"，提出了"绝对战争"的概念，认为在现实战争之外客观上存在着一个目的无限、暴力无限、手段无限的战争形态。尽管这种战争形态只是"逻辑推理上的战争"，它的规律不完全等于现实战争的规律，但却是现实战争规律发展的趋势。因此，他以此为研究现实战争的参照系。

从客观上来说，克劳塞维茨从"绝对战争"和"现实战争"两方面研究战争现象，便于动态地把握战争规律，清晰地揭示战争的发展趋势。而且，他尽量把战争理论建立在哲学与经验两个支柱上，甚至当采用纯思辨的哲学概念不足以说明战争问题时，他选择采用经验中的恰当现象来说明。所以，他的战争理论不仅深入探讨了战争现象的本质，而且开始脱离朴素、直观的性质，具有了较为完备的理论形态。

在认识论上，克劳塞维茨与孙子一样，善于辩证地分析问题。德国古典哲学最大的成果是创立了唯心主义辩证法，克劳塞维茨则成功地将之引入军事领域，使整部《战争论》充满了辩证法的味道。比如，他讲战争是政治的一个部分，政治的性质决定战争的性质，同时又指出战争是政治中的一个特殊部分，对政治有着一定的反作用。又如，他讲防御是比进攻强的一种作战形式，同时又指出防御是迫不得已的战争手段；他讲进攻是比防御弱的一种作战形式，却又说防御要想取得胜利必须靠进攻来实现。但是，在某些问题上他的辩证法又似乎有失分寸。

其中在如何认识战争规律的问题上，他既肯定战争规律是可以认识的，同时又过分强调概然性、偶然性和不确实性，进而提出大胆的冒险精神、幸运和不幸运在某种关键时刻对战争胜负能起决定性作用，这明显表现出不可知论的思想。

孙子和克劳塞维茨各有所长，也各有所短。孙子生活的时代，社会生产力的发展程度还不高，人们尚不能科学地认识世界和揭示世界发展变化的内在规律。因此，孙子在考察战争的过程中，经常以某种自然界的现象来比喻和说明战争规律。例如，他说："夫兵形象水，水之形，避高而趋下；兵之形，避实而击虚。水因地而制流，兵因敌而制胜。故兵无常势，水无常形。能因敌变化而取胜者，谓之神。"这种表达方式比较具体、明晰，但由生动的直观到科学的抽象则显得不足。孙子虽然看到了战争中矛盾现象的辩证关系，但却没有进一步揭示这种矛盾现象内在的本质联系。所以说，孙子的军事思想是建立在唯物基础之上的，具有朴素的和原始的唯物主义特点。

克劳塞维茨生活的时代，社会生产力空前发展，人们的理性思维能力已经相当成熟，但由于受德国古典哲学片面性和先验论的影响至深，他终究未能摆脱唯心主义思维方式的束缚，使其战争学说在"纸上的战争"与"现实战争"之间纠缠不清，对概念的阐述过于烦琐，对理论的论述过于抽象，文字表述过于晦涩，以致凡是第一次接触《战争论》的人难免有丈二和尚摸不着头脑的感觉，很难真正把握其逻辑路线，更难以准确把握那些"纯金属铸成的小颗粒"。难怪西方一些军事评论家在充分肯定《战争论》巨大理论价值的同时，都不免为其烦琐的哲学概念和逻辑论证而遗憾，称之为"一座充满神秘色彩的迷宫"。

第二十四章　各有千秋的兵书著述方式

《孙子兵法》全文六千字左右，《战争论》却洋洋洒洒七十多万字。两者篇幅相差巨大，文风也迥然不同。之所以形成这种差异，既与东西方文化传统密切相关，更与孙子和克劳塞维茨思维方法的差异有着直接的关系。比较《孙子兵法》和《战争论》，二者的著述方式至少有两点区别。

一、舍事言理与史论结合

中国古代哲学家普遍习惯于一种思维方法，那就是直觉顿悟。他们往往在饱读各类经典、剖析无数事例之后，在头脑中反复进行逻辑推理，分析其中深奥的哲理。人们通常把这种思维活动的过程称作"顿悟"。

《孙子兵法》不是拍脑瓜子一蹴而就的产物，而是长期"悟"出来的思想结晶。孙子出生在军事世家，生长在战乱年代，长期耳濡目染战争，更亲身经历了战争，这种独特的经历使他深刻了解战争，熟悉先秦战争历史画卷上的英雄人物和经典战例。弃齐奔吴后，孙子隐居姑苏城外五年，潜心撰写兵法十三篇。南朝文学理论批评家刘勰曾经赞叹："孙武兵经，辞如珠玉，岂以习武而不晓文也。"其中，"辞如珠玉"几个字不仅形容《孙子兵法》言语精辟而优美，同时也指其思想如珠玉般光彩照人。显然，这些思想的"珠玉"是孙子长时间在头脑中研究大量战争案例，总结前人经验教训，从中逐渐领悟出来的军事哲理或谋略精髓。在撰写兵书，表述思考结果时，孙子又往往采用"舍事而言理"的方法，简明扼要地道出真金，使读者能够直接顿悟个中道理。这就形成了《孙子兵法》惜墨如金、言简意赅的文风。

所谓"舍事而言理"，即舍去对具体战争事例的描述和逻辑推导的过程，直接阐明战争规律和作战法则，一句一理，字字珠玑。如：《谋攻篇》中，"孙子曰：凡用兵之法，全国为上，破国次之；全军为上，破军次之"，寥寥数字便清楚地道出了"不战而屈人之兵"这一军事谋略的最佳境界；"故用兵之法：十则围之，五则攻之，倍则分之，敌则能战之，少则能逃之，不若则能避之"，连续六个并列句便指明了攻防作战的几条基本原则；又如《形篇》"善用兵者，修道而保法，故能为胜败之政"，一语道破谋求优势军事力量的必由途径；再如《军争篇》："故用兵之法：高陵勿向，背丘勿逆，佯北勿从，锐卒勿攻，饵兵勿食，归师勿遏，围师必阙，穷寇勿迫，此用兵之法也"，连用八句话阐明"用兵八戒"。

毋须赘述，仅此几例便可清楚地说明，《孙子兵法》确实具有"一句一理，字字珠玑"的显著特点，文中以"孙子曰""战道""善战者""用兵之法"之类词语引出的语句，均是从不同角度和层面对战争规律问题、治军规律问题的深刻提炼和高度概括。北宋著名政治家、文学家王安石清楚地看出了孙子的这一思维方法，与宋神宗讨论《孙子兵法》时，他称赞《孙子兵法》"言理而不言事，所以文约而所该者博"。

孙子既引导人们登堂入室，直接掌握制胜要诀，又为人们在不同时代、不同条件下创造性地发挥和运用这些要诀提供了广阔的空间。例如，在《孙子十家注》中，关于"奇正"一词的注释多达八条，各位注家仁者见仁，智者见智，使孙子的本意得到淋漓尽致的阐释。至于"不战而屈人之兵"的原理，则成为美国对苏联核战略的核心和灵魂，更有力地说明了《孙子兵法》的启发性和开放性。孙子兵学盛行数千年而不衰，后代兵家可以沿着"祖述孙子"的道路前进，以"六经注我"的特有方式发展军事理论，奥妙也就在这里。

西方古代军事著作与同时代的绘画艺术一样，注重细致入微，准确表述，鲜明地体现出重微观、重分析的思维特点。古希腊、古罗马时期的军事著作，侧重于记载一场战争的全过程，突出宣扬军事统帅的辉煌战绩和累累战功。尤其是自传性的军事著作，如色诺芬的《长征记》、恺撒的《高卢战记》与《内战记》，更详于记史，甚至细致记录当事者的一言一行，至于对战争问题和军队建设问题的理性认识，则只是断断续续地夹杂其间。他们的写作目的，享有西方"历史之父"之称的希罗多德说得很清楚："是为了保存人类所达成的那些伟大成就，使之不致因为年代久远而湮没不彰，为了使希腊人和异邦人的那些可歌可泣的丰功伟绩不致失去其应有的光彩，特别是为了要把他们之间发生战争的原因记载下来，以永垂后世。"

文艺复兴之后，随着数学、逻辑学日臻成熟，军事著作逐渐突破纯粹记史和就作战论作战的模式，开始注意以逻辑推理和数学运算的方法分析军事理论问题，出现大量进攻、防御、伏击、佯撤、退却、增援等军事术语，并常常将军事问题与政治、经济等方面的因素结合起来思考。文艺复兴末期，意大利政治家和军事理论家马基雅维里的《论军事艺术》就突出地表现出这种新风格。

克劳塞维茨撰写的《战争论》，既承袭了古希腊、古罗马时期的遗风，又吸收了文艺复兴之后的新时尚，其基本方法是史论结合，以史鉴理。他运用辩证法这个工具，先从简单的概念入手，逐步深入分析战争的各种现象，进而把握战争的基本规律，从而形成一整套符合资产阶级利益的理论见解。在对战争现象进行逻辑推理和理论分析的同时，克劳塞维茨十分重视用史实说话。他认为只有通过对战争史例的研究，才能建立起与之相应的战争理论。因为"在军事艺术中经验要比一切哲理有价值得多""光辉的战例是最好的教师"。相比之下，他的这种撰写方法使概念更为明确，理论更为系统，特别是进攻、防御、作战计划等有关作战的理论更为直观，易于操作。但克劳塞维茨的军事理论缺乏孙子军事理论那种启发性和开放性，不利于从哲学高度提高人们的军事思辨能力和创造能力。

二、建造兵学大厦与熔炼金属小颗粒

孙子与克劳塞维茨不仅著述方法不同，著述的重点也有明显的区别。尤其体现在结构体系上，孙子注重整体连贯和篇篇呼应，克劳塞维茨则注重篇章完善，突出思想要点。

孙子主要根据军事理论体系的需要来确立结构，划分篇章。全书十三篇，依次阐述了慎战原则、全胜原则、奇正原则、主动原则、机动原则，以及火攻、用间等特殊战法。每篇既是一个独立整体，篇与篇之间又相互保持密切联系。日本兵学家山鹿素行的一段评价清楚地揭示了《孙子兵法》的结构特点。他认为，从思想内容上来说，孙子的许多观点既在一篇之中详加阐释，又于其他篇章中加以发挥，从而贯穿于十三篇之中。如"先知"问题,"自《始计》迄修功,未尝不先知。是所以序《用间》于篇末,三军所恃而动也。然《始计》《用间》二篇,为知彼知己、知天知地之纲领,军旅之事,件件不可外之矣"(《孙子谚义·自序》)。同时,他还指出《孙子兵法》各篇之间紧密相连,彼此呼应,构成了一个完整的体系,即"《作战》《谋攻》可通读。《形》《势》《虚实》一串也,《争》《变》《行军》一串也,《地形》《九地》一意也,《火攻》一意;《始计》《用间》在首尾,通篇自有率然之势。文章之奇,不求自有无穷之妙,谋者不可忽"。

《战争论》的结构体系与《孙子兵法》有不少相似之处。一是结构体系的组成部分基本一致,二者都含有战争目的、战略因素、战略运筹、战略抉择和作战方法等几个主要组成部分。二是结构体系的时空顺序大体相似,二者基本上都按照战争推移的客观进程,即战略运筹、战前准备、军队行动、作战实施、各种地形上的作战原则这一时空顺序排列。

但是,二者的区别也是相当明显的。克劳塞维茨动手写作之初并没有一个完整的构想,只是想把从法国大革命和拿破仑战争中观察和体验到的新思想、新变化加以理论升华,即熔炼"纯金属小颗粒"。因此,他的注意力不是放在建立完整体系上,而是偏重创新立说,力求在每一篇中集中说明一个方面的问题,然后再连缀各篇组成一个整体。这种方法的长处在于能够比较透彻地说明某一方面的问题。比如防御问题,他用了洋洋洒洒上万言,从防御的性质、防御的优势、防御的形式到防御的实施及防御与进攻的关系,都作了充分的阐述,远比孙子的防御论丰富得多、具体得多。然而,由于克劳塞维茨将精力过于集中在各个篇章,以至于多数篇章都是从某一个局部的角度来论述问题，缺乏战略性的分析论证。尽管最终完稿时，《战争论》的8篇可以联为一体，但"形"联而"神"未联，甚至出现某些观点前后矛盾的现象，远不如《孙子兵法》那样形神俱联。

三、辞如珠玉的语言与严谨论证式表达

值得注意的是，孙子言理之时并非板起面孔一味弄玄，而是尽量生动形象地化深奥为平实，使所言之理易读、易记、易理解，确实是"辞如珠玉，字字珠玑"。宋朝学者郑厚在其《艺圃折衷》中说："孙子十三篇，不唯武人之根本，文士亦当尽心焉。其词约而缛，易而深，畅而可用，《论语》《易》《大传》之流，孟、荀、杨著书皆不及也。"我们至少可以从多方面看出孙子的语言风格。

一是行文生动形象，喻义多用类比。《孙子兵法》中大量运用明喻、暗喻和博喻等比喻方法，用自然生活现象说明复杂微妙的军事哲理。比如，为了说明奇正多变之理，孙子用日月运行、四时更替以及五声、五色、五味之变，多方取喻，步步深化。又如，为了说明军事优势应有的状态，《形篇》中说："胜者之战民也，若决积水于千仞之谿者，形也"，以高山堰塞湖之水决堤而出的模样，形象地引导人们领略其中的奥妙。再如，为了说明有利作战态势，《势篇》末尾说："善战人之势，如转圆石于千仞之山者，势也"，以高山转石的现象比喻四两拨千斤的巨大能量。诸如此类的比喻，《孙子兵法》中比比皆是，不胜枚举，读来让人心领神会，兴趣盎然。由于孙子善用比喻，对于一个观点，一个主张，一种规律，常常从不同方面，不同角度，多方设喻，因而，他的言论具有一种高屋建瓴的论证气势。

二是立论多用断语，文意善于递进。孙子作为一位战火从中走来的兵学家，深知战争领域没有那么多缠绵悱恻，曲意逢迎，很多战争规律和军事哲理必须一针见血，直接阐明。所以，他常常用断语和排比说明一些重要的观点。如《火攻篇》中讲决策三原则，"非利不动，非得不用，非危不战"，一句一条原则，斩钉截铁，掷地有声。又如《谋攻篇》中为了讲明"全"与"破"的关系，连用五个排比句："凡用兵之法，全国为上，破国次之；全军为上，破军次之；全旅为上，破旅次之；全卒为上，破卒次之；全伍为上，破伍次之。"强调在国、军、旅、卒、伍五个层次上的战争、战役、战斗，乃至于搏斗，都要以全为上，以破次之，全与破互相配合。再如，《势篇》中为了说清楚奇正之变问题，连用几个比喻和排比句："声不过五，五声之变，不可胜听也；色不过五，五色之变，不可胜观也；味不过五，五味之变，不可胜尝也；战势不过奇正，奇正之变，不可胜穷也。"通过几种常见自然现象的变化，说明奇正之间的转化。这些排比句式，将一个中心议题从不同角度展开，层层递进，罗列整齐，从而全面深刻地阐述了某一思想观点。

三是用语工整对仗，行韵极其繁密。《孙子兵法》读来朗朗上口，易懂易记，得益于其语言之优美。为了便于戎马倥偬的将帅传颂记忆，孙子尽量不用繁复的语言，而是尽可能采用简洁明快的词句，巧妙地融合诸多军事谚语和格言，使其语言如散文诗一般，抑扬顿挫，韵律优美。比如《计篇》中："将听吾计，用之必胜，留之；将不听吾计，用之必败，去之。"其中"去"与"留"，以及决定"去"与"留"的原因都具有鲜明的对照性，通过这种对照，使孙子的态度得到了明确的表达。又如《地形篇》讲攻守之道，"善守者，藏于九地之下；善攻者，动于九天之上"。攻与守、藏与动，两两相对，韵律呼应。再如《虚实篇》中讲调动敌人的方法："能使敌人自至者，利之也；能使敌人不得至者，害之也。"自至与不得至，利之与害之，相互映衬。

《孙子兵法》的语言艺术特点是多方面的，除上述词语的选择和锤炼，句式的搭配和调整，以及丰富多彩的韵律和修辞之外，还有夸张、渲染、顶针、反问等多种表达方法。由于孙子具有驾驭和使用语言的深厚功力和高超技巧，因此，短短六千字的《孙子兵法》处处闪耀着语言艺术的夺目光彩。它语言明快，辞彩绚丽，感情充沛，论事说理纵横反复，曲尽其意丰富多彩，从而使其论兵之言具有折服世人的巨大说服力和强烈的艺术感染力。

克劳塞维茨著述《战争论》的方法大体上继承了他的哲学启蒙教师康德和黑格尔等人的特点，擅长纯理性思维，往往从基本概念出发，用明确的语言对事物下定义，以逻辑推理的方法论证某一命题，再用大量实例予以印证。这种著述方法使《战争论》具有思维缜密、逻辑严谨、表达清晰、思想系统的特点。全书语言讲求严谨，注重上下文的逻辑关系、时态及主谓语的搭配等。然而，严密而繁复的形式逻辑三段论推理式论述，使得《战争论》的语言冗长而复杂，不少文字缺乏活力，晦涩费解。同时，作者对战争战例具体过程的叙述过于细致，往往淹没了所要表达的思想观点，而某些从理论上推导出的战争哲理也令人难以捉摸。无怪乎，不少读者难以读懂《战争论》全文，原因恐怕就在于此。

孙子和克劳塞维茨著述方式的差异，直接影响着二者的思想表述和理论传播。《孙子兵法》之所以能够成为中国古代军事思想的主流，并为古代兵学的发展奠定了基本框架，而《战争论》虽也被视为西方资产阶级军事理论的奠基作之一，却主要是以一系列"纯金属小颗粒"般的思想观点而非整个思想体系流行于世，著述方式的差异无疑是重要原因之一。

第二十五章　崇尚谋略与崇尚暴力的战争观

战争观，是人们对战争问题的根本看法和总体认识。它包括对战争起源、战争根源、战争动因、战争本质、战争性质、战争目的、战争的历史作用、战争与相关因素的内在联系，以及对待战争的态度、消灭战争的途径、战争与和平的关系、战争与革命的关系等问题的基本观点。战争观是在战争历史发展过程中，通过战争实践在人们头脑中形成的理论体系。

孙子和克劳塞维茨刻苦著述有一个共同目的，那就是要努力探索战争规律和战争指导规律，对战争基本问题形成一系列清晰的认识。孙子身处诸侯争霸的时代，为帮助吴国征服群雄、称霸天下，他竭力总结前人的战争经验，从中寻求制胜之道。克劳塞维茨身处军事革命的大潮之中，他精心总结法国大革命和拿破仑战争的经验教训，研究适合新形势的新理论、新战法，目的在于振兴屡战屡败的普鲁士。事实证明，他们都基本上实现了自己的著述目的。无论是《孙子兵法》还是《战争论》，都在不少方面正确揭示了战争规律和战争指导规律，因而具有永恒的生命力。

战争规律和战争指导规律有普遍和特殊之分。普遍规律，即人类战争活动共有的基本规律；特殊规律，即不同条件和不同环境内战争活动的特有规律。在实际战争中，普遍规律和特殊规律并非截然对立，二者往往彼此兼容，各种特殊规律的共性综合形成普遍规律，那么普遍规律之中也就必然包含各种特殊规律的部分本质因素。孙子和克劳塞维茨处于不同时代、不同国度，其思想认识必然偏重揭示反映中西方不同军事文化的特殊战争规律，然而，这并不妨碍他们在揭示战争的普遍规律方面取得共识。

翻开《孙子兵法》和《战争论》，人们不难发现，二者在许多问题上不谋而合。如在战争制胜因素问题上，孙子有"五事"之说，克劳塞维茨则有"五要素"之论；在攻防问题上，孙子主张攻防结合，克劳塞维茨则强调寓攻于守；在集中兵力问题上，孙子提出"胜兵若以镒称铢"，克劳塞维茨则倡言"数量上的优势"。不言而喻，这些观点虽措辞不同，却从不同角度揭示了战争的普遍规律。但总的来说，《孙子兵法》和《战争论》的思想内容还是异多于同，彼此在战争观、战略思想、作战指导思想等方面都有许多明显的差异。而种种的差异，首先源自他们对战争基本看法的差异，即两人战争观的差异。

一、对于战争本质的认识差异

孙子开篇即言："兵者，国之大事，死生之地，存亡之道，不可不察也。"一语道破战争的本质，把战争列为国家头等大事，旨在引起国君、将帅的高度重视。显然，孙子是从社会职能这个角度来说明战争的，其要义在于阐明战争在国家事务中的关键地位和重要作用，告诫人们高度重视战争、慎重对待战争。克劳塞维茨也从解释战争入手，但他主要从哲学角度抽象概括战争的本质，提出"战争是迫使敌人服从我们意志的一种暴力行为"的观点，直接揭示了战争的本质，回答了战争是什么的问题。由于着眼点不同，使得孙子和克劳塞维茨对战争与政治关系的见解存在差异。

孙子最早认识到，战争绝不是孤立的社会现象，必须联系政治、经济等各种条件考察和指导战争。所以，他提出了"道"的概念，即"道者，令民与上同意也，故可以与之死，可以与之生，而不畏危"。在这里，所谓"道"，指的是国君、军队与民众共同的政治理想和政治诉求。孙子认为，这种政治理想和诉求并非无足轻重，而是决定战争胜负的关键因素，因此，他将"道"列为"五事"之首，看作战争制胜的首要条件。他还进一步强调："善用兵者，修道而保法，故能为胜败之正"，阐明了政治建设与战争胜负的关系，指出只要平时修明政治并建立与之相适应的法度，就能在战场上掌握战争胜败的主导权。

早在两千多年以前，孙子就能比较明确地看到政治在战争中的作用和影响，并提出一些具有普遍意义的论点，这对人类进一步认识战争的本质，无疑有着启人心智的作用。然而，受当时历史条件的限制，这些论点又不可避免地带有直观、笼统和朴素的性质，无法从理论上彻底揭示战争本质及其与政治的内在联系。

在这个问题上，克劳塞维茨比孙子幸运得多。在两千多年的历史进程中，人们从不同角度对战争的起源和本质进行了艰苦的探索，提出了多种观点。例如，"战争宗教论"认为，战争由神支配而产生和结束，神的意志决定战争的胜败。"战争生物论"认为，战争产生于人类好斗的生物本能和欲望。"战争种族论"认为，战争产生于种族之间的差别。这些观点虽荒诞不经，但在客观上却为克劳塞维茨提供了借鉴。特别是法国大革命，由一场声势浩大的政治革命演变为一场波澜壮阔的军事革命，充分显示出政治与战争之间的关系，从而为克劳塞维茨正确认识战争本质，科学地揭示战争与政治的关系，提供了极为有利的条件。

克劳塞维茨注意到，战争不过是政治的开路工具，当政治难以进展时必然诉诸武力。由此，他提出了"战争无非是政治通过另一种手段的继续"的经典论断。虽然他的这一论断仍有一定的局限性，但在世界军事思想发展史上第一次比较正确地揭示了战争的政治本质。

克劳塞维茨至少在两个方面发展了孙子的思想。其一，他不是把政治看作战争制胜的条件之一，而是紧紧抓住政治对战争的决定作用，说明战争对政治的从属性。其二，他不仅仅看到政治对战争的决定作用，而且注意到战争的特殊性，阐明了战争对政治的反作用。较之于孙子的认识，他的这些观点显然更准确、更深刻、更全面。然而，这种进步并没有抹去孙子战争观的思想光辉，而是与之交相辉映，相得益彰。所以，人们说起《孙子兵法》首先想到的是"兵者，国之大事，死生之地，存亡之道，不可不察也"，提起《战争论》则立即想到"战争无非是政治通过另一种手段的继续"。两句经典名言，影响了世界无数政治家、军事家的思想，成为世界军事理论大厦的重要基石。

二、对于战争特性的认识差异

毛泽东在《论持久战》中指出，战争现象是较之任何别的社会现象更难捉摸，更少确实性，即更带所谓"盖然性"。战争的特性也使人们在许多场合无法全知彼己，因此产生了战争情况和战争行动的不确实性,产生了错误和失败。然而不管怎样的战争情况和战争行动,知其大略,知其要点,是可能的。因此,战争不是神物,而是世间的一种必然的运动,是有规律可循的。指导战争的关键,是要认识和运用战争的规律,一切从实际出发,着眼其特点,着眼其变化。毛泽东的这一观点深富哲理,道出了古今中外优秀军事家克敌制胜的法宝。

孙子和克劳塞维茨在这个问题上虽然着眼点不同,却有着十分相似的观点。他们都注重研究战争的特性,并强调按战争特性研究和指导战争。孙子以水喻兵,认为"兵形象水,水之形,避高而趋下;兵之形,避实而击虚"。《孙子兵法》中"水"字先后出现16次,除《行军篇》9次是实指水上作战问题外,其他各篇中的"水"均用来比喻。孙子多次以水喻兵,其实是中国传统文化基因的自然表现。中国人崇尚"上善若水",看重水的柔性、灵性。孙子以水喻兵,是从总体上描述战争特性,认为战争中不论主体还是客体,都可能随时随地变化。所以,战争指导应当"兵形象水""水因地而制流,兵因敌而制胜"。此外,孙子"常变论"中的一系列观点,均强调既要适应常规,又要根据具体情况利用客观条件变化常规。

克劳塞维茨基于西方传统文化观念,把战争比喻成"一条真正的变色龙",认为它的性质在每一具体情况下都或多或少有所变化。什么时候变化、怎样变化,主要取决战争中"三位一体"的关系:一是战争要素原有的暴烈性,即仇恨感和敌忾心,这些都可看作是盲目的自然冲动;二是概然性和偶然性的活动,它们使战争成为一种自由的精神活动;三是作为政治工具的从属性,战争因此属于纯粹的理智行为。这三个方面中的第一个方面主要同民众有关,第二个方面主要同统帅和他的军队有关，第三个方面主要同政府有关。战争迸发出来的激情必然是在民众中早已存在的；在概然性和偶然性的王国里，勇气和才智活动范围的大小取决于统帅和军队的特点；而政治目的则纯粹是政府的事情。这三种倾向像三条不同的规律，深藏在战争的性质之中，同时起着不同的作用，从而导致战争千变万化。相比之下，克劳塞维茨不仅看到了战争随时随地变化的特性，而且清楚地分析了变化的原因主要来自民众情绪的高低、将领勇气和才智的变化、政策决策的正误。总之，战争的千变万化来自战争双方心理的变化。

虽然两位军事巨匠都看到了战争的特性，而且都强调要随着战争变化而灵活应对。但是，在如何应对战争特性的问题上，二者的具体方法却不尽一致。孙子主张"因之"，克劳塞维茨主张"战之"。

孙子认为，战争变化既是规律，也是机遇。因此，既要适应其变化，更要利用其变化，应通过把握变化来创造有利战机。一个"因"字涵盖了适应和利用其变化的种种奥妙。比如，"若决积水于千仞之谿者，形也"，强调在八千尺高的山谷间掘开大坝，让积聚的山水冲泻而下，使柔软的水产生巨大的冲力，其奥妙在于因地势之高。再如，"激水之疾，至于漂石者，势也"，将水引入陡峭的山区地段，使之飞流直下，产生漂走石头的力量，其奥妙在于因地势之险。这两个比喻意在说明，有限的军事力量通过地形、地势的变化，可发挥出倍增的效能。《虚实篇》则说得更为清楚，继"兵形象水"之后，孙子强调"兵无常势，水无常形，能因敌变化而取胜者，谓之神"。一个"因"字，凸显出孙子应对战争特性的基本方法，那就是适应其变化、利用其变化，因时、因地、因敌而变，通过变化转化力量对比，通过变化改变战场态势，通过变化创造战机。

克劳塞维茨同样强调适应战争特性，他认为战略也必须到战场上去，以便及时应对各种突发情况，特别是由"三位一体"因素引发的战场变化，并据此对总体战略进行必要调整。但是，他并未提出如何主动利用战争特性的方法，而是主张以冒险的精神去应对。在他看来，"在人类的活动中，再没有像战争这样经常而又普遍地同偶然性接触的活动了。而且，随偶然性而来的机遇以及随机遇而来的幸运，在战争中也占有重要的地位"。因此，"战争无论就其客观性质来看还是就其主观性质来看都近似赌博"。赌博需要的是运气、勇气和智慧。"虽然勇气和智谋能够同时存在而不互相排斥，但它们毕竟是不相同的东西，是不同的精神力量，而冒险、信心、大胆、蛮干等等，则不过是勇气的表现而已，它们都要寻找机遇，因为机遇是它们不可缺少的。"也就是说，面对战争变化而出现的机遇，尽管情况不甚明了，也要不管三七二十一，赌一把再说。

在孙子与克劳塞维茨的思想体系中，对战争性质、起源、目的等诸多基本问题均有论述，见解大体相同，但时代背景、战争形态、个人经历的差异，决定了他们的见解又各有千秋，各有侧重。孙子和克劳塞维茨的思想体系，既体现了东西方军事思想的共通智慧，又彰显了不同文明对战争本质理解的独特视角，共同构成了人类军事思想史上的两座丰碑。

第二十六章　谋求全胜与力求战胜的战略思想

《孙子兵法》和《战争论》被人们视为东西方战略学的经典，它们在战略理论上的成就举世瞩目，影响深远。对一场战争而言，战略是筹划战争全局的方略；对一个军事理论体系而言，战略思想是整个理论体系的核心和基础，决定着其他各方面思想观点的特点和走向。孙子受时代的限制，并没有将其理论作战略、战役、战术之分，也就不可能像克劳塞维茨那样对战略下明确的定义。但是，这并不妨碍孙子从战略层面分析天下大势，思考全局问题，研究战略决策。诚如柯林斯所言："孙子是古代第一个形成战略思想的伟大人物……今天没有一个人对战略的相互关系、应考虑的问题和所受的限制比他有更深刻的认识。他的大部分观点在我们的当前环境中仍然具有和当时同样重大的意义。"所以，我们将孙子的思想观点纳入战略范畴并不是搞"古人现代化"，而是着眼于深入发掘孙子军事思想的价值。综合分析两部军事经典，我们可以发现孙子和克劳塞维茨战略思想的差异是比较明显的，各有其特点，也各有其重点。

一、争取胜利与消灭敌人的战略目的差异

中国人重谋，西方人尚力，这种区别在《孙子兵法》和《战争论》中表现得相当明显。对此，西方人似乎也有同感。美

国国防大学教官高德温来中国国防大学讲学时说道:"就这两位伟大军事家的不同之处而言,我认为,孙子的军事思想侧重于计谋和战略,克劳塞维茨则强调暴力。在西方国家中,广泛流传着孙子的这一句话:'兵者,国之大事,死生之地,存亡之道,不可不察也'。战争确实不是件轻而易举的事,任何疏忽、麻痹,都会导致无可估量的损失,因此孙子十分重视谋略的运用。在这方面,他的另一句名言是'不战而屈人之兵',即不使用武力就能使敌人屈服,应该说,这是最高明的。在克劳塞维茨著作中,则强调战争必须诉诸暴力,强调对付敌人必须进行杀戮。可见,孙子与克劳塞维茨在战争中如何运用作战手段是有所不同的。"

诚如其言,孙子的军事思想的确是以谋略为基础,以争取"全胜"为战略目的。孙子认为,战略上的最佳选择是"上兵伐谋",争取"不战而屈人之兵"。无论哪种规模的作战都要力求全胜,减少损失。一个"全"字,说起来简单,做起来却绝非易事。他着重从三个方面阐明了求"全"之道。

一是重用诡道。"诡道十二法"可谓适用于战略、战役、战斗各个层次军事行动的谋略,堪称中国军事谋略史上的绝唱。至于奇正之变、虚实之变、分合之变、迂直之变等,无不是诡道思想的具体运用。

二是多方制敌。传统的战场交锋只是克敌制胜的一种手段,而且是迫不得已的最后手段。克敌制胜最好的手段是"伐谋""伐交",通过打乱敌人的战争计划、破坏敌人的外交关系,使敌人不战而屈服,即使不能迫使敌人屈服,也可为最后战而胜之创造有利的条件。

三是增强实力。战争不是游戏,敌对双方绝不会仅仅因为谋略、外交上的失利而主动言和，是否言和往往取决于双方的兵力对比。"十则围之"自然能够使敌人失去作战的信心，"以镒称铢"无疑能够稳操胜券。

克劳塞维茨的战略思想与孙子的战略思想可谓大异其趣。他被拘于法国的时间是1807年，当时法文版《孙子兵法》已出版35年，按常理推测，羁旅期间大量读书的克劳塞维茨很可能看过《孙子兵法》。从《战争论》的某些观点来看，这种推测并非虚妄之言。克劳塞维茨在第一篇第一章中批评说："有些仁慈的人可能很容易认为，一定会有一种巧妙的方法，不必造成太大的伤亡就能解除敌人的武装或者打垮敌人，并且认为这是军事艺术发展的真正方向。这种看法不管多么美妙，却是一种必须消除的错误思想，因为在像战争这样危险的事情中，从仁慈产生的这种错误思想正是最为有害的。"他还强调指出，认为"最后实际上不再需要使用军队这种物质力量，只需要计算双方的兵力对比，对行动进行代数演算就可以了，那是莫大的错误"。不知是巧合，还是确实看过《孙子兵法》，他的这些批评显然有针对孙子全胜论之嫌。

在克劳塞维茨看来，战争是一种暴力行为，而暴力的使用是没有限度的。因此，他的战略思想是以战胜敌人为战略目的。诸如"最大限度地使用力量""在战争中手段只有一种，那就是战斗""用流血方式解决危机，即消灭敌人军队，这一企图是战争的长子""主力会战是战争的真正重心"等观点，无不散发出"暴力论"浓烈的火药味。

随着《战争论》理论架构的扩展，克劳塞维茨逐渐觉察到他初期的战略理论并不符合实际。他意识到战争并不仅仅是打仗，因此并不是所有的战争都要求彻底消灭敌人。这种理性思维的萌芽出现于《战争论》的第六篇,其影响还可以在第七篇和第八篇中看到。可惜克劳塞维茨去世之前只认为《战争论》的第一篇第一章是最完美的,后面的内容没有根据其最后的军事理论加以修改。这就是他的战略理论有些自相矛盾之处的缘故。

　　孙子和克劳塞维茨战略理论的分歧之大,足以引人注目。英国军事理论家富勒在《战争指导》一书中以孙子的观点批评克劳塞维茨的战略理论时说:"这些人永远不理解战争的真正目的。克氏的著作坚持消灭敌人是战争的目的,与之相对立的是两千多年前孙子的观点:战争的目的是胜利,消灭敌人只是一种可能性,而非最佳选择。"其中的"这些人",显然是指以克劳塞维茨为代表的暴力至上的思想流派。英国另一位军事理论家利德尔·哈特也在其名著《战略论》中否定克劳塞维茨的暴力战略,认为"真正的目的与其说是寻求战斗,不如说是寻求一种有利的战略形势……以收到决定性的效果"。他还说:如果克劳塞维茨在欧洲的影响能与孙子对战争艺术的看法刚柔相济,那我们在20世纪的两次大战中便可能免受不少摧残破坏。

　　尺有所短,寸有所长。孙子和克劳塞维茨的战略理论,作为不同军事文化的产物,必然各有其合理之处,我们不能简单地肯定一个而否定另一个。正确的态度是辩证分析,取其精义。孙子的全胜战略固然符合当今社会和平与发展的大趋势,但我们需要清醒地认识到,争取全胜一刻也不能离开"武力准备"这个基础,需"伐兵"时得"伐兵",需"攻城"时得"攻城",不能有丝毫犹豫。克劳塞维茨的暴力战略虽然使人觉得恐怖,却从一个侧面揭示了作战的规律,无论古今,一旦战争打起来,的确不能指望什么仁慈的救世主,即使坐下来谈判，也是以战场交锋的结果为筹码的。目前，有的人研究信息战，设想未来战争可以完全不必进行战场搏杀，军人们可以回到家中，坐在计算机屏幕前进行一番"机上谈兵"，将双方的军事实力和作战布势演示几遍，便可决定胜负。这种追求"不流血的战争"的和平愿望固然反映了人类文明进步的要求，但未免过于浪漫，过于一厢情愿，有可能和"纸上谈兵"一样贻误于人。

二、以人为主与侧重物质的战略要素差异

战略要素是决定战争胜负的基本要素，孙子和克劳塞维茨都在这个问题上卓有建树。孙子清楚地认识到，战争是多因素综合的产物，战略运筹必须认真计算各主要因素的利弊，然后依此做出正确的判断和决策。所以，他提出了"经之以五事，校之以计，而索其情"的观点。他认为道天地将法"五事"是战略筹划过程中应当高度重视的五个方面，也是决定战争胜负的基本因素。"主孰有道？将孰有能？天地孰得？法令孰行？兵众孰强？士卒孰练？赏罚孰明？"这"七计"则是检验"五事"优劣的几个着眼点，也是决定战争胜负的基本因素。

"战略五要素"，是《战争论》的一个创新点。克劳塞维茨认为，战略不是个人意志的结果，而是综合因素的产物。它通常由五种要素构成，即精神要素、物质要素、数学要素、地理要素、统计要素。精神要素主要指精神素质及其作用所引起的一切；物质要素主要指军队的数量、编成、各兵种的比例等；数学要素主要指作战线构成的角度、向心运动和离心运动等有计算价值的几何数值；地理要素主要指制高点、山脉、江河、森林、道路等地形的影响；统计要素主要指一切补给手段。在

战略的形成和运用过程中，这些要素往往错综复杂地交织在一起，相互影响，共同发挥作用。因此，研究战略问题时不能局限于某一种要素，而要把整个战争现象当作一个整体，综合分析各要素的特点和作用。

比较孙子和克劳塞维茨的战略要素论，至少有两点是相同的。一是他们都把战略要素看作是战略运筹的基本因素，认为这是决定战争胜负的关键所在。二是他们都把精神因素放在第一位，体现出二者对战争本质特点的共同认识。孙子"五事"中的"道"内涵丰富，虽不能完全等同于精神因素，但它所涉及的"令民与上同意"等问题，大体属于人的主观因素，与克劳塞维茨所说的精神要素属于同一范畴。

当然，二者的差异也是明显的。一方面，孙子把战争看作社会大系统中的一种活动，强调战略家不能只考虑军事因素，还要考虑社会的政治、经济等因素，用今天的话来说，孙子主要是从大战略的高度论述战略要素问题的。克劳塞维茨虽也注重从精神因素、物质因素分析战略要素，但其主要侧重从战争本身分析问题，或者说主要是从军事战略层面论述战略要素问题。另一方面，二者都涉及天候、地理、武器装备等客观因素，但相比之下，孙子更为重视人的因素，强调"主"和"将"的作用，克劳塞维茨虽然也高度重视精神因素，但其"战略五要素"中的物质要素、数学要素、地理要素、统计要素几乎都是强调物的重要作用。

三、非利不动与政治至上的战略决策差异

战争不是一种盲目的自然冲动，而是关系军队成败、国家

存亡的大事情，所以要慎之又慎。"从古知兵非好战"，古今中外明智的军事家在战略决策问题上都是十分谨慎的。但是，不同的阶级、不同的集团，甚至不同的文化传统都有可能在战略决策问题上左右军事家的思想，使他们出于不同的标准决策战争、战略问题。就孙子和克劳塞维茨而言，他们对战略决策问题的见解就略有不同。

孙子认为，战争是国之大事，核心是"争利"，是否发起或迎接战争主要依据三条标准，那就是"非利不动，非得不用，非危不战"。其中，"利"是第一标准，实际上"得"也是讲能否得到利益，"危"则讲是否危及国家的利益，核心都是围绕一个"利"字。需要特别指出的是，孙子所强调的"利"绝非个人蝇头小利，而是国家利益，尤其是事关国之存亡、民之生死的核心大利。因此，他告诉国君将帅："主不可以怒而兴师，将不可以愠而致战；合于利而动，不合于利而止。怒可以复喜，愠可以复悦，亡国不可以复存，死者不可以复生。故明君慎之，良将警之，此安国全军之道也。"清楚地说明，发动不发动战争，进行不进行战争，并不取决于国君或将帅的喜怒哀乐，关键在于是否有利。"合于利而动，不合于利而止"，绝不做蚀本生意，而是要做费力最小却收效最大的战争交易。

克劳塞维茨在《战争论》中几乎没有直接涉及"争利"问题，在他的思想体系中，战略决策的依据应当是政治，根据政治的需要决定是否进行战争。首先，克劳塞维茨认为政治引起战争。战争是政治的产物，是政治交往的一部分，而绝不是什么独立的东西，政治"是孕育战争的母体，战争的轮廓在政治中就已经隐隐形成，就好像生物的属性在胚胎中就已形成一样"。因此，他主张"我们首先应该根据由政治因素和政治关系产生的战争的特点和主要轮廓的概然性来认识每次战争"。

其次,克劳塞维茨认为政治支配战争。政治不只是引起战争,而且还像一支无形的手始终支配着战争。政治和战争之间的关系,好比头脑与工具,或者手与工具的关系。政治决定战争目的的大小和使用力量的多少,战争的政治目的越小,要求敌人所作的牺牲越小,可能遭到敌人的反抗就越小,而敌人的反抗越小,则需要使用的力量也就越小。因此,要明确所要进行的战争达到何种目标以及使用多少力量,就必须考虑敌我双方的政治目的。

同时,政治决定战争计划和战局计划的制订。战争计划的任务在于为整个军事行动规定一个适应战争目的的目标,而这个目标不可能是纯军事的,它必然是政治目的的具体体现。战局方案虽然着重部署各个战局的军事行动,但必须始终围绕战争计划所提出的目标行事。因此,"政治因素对制订整个战争计划和战局计划,甚至往往对制订会战计划,都是有决定性影响的"。

不难看出,战争要不要打,打什么目标,打到什么程度,采用什么战略,要不要和谈等,一切都是由政治决定的,政治需求是战略决策的基本依据。

从表面上看,孙子和克劳塞维茨关于战略决策的依据各持一端,一个以利益为核心,一个以政治为基准。其实,二者的观点并没有本质的区别。恩格斯曾经指出,政治是建立在经济基础之上的各种社会关系的总和,是经济基础的反映。所以,克劳塞维茨强调以政治需求为战略决策的基准,其实质也是以国家利益为最终标准的。应当说二者的差别只是角度不同而已。孙子要求从战争深层的根本原因上考虑战略决策问题,克劳塞维茨则从战争表层的直接原因上决定战略的大政方针。这两个思维角度并不矛盾，即使在今天思考战略决策问题时，我们仍必须以国家利益和政治关系为基础，因此完全可以借鉴二者的思想观点，汲取其中的智慧精华。

第二十七章 因形而变与讲究规则的作战思想

孙子和克劳塞维茨都有过长期作战的亲身体会，在参与或指挥作战过程中形成了丰富的作战思想。通常来说，作战指挥必须以战略计划为准则，那么，孙子和克劳塞维茨战略理论立足点的不同自然会导致其作战理论侧重点的不同。尽管他们在打击目标、兵力运用、战场指挥等问题上有着许多共同的话题，其见解却各有侧重。

一、避实击虚与打击重心的作战目标论

孙子主张"避实击虚"，克劳塞维茨则强调"打击重心"。孙子之所以主张避实击虚，主要原因大致有三：一是敌之虚弱之处通常兵力弱小，或者戒备松弛，易于取胜；二是敌之虚弱之处也是其整体的一部分，断其一指，往往可以起到伤及其余的效果，使敌整体崩溃；三是敌之虚弱之处往往抵抗力较弱，交战时双方人员的伤亡和物质损失也势必会减小。

克劳塞维茨基于无限制使用暴力的思想，反复强调作战时应选择敌人力量的重中之重，并尽可能集中优势兵力，给予其致命一击。为此，他反复强调"打敌重心"的观点。他认为，物体的重心总是位于质量聚集最多的地方，指向物体重心的打击是最有效的，而最强烈的打击又总是由力量的重心发出的，

第二十七章　因形而变与讲究规则的作战思想

那么，在战争中情况也是如此。作战的任何一方（不论是一个单独的国家，还是几个国家的联盟）的军队都会有一定程度的统一，通过这种统一军队就有了相互联系；而有相互联系的地方，就存在着同重心相类似的东西。因此，军队中也有重心，这种重心的运动和方向对其他各点起着决定性作用，这种重心就是军队集中最多的地方。由此可知，所谓重心，就是指敌人力量的核心、要害、关键部位。

战略指挥员，不仅要善于识别敌人的重心，而且更要善于集中兵力予敌致命的一击。克劳塞维茨认为，以彻底打垮敌人为目标的作战，所有力量的集中打击都必须指向敌人整体所依赖的重心。"以优势的兵力平平稳稳地占领敌人的一个地区，只求比较可靠地占领这个小地区而不去争取巨大的成果，是不能打垮敌人的，只有不断寻找敌人力量的核心，向它投入全部力量，以求获得全胜，才能真正打垮敌人。"尤其要注意的是，如果敌人因重心受到打击而失去平衡，那么，胜利者就不应该让敌人有时间重新恢复平衡，而应该一直沿着这个方向继续打击，换句话说，应该永远打击敌人的重心，绝不予敌以喘息之机。

孙子在提出"避实击虚"的同时也十分看重"夺其所爱"。这里涉及的"敌之所爱"与克劳塞维茨所说的"重心"大体一致，都是指敌人部署的关键部位，如敌人的指挥部、后勤保障基地，或主力部队等。但是，孙子主张"夺取所爱"的前提是敌人对"所爱"之处疏于戒备，形成心理上的"盲点""虚点"，其实质还是要"避实击虚"。二者相对照，"击虚"与"击强"之别昭然若揭。

二、量敌用兵与数量优势的兵力运用论

孙子和克劳塞维茨都主张以众击寡，但相比之下，孙子的观点更为辩证。孙子注重谋略，但不是唯谋略论者，其谋取"若决积水于千仞之豀"的形，营造"如转圆石于千仞之山"的势，都是为了赢得力量优势，或者说为了形成"以镒称铢"的强弱对比。同时，他也客观地看到谋求物质力量的优势需要一个长期的过程，一旦与强敌对抗，自己总兵力不如敌人时，仍然要想办法谋取局部的力量优势。具体而言，就是利用诡诈之术分散兵力，调动敌人，造成局部上"以十击一"的有利态势。因此，他还提出了"以寡击众"的思想。

传世本《孙子兵法》的《虚实篇》均言："我众而敌寡，能以众击寡者，则吾之所与战者，约矣。"唯汉竹简本特别，此处为："我寡而敌众，能以寡击□……""击"后□处当为"众"字，文意与传世本相反。有学者推测此段简文当属另一节内容，是继阐明"以众击寡"之后专门论述"以寡击众"的文字，其内容似为：虽从总体上说，我寡敌众，但若能迷惑、调动、分割敌人，则亦可以寡胜众。其下文"越人之兵虽多，亦奚益于胜哉""敌虽众，可使无斗"，都明显地表达出"以寡击众"的思想。

克劳塞维茨是"数量优势论"者。他一贯主张集中优势兵力，全力以赴与敌决战，力求首战必胜。他认为越是把全部作战力量集中在一次会战中，越是把全部军事力量变成作战力量，越是把全国的力量变成军事力量，胜利的影响也就越大。只有在大规模会战中才能决定重大的胜负。自古以来，只有巨大的胜利才能导致巨大的成就，对进攻者来说必然是这样，对防御

者来说或多或少也是这样。当然，无论进攻还是防御，主力部队的集中绝不是随心所欲的，而是要在决定性的地点和决定性的时间上集中，在最佳状态下发挥主力部队的战斗力。兵力对比中，预备队兵力的对比是不容忽视的。预备队是主力会战的决胜力量，关键时刻能对战局产生决定性影响。所以，双方预备队兵力的对比，往往是最后决定胜负的主要依据。克劳塞维茨认为，拿破仑之所以在前期能够屡战屡胜，关键在于他总是善于在决定性地点和决定性时间集中优势兵力，并在关键时刻及时投入预备队，力求在第一次会战中就打垮敌人。

从总体上来看，孙子与克劳塞维茨的思想有"尚智"与"尚力"的区别，但在许多具体问题上这种区别并不明显。就集中优势兵力这一点而言，二者的观点是一致的。略有差异的是，孙子想到了谋取局部优势，积小胜为大胜，最终从总体上战胜优势之敌，但这种思想在《战争论》中是难以见到的。

三、因敌制胜与严守计划的战场指挥论

孙子侧重于因敌制胜，克劳塞维茨则侧重于按计划行事。"孙子尚智"，绝非虚言。孙子对作战指挥的最高要求是"用兵如神"。所谓"神"，就是那种"能与敌变化而取胜"的人。为此，他特别强调机断指挥，诸如"因形而措胜""战胜不复""践墨随敌"等，核心都是一个"变"字。他要求将帅根据战场实际情况的变化，灵活变换作战布势和作战方法。

或许是受逻辑的严密性和数学的准确性的束缚，克劳塞维茨认为战略的任务是制定战争计划和战局方案，作战中的一切行动都应按计划进行。虽然他也提出战略要到战场上去以便在

现地处理各种问题,并且不断对总的计划作必要的修改的主张。但是,他更看重的是"把计划贯彻到底,不因一千个原因动摇一千次"。他在"方法主义"一章中还指出:"我们还必须承认,方法主义不仅是不可缺少的,而且还有很大的优点,那就是反复运用同一种方法在指挥上可以达到熟练、精确和可靠的程度,从而减少战争中的阻力,使机器便于运转。"这一系列军事主张反映了工业时代机械化战争的特点,相比农业时代孙子的作战指挥理论,其表述更为系统明确,但在战术的灵活性方面则不及孙子的军事思想。

四、尽知敌情与敢于赌博的战场侦察论

孙子主张尽知敌我之情,克劳塞维茨却认为战场充满迷雾,不可能完全了解清楚。孙子对于"知胜"看得很重,不仅要求"知彼知己",而且要求"知天知地"。孙子认为,为了赢得"知胜",可以派出因间、内间、生间、死间、反间,五间俱起,从各个层面上了解敌情,也可以运用策之、作之、形之、角之等方法侦察敌军的战场布势。无论是战略侦察,还是战术侦察,都来不得半点马虎。"不知彼而知己,一胜一负;不知彼,不知己,每战必殆。"只有完全做到"知彼知己",才能够百战不殆。

在这个问题上,克劳塞维茨比孙子似乎更为实际。在他的理论体系中,战争除了具有暴烈性和从属性等本质属性之外,概然性和偶然性也是其基本属性。概然性和偶然性的现象是不可预先测定的,这就使得战场上充满"迷雾",一切情况都处于很不确定的状态。他指出:"这是一种特殊的困难,因为一切

行动都仿佛是在半明半暗的光线下进行的，而且，一切往往都像在云雾里和月光下一样，轮廓变得很大，样子变得稀奇古怪。这些由于光线微弱而不能完全看清的一切，必须靠才能去推测，或者靠幸运解决问题。因此，在对客观情况缺乏了解的场合，就只好依靠才能，甚至依靠幸运了。"基于这种认识，克劳塞维茨认为战场情况是不可能"尽知"的，战争更像是一场赌博，指挥员要善于在敌情不明的条件下，精心谋划，果断决策。如果说，孙子的"知彼知己"是理想性要求的话，克劳塞维茨的观点则是现实性的要求，更接近战场实际情况。

五、四治之法与克服阻力的战场控制论

指挥作战的将领，除了战前要精心谋划战略战术之外，还必须善于在战争进行过程中巧妙地掌握战场情况，始终保持稳定的军心和高昂的斗志，并在最佳的时机，最充分地发挥部队的战斗力。为此，孙子强调为将者要善于在战场指挥过程中运用"四治之法"，即治气、治心、治力、治变之法，以掌握和控制自己部队官兵的思想情绪和力量变化，力争以最旺盛的士气和最强大的力量战胜敌人。

治气，即灵活掌握和运用军队的士气，争取主动。孙子认为："三军可夺气，将军可夺心。"两军方阵对列时，首先要从军心士气上打垮敌人。军队的士气就像太阳早出晚归一样，"朝气锐，昼气惰，暮气归"。因此，作战时必须遵循"避其锐气，击其惰归"的原则，避开敌人初到战场时的锐气或兵力优势之时，待其士气低落、优势丧失时再去攻击，这样就能使敌人军心动摇、部队溃散。

治心，即适时掌握和调整军队的心理状态，争取主动。战争中心理因素往往对胜负有很大的影响。因此，将帅必须遵循"以治待乱，以静待哗"的原则，运用心理战术，使自己的军队保持沉着镇定，而使敌人的军队陷入恐慌和混乱，这样就能在心理上战胜敌人。

治力，即正确掌握和使用军队的作战力量，争取主动。战争既是力量的拼搏，更是智慧的较量，善于争取主动权的一方往往能够巧妙地运用自己的战斗力。这就要求作战的一方必须遵循"以近待远，以佚待劳，以饱待饥"的原则，创造对自己有利、对敌人不利的态势，这样就能以小胜大，以弱胜强，以小的代价换取大的胜利。

治变，即巧妙实施机动应变策略，争取主动。战场情况复杂多变，既有可争之利，也有不可争之害，只有正确判断战场情况，才能趋利避害。因此，作战的一方必须遵循"无邀正正之旗，无击堂堂之陈"的原则，避免与强敌正面拼实力、拼消耗，而要抓住有利战机避实击虚，打敌要害，一举战胜敌人。

克劳塞维茨也多次强调战场控制问题。他认为，有效控制战场的最好办法是克服战争的阻力。所谓"阻力"，是指战场上各种意想不到的困难积累起来而形成的阻碍战争按计划顺利进行的力量。其中经常发生作用的阻力主要是指"整个部队的体力和精神力量不断衰退所造成的总的印象，是指看到流血牺牲时所引起的痛苦情绪"。显然，这里所涉及的问题与孙子所说的治气、治心、治力、治变大致属于同一范围。

不同的是，孙子强调通过控制作战时机、调整部队状态、选择作战方向等方法，从指挥艺术上合理控制整个战场情况，避免部队出现懈怠和混乱的现象。克劳塞维茨对于战争中的阻力没有提出更多的解决办法，主要寄希望于指挥官的个人毅力和情绪。他认为："指挥官首先必须克服自己的这种情绪，然后同所有其他人的这种情绪作斗争……必须用自己内心之火和精神之光，重新点燃全体部下的信念之火和希望之光。只有做到这一点，他才能控制他们，继续统率他们。"

六、兵以诈立与不以诈伪的诡道之术论

孙子在军事理论上的一大创见就是第一次明确提出了"兵以诈立"的观点，认为"兵者，诡道也"。"诈术"和"诡道"都有欺骗的意思。战争作为人类斗智斗勇的特殊活动，从其产生之时就不可避免地带有谋略色彩。早在商朝末年，兵家鼻祖姜太公在辅佐周文王、周武王时，就极尽谋略之能事。他采取韬光养晦之策麻痹商纣王，使原本弱小的周氏方国逐渐强大，不断东扩，最终达到"天下三分有其二"的程度，为牧野之战一举推翻商王朝创造了有利的态势。由此可见，在孙子之前，战争实践中已然大量运用诡诈之术。

然而，西周实行分封制后，为了维护家天下的稳定，周王制定了一系列礼法制度来约束诸侯的行为，特别是在军事领域建立了严格的礼法制度，包括"不鼓不成列""不擒二毛"等战场法规，旨在防止诸侯通过战争兼并坐大而威胁天子权威。公元前638年，宋楚泓水之战中，宋襄公的战法就是恪守这种军事礼法、战场法规的典型例子。毛泽东评论这是"蠢猪式的仁义道德"。有的人据此说，毛泽东不讲规则。其实，毛泽东是清楚地看到了周礼不过是维护家天下的工具，是虚伪的面纱。

到了春秋末期，随着周氏家族的衰落及各种势力集团的兴起，兼并战争异常激烈和残酷，这期间诸侯之间的战争不再是父子、兄弟、姑舅等周氏亲戚之间的战争，周天子失去了号令天下的权威，无力左右诸侯，"礼乐征伐自诸侯出"，诸侯各自为战，"战胜而强立"。为了赢得胜利，奇谋妙计大行其道，所谓礼法已经堕落成为掩人耳目的遮羞布，或麻痹对手的幌子。孙子一针见血地指出："兵者，诡道也"，揭示了战争的真实面目。同时，他总结战场经验，提出了"诡道十二法"："能而示之不能，用而示之不用，近而示之远，远而示之近。利而诱之，乱而取之，实而备之，强而避之，怒而挠之，卑而骄之，佚而劳之，亲而离之。攻其无备，出其不意。"

克劳塞维茨也承认诡诈之术的作用，在《战争论》中专立一章论述诡诈问题。但是，他对诡诈之术基本上持鄙视态度，与孙子的观点颇为不同。

首先，克劳塞维茨认为诡诈与作战行动是彼此分离的两码事。他解释说："诡诈是以隐蔽自己的企图作为前提的，因此它是同直率的、无所隐讳的，即直接的行动方式相对立的。"这就与孙子的基本观点有明显出入。孙子说"兵者，诡道也"，即军事行动和诡诈谋略是融为一体的，诡诈是行动的灵魂和指南，彼此不可分离。

其次，克劳塞维茨认为诡诈只是一种欺骗手段，其实际效果主要体现在战术作战的层面，在战略层面则微乎其微。他指出："透露只是为了骗人的方案和命令，故意向敌人泄露假情报等等。这些活动在战略范围内通常只起很小的作用，只有在个别碰巧的场合才是合适的，因此不能看作是指挥官可以随意进行的活动。"他认为："所谓佯动在战略上收到预期效果的情况是很少的。事实上，在较长时间内把大量兵力单纯用来装模作样是危险的，因为这样做很可能不发生作用，而在决定性地点上这部分兵力却无法使用了。"因此，他得出的结论是："虽然诡诈在不妨害必要的感情力量（然而往往是有妨害的）的情况下没有什么害处，但是对统帅来说，正确而准确的眼力比诡诈更为必要，更为有用。"克劳塞维茨的这一系列观点充分体现了其崇尚暴力的思想基础，与孙子的思想相差甚远。孙子明确倡言"兵以诈立"，强调诡诈是用兵作战的立足点，是根本而非辅助手段，不注重运用诡诈就难以赢得战争的胜利。

最后，克劳塞维茨认为诡诈是兵力弱小情况下的手段，而且是最后的手段。他指出："战略支配的兵力越少，就越需要使用诡诈。因此，当兵力很弱，任何谨慎和智慧都无济于事，一切办法似乎都无能为力的时候，诡诈就成为最后手段了。人们越是在绝望的处境中，就越想孤注一掷，而诡诈也就越能助长他们的胆量。"如果从反面理解的话，按照克劳塞维茨的观点，在兵力强大时就可以不用诡诈了。这显然是一种习惯于打堂堂之阵的思想，或者说过于肤浅地把诡诈之术看作一种战术手段，与孙子的全方位灵活作战思想大异其趣。

孙子的"诡道十二法"中，第一条就是"能而示之不能"。也就是说，即使具备强大的兵力，能够完全战胜敌人，也要造成没有能力与敌交战的假象，以麻痹敌人，创造出其不意的有利条件。因此，诡诈的运用不分兵力强弱，是贯穿战争全过程的总体要求。或许正是因为看出了克劳塞维茨轻视诡诈的弊端，现代西方军事理论家们自二战结束之后开始转而寻求东方的智慧，从《孙子兵法》中学习诡诈艺术，并在实践中广泛运用，屡屡得手。可以说，1991年海湾战争中美军地面作战所采用的

"左勾拳战术",就是对孙子诡道十二法中"远而示之近"的灵活运用。

七、偏重进攻与偏重防守的攻守兼备论

进攻与防御是战争中不可分割的孪生兄弟,二者既互相区别、相互矛盾,又相互依存、相互转化,从而构成统一的整体。作为一位深谙辩证法的军事思想巨匠,孙子自然是攻守兼论的。孙子向吴王阖闾呈献兵法十三篇,是为了帮助吴国强盛,指导吴王战胜诸侯,谋取天下霸权。基于这一目的,《孙子兵法》在战略上是偏重为客之道的,即偏重战略进攻。但这并不意味着孙子不重视防御。事实上,孙子的思想中始终是把防御与进攻同等对待的。《形篇》典型地表明了这种思想。其中写道:"不可胜者,守也;可胜者,攻也。"把防御与进攻看作战胜攻取的左臂右膀,不可或缺。

孙子要求将帅要兼善进攻和防御两手,做到"善守者,藏于九地之下;善攻者,动于九天之上",达到"善攻者,敌不知其所守;善守者,敌不知其所攻"的境界。同时,孙子要求将帅必须善于根据战场情况灵活变换攻防战术,兵力优势时则攻之,兵力劣势时则守之。这些见解是深刻的,给历代兵家研究攻与守的问题奠定了理论基础。

克劳塞维茨一生中参加过多次作战,而且大多是防御战斗。或许因为这一缘故,他对防御研究尤为深入,以致在《战争论》中关于防御的论述篇幅最长且内容精彩,其中明确提出了"防御是比进攻强的一种作战形式"的观点。基于这一思想,克劳塞维茨比孙子更为深入具体地论述了防御的有利条件和基本原

则。他认为,从战略层次上看,防御比进攻至少有三方面的优势:一是防御者更容易得到兵员和物资的保障,二是防御者更容易得到民众的支持,三是防御者更容易利用巨大的精神力量。同时,他又辩证地指出,防御与进攻的优劣是相对的,绝不能厚此薄彼,有所偏废。因此,他突出强调了二者相互包含、相互转化的关系,并明确提出了"积极防御"的概念。他认为,既然"防御是比进攻强的一种作战形式",而且防御与进攻可以相互包含、相互转化,那么人们进行防御作战时就完全没有理由单纯防守,消极地等待敌人的进攻,而应当充分发挥防御的优势,把防御与进攻有机地结合起来,实行积极防御。这是克劳塞维茨防御理论的一个基本观点。

认识是实践的反映。从总体上看,受战争环境和自身实践经历的影响,孙子稍微偏重进攻理论,克劳塞维茨则稍微偏重防御理论。但是,从具体思想观点来看,他们并没有各持一端,而是攻防兼重,所论述的大多数作战原则既适于进攻,又适于防御。克劳塞维茨的一段话道出了二者的这一共同特点。他在"从进攻与防御的关系看进攻"一章中指出:"如果两个概念真正构成了逻辑上的对立,也就是说其中的一个概念是另一个概念的补充,那么,实际上从一个概念就可以得出另一个概念来……因此,我们认为《防御》一篇前几章中与进攻有关的各点就是相应地对进攻的充分的说明……在这里,关于进攻所要论述的,有不少也是对于防御的进一步说明。"

当然,孙子和克劳塞维茨对某些具体观点的表述还是有一些差异的。比如,讲防御时,虽然孙子论述的作战原则大多数都适于防御作战,但明确与防御挂钩的仅限于"备""守""藏""避",而克劳塞维茨则反复强调防御应当是一个由巧妙打击组成的盾牌，突出了积极防御的思想。又如，讲进攻时，孙子讲千里奔袭，认为"聚三军之众，投之于险"是将军的职责，主张"投之亡地然后存，陷之死地然后生"，核心是要在险中求胜；克劳塞维茨则提出"进攻的顶点""胜利的顶点"等概念，要求进攻行动适可而止，争取确有把握的胜利，对其"无限制地使用暴力"的思想做了一些修正。虽然，二者的着眼点不一，关注点各异，但也多少体现出他们在进攻问题上的不同倾向。

第二十八章 五德俱备与铸造"合金"的为将理论

古人云：千军易得，一将难求。得一将而国兴，失一将而国亡。识将、选将、任将，历来被统治者视为关系国家安危的重要问题。孙子和克劳塞维茨都对此有过深入的研究，对将帅的作用、品质、特点、才能、勇气等问题，都有过精辟的论述。从总体上来说，孙子认为将帅应当"智、信、仁、勇、严"五德俱备；克劳塞维茨则主张将帅应具备智力、勇气、意志等多方面的精神力量，并使各种精神力量铸造成全优质的"合金"。显而易见，二者的基本观点是一致的，都强调将帅的综合素质。当然，他们生活的年代毕竟相差两千多年，处于不同环境、不同文化的历史背景之中，在将帅问题上的见解不可能完全一致，必然会各有侧重。

一、对于将帅智力的要求

对于将帅的智力，孙子和克劳塞维茨都给予了高度重视，孙子将之列为将帅五德的第一位，克劳塞维茨也将其看作"战略五要素"中最重要的因素，即精神要素中的首要问题。这充分说明，不论什么时代的战争，不论武器装备的条件如何，力量的拼搏只是表面现象，其实质则是智力的较量，而智力的较量往往决胜于运筹帷幄的过程之中，将帅的智力水平对战争的胜负起着至关重要的作用。所以，两位巨匠不能不把目光集中在将帅的智力问题上，并从不同的角度阐述了各自对将帅智力的要求。

在中国古代，"智"与"知"是相通的。因此，孙子所强调的"智"是一个多元合一的综合概念，既包括智慧方面的才能，又包括知识结构方面的要求。在智慧方面，孙子要求将帅至少必须具备三方面的能力：一是预知胜负的能力，也就是能通过敌我客观条件的分析，并加上对自己主观能动作用的正确估计，准确地做出胜负的预测；二是多谋善断的能力，也就是能够在知彼知己的基础上，巧用诡诈之术，战胜不复，使鬼神莫测其谋略；三是临机应变的能力，也就是能够根据战场变化着的情况实施灵活机动的指挥，即所谓"因敌而制胜"。

在知识结构方面，孙子多次谈到过这几个方面的内容：从自然条件方面说，将帅要"知天知地"，知晓天之阴阳寒暑、日月星辰，地之"六形""九地"；从敌我条件方面说，将帅要"知彼知己"，知晓敌我双方一切所能侦察得到和掌握得到的情况；从治军方面说，将帅要知道士卒是否"能用"，将领是否"有能"；从作战指挥方面说，将帅要"识众寡之用""知迂直之计"，要知阵法，识战机，而最根本的是要知"战道"，即战争规律。总之，将帅只有具备丰富的知识，才可能拥有高超的智力水平。

克劳塞维茨也注重把智力与知识联系起来考虑，但认识的思路与孙子有所不同。在他看来，智力是知识的基础和前提。孙子所强调的将帅应具备的各种知识能力在他的笔下都被归纳到"眼力"这个概念之中。所谓"眼力"，在军事上最初用来表示目测的能力，克劳塞维茨则将其借喻为洞察力、判断力和决策力。这些能力都是智力的发挥和运用，智力是它们的共同基础。他认为，具有眼力的人"能迅速抓住和澄清千百个模糊不清的概念，而智力一般的人要费很大力气，甚至要耗尽心血才能弄清这些概念"。由于锐利的眼力能使人准确预见事情的利弊、迅速判明情况的真假，因而往往容易使人产生果断和机智等精神力量。不难看出，在克劳塞维茨的笔下，智力与眼力虽然有先后、主次之分，但实际上二者是相辅相成的关系，互为基础。

出于强调"顿悟"的习惯，孙子对于智力问题往往是统而言之，没有作层次之分，似乎各级指挥官应具备的智力水平是一样的。在这一点上，克劳塞维茨表述得更为清楚。他主张，智力必须随着职位的提升而得到相应的提升。

人们通常认为，只有在最高职位上的统帅才有非凡的智力活动，而以下的各级人员只要具有一般的智力就够了。克劳塞维茨认为，这是一种误解。非凡的智力活动并非只限于最高统帅，"在战争中每一级指挥官都必须具备相应的智力，享有相应的声誉"。或者说，"无论职位高低，只有具备一定的天才，才能在战争中取得卓越的成就"。从这个意义上说，即使一个职位最低的指挥官想取得卓越的成就，也必须具有卓越的智力，而且这种智力必须随职位的提升而提升。他注意到，有些人在较低的职位上表现得很突出，可是一旦提升到他们的智力与之不相称的较高职位，他们就会丧失活动能力。其原因就在于，这些人的智力没有随着职位的提升而得到相应提升，而只是简单地把他们在职位较低时获得的声誉带到了较高的职位上，但实际上他们在这里并不配享受这种声誉。

二、对于将帅勇气的要求

将帅的勇气也是孙子和克劳塞维茨共同强调的一个问题。在孙子的"为将五德"中"勇"字位列第四,是将帅必须具备的素质。与谈智力问题一样,孙子直接谈论勇气的语句不多,但有关将帅勇气的要求却渗透到方方面面,从不同的角度说明了为将之勇的深刻含义。从中不难看出,孙子所倡导的"勇"不是只知斗力而不知斗智的匹夫之勇,而是勇于决断、勇于承担责任的大智大勇。具体来说,"战道必胜,主曰无战,必战可也;战道不胜,主曰必战,无战可也。"此言并不是强调为将之勇可以勇至于违抗国君的命令,而是要求将帅要有独自的见解,勇于在重大问题上果敢决策。将帅即使在与国君意见相左时也要敢于坚持真理,勇于决断,那种智而不勇、谋而不决的将帅并不是好的将帅。因此,敢于决断、善于决断是将帅之勇的特殊要求。

敢于决断、善于决断的勇气并不等于蛮横专断、盲目拼命之类的匹夫之勇。孙子在《行军篇》中告诫将帅"惟无武进",认为"夫惟无虑而易敌者,必擒于人"。所谓"武进"就是盲动、冒险;"无虑"就是没有深谋远虑;"易敌"就是轻敌。对于这种"勇敢",孙子是持否定态度的。他在《九变篇》中也提醒将帅"必死,可杀也",认为将帅如果只知道抱着必死无疑的决心猛打硬拼,必然会被敌人的计谋所诱骗,陷入敌围而被其擒获。这就告诉人们,过分"勇"而轻视"智",是不足取的。优秀的将帅必须"智""勇"结合,二者兼重,其中更重要的是"以智为上"。"勇",必须建立在智能料敌、智能出奇的基础之上。

克劳塞维茨是"军事天才论"者。他认为在任何一项专门活动中，一个人要想达到相当高的造诣，除了要有高超的智力外，在感情方面也要有特殊的禀赋。如果这些禀赋很高，并能通过非凡的成就表现出来，那么就可称其为天才。而在各种感情禀赋中，克劳塞维茨最为重视的是勇气。战争是充满危险的领域，因此勇气是军人应该具备的首要品质。相比之下，在勇气问题上，他比孙子讲得更明确、更具体。他明确地把勇气分为两种：一种是敢于冒生命危险的勇气，或称敢于冒肉体危险的勇气；一种是在危急情况下敢于负责的勇气，或称敢于面对精神危险的勇气。

敢于冒生命危险的勇气通常表现为顽强和大胆两种形态。顽强，表现为对危险满不在乎，这种人大多是天性或习惯养成的，在任何情况下都敢于前进，因而是一种恒态的勇气。大胆，表现为对危险充满斗志，主要来源于一个人的荣誉心、爱国心或其他各种激情，斗志的高低取决于激情的强弱，因而是一种动态的勇气。只有将"两者结合起来，才能成为最完善的勇气"。

敢于在危险情况下负责的勇气是一种理智的勇气，故又称有智之勇。这种勇气通常表现为果断。它是智力的一种特殊活动的产物。克劳塞维茨认为，有些人虽然有极其敏锐的洞察力，也不缺乏承受重担的勇气，但是在许多困难的场合却不能当机立断，这是因为他们的勇气和他们的理解力各自独立，互不相干，因此不能产生敢于决断的勇气。只有在认识到冒险的必要性并决心去冒险这样一种特殊的智力活动中，才能产生这种勇气。由认识冒险的必要性到决心去冒险，这中间起着至关重要作用的就是智力，一般来说智力较差的人不可能是果断的人。

这就是为什么一些人在职位较低时曾表现得非常勇敢，而当其职位提高时却常常表现为犹豫不决的原因。综合起来看，与孙子的观点一样，克劳塞维茨也偏重将帅要具备有智之勇。

三、对于将帅心理素质的要求

孙子有一句名言："三军可夺气，将军可夺心。"所谓"心"，即心理因素，或者性格修养。"夺心"，则是指动摇将帅的决心。反过来说，将帅要想战胜敌人而不被敌人所战胜，必须具备良好的心理素质。良好的心理素质和性格修养是将帅五德的基础与前提，一个心理素质差、性格修养水平低的将帅是不可能"五德"俱全的。所以，孙子对将帅的心理素质和性格修养提出了要求，那就是："将军之事，静以幽，正以治。"静、幽、正、治，言简意赅地说明，思虑冷静而眼光幽远，公正待人而严于律己，是将帅必须具备的心理素质和情操修养。唯有如此，将帅才能做到胜利了头脑不发昏，不会因为得意忘形而疏于戒备；暂时失利时，将帅也能够保持头脑清醒，方寸不乱，于害中见利、虚中见实、败中见胜，正确地分析形势，自觉地克制急躁易怒的情绪，以求败中取胜，挽回损失。

克劳塞维茨强调将帅要注意熔炼各种精神力量的"合金"。他所说的各种精神力量除智力和勇气之外，还分别体现为机智、干劲、坚强、顽强、刚强和坚定等心理因素和感情因素。机智，是指及时而敏捷地提出救急办法的能力。干劲，是指引起某种行为的动力的强度。坚强，是指意志对猛烈打击的抵抗力。顽强，是指意志对持续打击的抵抗力。刚强，是指在最激动或热情奔放的时候也能够听从智力支配的一种能力。坚定，是指能坚持自己的信念。

克劳塞维茨强调，军事天才必须尽可能兼有这些感情因素，他在"军事天才"这一节的末尾形象地概括了这一要求。他指出，具有优良心理素质和感情修养的军事天才，"与其说是有创造精神的人，不如说是有钻研精神的人，与其说是单方面发展的人，不如说是全面发展的人，与其说是容易激动的人，不如说是头脑冷静的人，在战争中我们愿意把子弟的生命以及祖国的荣誉和安全委托给这种人"。

"静、幽、正、治"与精神"合金"，表述方法不同，却阐明了一个共同的道理，那就是作为号令三军的将帅，最重要的心理品质是沉着冷静，只有在沉着冷静的状态下，将帅才能充分展开智力的翅膀。至于公正、严明、坚强、顽强、刚强，也都是将帅必须具备的心理素质和感情素质，孙子和克劳塞维茨的观点从不同角度丰富和完善了这方面的问题。

四、对于将帅政治素质的要求

孙子虽然高度重视将帅的作用，但只是称其为"国家安危之主"，而非"国家之主"。这反映出孙子对将帅与国君之间关系的一种定位。他在《谋攻篇》中指出："夫将者，国之辅也，辅周则国必强，辅隙则国必弱。"这里，他把将帅与国君比作战车上的辅木与车体。辅木与车体结合紧密，战车就结实耐用。反之，战车行驶不久便会散架。同样的道理，将帅尽心尽力地辅佐国君，则国家日益强盛；将帅对国君阳奉阴违，三心二意，则国家必然衰弱。这一观点说明，孙子始终将将帅定位于从属于国君的地位，将帅不仅要"受命于君"，更应忠心辅佐国君，严格遵守封建社会中"国之内君治之，国之外将治之"的成规。在国之内，国君要考虑"道、天、地、将、法"等问题；而在国之外，将帅则应专注于战场搏杀，争取战争胜利。二者各有侧重，通常不能彼此替代。将帅的政治素质主要体现为"进不求名，退不避罪，唯人是保"的品质，简单地说，就是要"忠君"。

克劳塞维茨历来注重从政治角度入手研究战争现象，对于将帅的品质自然也离不开政治的考量。他认为，战争无非是政治的继续和延伸，是政治的开路先锋。处于最高职位的统帅如果不善于从政治战略上筹划全局，而是单纯着眼于军事战略，则很可能违背战争的政治目的，即使取得了某些战役、战斗上的胜利，也可能于事无补，甚至有损大局。因此，卓越的统帅必须尽可能成为杰出的政治家。不言而喻，这种政治家不同于一般的政治家，而是具有军事天才和政治智慧的卓越统帅。

克劳塞维茨辩证地指出："统帅要成为政治家，但他仍应不失为一个统帅，他一方面要概括地了解一切政治关系，另一方面又要确切地知道用自己所掌握的手段能做些什么。"具体来说，一个统帅虽然不必是学识渊博的历史学家，也不必是政论家，但是他必须熟知国家大事，必须对有关的大政方针、国家间的利害关系等有所了解，并能对其做出正确的评价；统帅不必是细致的人物观察家，不必是敏锐的性格分析家，但是他必须了解自己部下的性格、习惯、思考方式和主要的优缺点；统帅不必通晓车辆的构造和火炮的操作方法，但是他必须能正确地估计一个纵队在各种不同情况下的行军时间和作战能力。总之，一个统帅既要具有敏锐的政治远见，又要具有高超的军事才能；既要懂得政治战略，又要谙熟军事战略。

毕竟人类的思想文化走过了数千年的发展历程，克劳塞维茨对将帅政治素质的要求体现了民主化的趋势，允许将帅有更大的思维空间，比孙子那种要求将帅专注军事、竭诚忠君的观点确实前进了一大步。这是时代的进步。孙子虽然把"道"列在"五事"之首，并朦胧地涉及将帅的政治品质问题，但他不可能超越封建专制时代局限，达到资产阶级革命时期的认识水平。对此，我们不能苛求古人。

五、对于将帅治军艺术的要求

孙子和克劳塞维茨都注重从战争、战略高度研究问题，对将帅如何治军的问题着墨不多，没有形成系统的思想观点，但许多篇章中仍然穿插了一些统兵驭军的原则和方法。例如，《孙子兵法》的《地形篇》《九地篇》等篇就有不少直接针对治军的见解。相比之下，克劳塞维茨几乎没有专门探讨治军艺术，不过他的某些观点聚焦于战争本质等问题，与治军密切相关，当作治军理论来看也颇有启发作用。

孙子生活于中国古代新兴地主阶级崛起的时期，他吸收了新兴地主阶级提出的"民本主义"和"法制"思想，很大程度上改变了视士卒为奴隶和工具的传统观点，注重士卒在战争中的能动作用，强调以多种方法加强士卒的组织和管理。因而，他明确提出了"令之以文，齐之以武"的思想，并大致从五个方面阐发了这一思想。一是立法规，把法治列入决定战争胜负的"五事"之一，并要求官兵严格执法，令必素行。二是明赏罚，对待士卒要重奖、重罚，即"施无法之赏，悬无政之令"。三是亲士卒，要"视卒如婴儿""视卒如爱子"，同时注重爱而有度，宽严相济，恩威并用。四是鼓士气，用多种办法鼓励士气，树立压倒敌人的精神气概，从精神上战胜敌人。五是练部队，通过平时严格训练使士卒熟知战阵之法，达到"其疾如风，其徐如林，侵掠如火，不动如山，难知如阴，动如雷震"的程度。

克劳塞维茨生活于法国大革命和拿破仑战争时期，亲眼看到了由民众组织起来的法国国民军以高昂的斗志所向披靡，因此他十分看重精神力量，特别是军队的武德。他提出了一个富有新意的观点："军队的武德是战争中最重要的精神力量之一。"这个观点虽然是为了说明战略要素问题而提出来的，但它与军队的组织、管理和训练密切相关，可以说抓住了将帅治军的关节点。克劳塞维茨认为，战争是一种特殊的事业，它与人类生活的其他各种活动是不同的，无论是一名军人还是一支军队，都必须具备良好的武德。简单地说，单个军人的武德，主要是指彻底的敬业精神和高超的军事技术；整个军队的武德，主要是指团结战斗，勇往直前的作风和胜不骄败不馁的精神。如果一名军人或一支军队缺少这种力量，他所作的努力就得不到应有的效果。一旦武德的幼芽长成粗壮的大树，就能抵御不幸和失败的大风暴，甚至可以抵制住和平时期的松懈。

尤其可贵的是，克劳塞维茨进一步指出，无论对个人还是对军队来说，武德都不是天生就有的，这种精神力量只能从两个来源产生，而且只有两者结合在一起才能产生。一是实战锻炼，二是和平时期所进行的极度劳累、困苦的军事训练。只有在劳累和困苦中，军人才能认识到自己的力量，才能逐步形成良好的秩序、技能、意志以及一定的自豪感。

比较研究的目的并不是为了区分出仲伯高下，而是为了分析和把握事物的特点。通过上述比较，我们不难发现孙子和克劳塞维茨关于将帅治军思想的侧重点是不尽一致的。孙子侧重于以情带兵，以法治军，注重培养官兵感情和军队严明的纪律；克劳塞维茨则侧重于以"德"养军，或者说以"魂"养军，注重培养军队的武德和精神灵魂。二者各有千秋，互为补充，值得我们兼取其长。

第二十九章　文武兼重与
崇尚武德的治军思想

　　孙子和克劳塞维茨都是给君王献计、献策的人，孙子写兵法十三篇的主要目的是为了帮助吴王阖闾争夺天下霸主地位，克劳塞维茨《战争论》的主体内容也是为普鲁士皇太子殿下讲课时的讲稿。或许"王者师"的角色确定了他们二人均注重战略决策、战略筹划、指挥作战等层面的问题，对治军带兵问题的重视程度略显不足，均没有专门的篇章论述这方面的思想主张。但这并不意味着他们不重视治军带兵的问题。

　　自古以来，无论国君还是将帅，带兵和打仗是紧密相连的两大问题，须臾不可或缺。《孙子兵法》和《战争论》虽然没有专门的篇章论述治军带兵问题，但是各个篇章中还是从不同角度提出了有关治军带兵的思想观点或方法主张。比如，《孙子兵法》第一篇中，从战略上分析比较敌对双方强弱得失时，关注的是"主孰有道，将孰有能，天地孰得，法令孰行，兵众孰强，士卒孰练，赏罚孰明"，显然，这七个角度关注的均是军队平时建设和管理的具体情况。《战争论》"军队武德""方法主义""精神要素"等章节的内容也与治军管理问题密切相关。但是，受时代和文化差异的影响，他们的治军思想在培养目标、思想教育、作风养成、军事训练等方面还是同中有异。

一、激励诸刿之勇与培养军人武德——思想治军的异同

自古以来,军人就是社会中一个特殊的群体。其特殊性就在于流血牺牲,若没有勇于流血牺牲的精神,便不能成为一名优秀的军人。然而,勇于流血牺牲的精神并非穿上军装便能自然形生,而是需要长期的教育和训练来培养。所以,中国古代大军事家司马穰苴提出:"士不先教,不可用也。"一个"教"字包含着丰富的内容,既教行为规范,又教战术技术,还教作风养成,其中最为重要的莫过于教思想品德。

思想品德决定着一个军队的价值观和行为取向,决定着官兵们在战场上的精神状态。因此,孙子将"上下同欲者胜"列为决定战争的五大要素之一。他认为,国君、主将头等重要的任务就是力求"得道",做到"令民与上同意"。所谓"与上同意",就是在整个部队中做到上下一心,同心同德。显然,这不是一声命令所能达到的境界,必须是平时的教育和训练使得官兵们自觉自愿地从心理和意志上与国君、主将保持一致。全军官兵一旦做到了思想上"与上同意",在战场上便会呈现"可以与之死,可以与之生,而不畏危"的状态,个个都像春秋时期著名刺客专诸和曹刿那样,为完成任务而不惜牺牲生命,勇往直前,死而后已。

曹操曾经说过:"军无财,士不来,军无赏,士不往。"从中不难看出,封建时代军人们的作战动力主要来自金钱而非精神,很难自动形成勇于流血牺牲的品质和精神。孙子作为曾经带兵打仗的将军,他非常清楚,金钱不是万能的,一旦面临流血和牺牲的关键时刻,再多的金钱也难以驱动军人们去牺牲生命。他认为,培养官兵勇于流血牺牲的品质和精神,不能仅靠

金钱刺激，而要全方位着手。

第一，将领要模范带头，身先士卒。孙子认为，将领应该"进不求名，退不避罪，唯人是保，而利合于主，国之宝也"。封建军队的组成形式是将领+士兵的捆绑形式，士兵往往是将领的私有物。有什么样的将领，就有什么样的军队。将领不为私利而斗，只为公利而战的品质和精神，必定会影响基层官兵的价值观和行为取向。

第二，精神激励和物质奖励相结合。虽然金钱不是万能的，但是没有经济动力也是万万不行的。所以，孙子在《作战篇》中提出："杀敌者，怒也；取敌之利者，货也。"其中的"怒"，既可以理解为情绪激怒，也可以理解为精神激励，让全军官兵以高昂的斗志去冲杀。"货"，则可以理解为物质奖励，也可以理解为加官晋爵，以经济利益驱使官兵冒死前行。两手并用，合力推进。

第三，利益捆绑和绝境逼迫相结合。中国古代的战争主要是阶级与阶级、集团与集团、民族与民族之间的战争，"军中闻将领令，不闻天子之诏"（《史记·绛侯周勃世家》），官兵们心中只知为将军而战，尚不明了道义与非道义的问题。因此，孙子认为，利益捆绑和绝境逼迫是关键时刻激励官兵们勇于流血牺牲的有效方法。《九地篇》中提出："投之无所往，死且不北，死焉不得，士人尽力。兵士甚陷则不惧，无所往则固。深入则拘，不得已则斗。""故善用兵者，携手若使一人，不得已也。""投之亡地然后存，陷之死地然后生。夫众陷于害，然后能为胜败。"这些话虽然是就为客之道而提出的作战方法，却也在一定程度上反映出孙子治军带兵的方法。

此外，"禁祥去疑"，禁止占卜等迷信活动，正面教育管理官兵;"齐勇若一",使整个部队士卒一致奋勇作战等,都是激励官兵们勇于流血牺牲的方法。

克劳塞维茨比孙子晚了两千多年,此时人类文明已取得长足进步,军人的价值观和行为取向已超越血亲厮杀的局限,呈现出多元化的发展趋势。正因如此,克劳塞维茨的治军思想较之孙子更具有近代文明的特征与内涵。克劳塞维茨认为,培养军人勇于流血牺牲的品质和精神,关键在于培养军人的"武德"。因此,他提出:"军队的武德是战争中最重要的精神力量之一。""武德同军队各部分的关系就像统帅的天才同军队的整体的关系一样。统帅只能指挥军队整体,不能指挥军队的各个单独的部分。统帅指挥不到的部分,就必须依靠武德。"无论是一名军人还是一支军队,都必须具有良好的武德。

克劳塞维茨认为,武德不同于单纯的勇敢,更不同于对战争事业的热情。对单个军人而言,武德表现为深刻了解这种事业的精神实质,激发和汲取那些在战争中活动的力量,把自己的全部智力运用于这个事业,并通过训练使自己能够确实而敏捷地行动,全力以赴,从一个普通人变成称职的军人。就一支军队而言,武德表现为如下几方面特点:一是这支军队在极猛烈的炮火下,仍能够保持正常的秩序,永远不为想象中的危险所吓倒。二是这支军队在真正的危险面前寸步不让,在胜利的时候感到自豪,在失败的困境中仍能服从命令,不丧失对指挥官的尊重和信赖。三是在困苦和劳累中,军队的军人们能像运动员锻炼肌肉一样增强自己的体力。他们把这种劳累看作是制胜的手段,而非不幸的遭遇,并始终坚守维护军人荣誉这一崇高信念。具备上述素质的军队就是一支富有武德的军队。

克劳塞维茨在长期的战争实践中深刻认识到,无论是单个军人的武德，还是整个军事的武德，都不可能天生铸就，必须通过两个来源加以培养。第一个来源是军队经历一系列战争并取得胜利，第二个来源是军队经常经受极度的劳累和困苦，只有在劳累困苦中军人才能认识到自己的力量。而且只有这两者结合在一起，才能产生武德这种精神力量。

　　武德应该是单个军人和整个军队的常备品德和精神状态，既体现在战时，更体现在平时。只有平时具备武德的军人和军队，才能在战时体现出武德。因此，克劳塞维茨认为，在和平时期没有战争的情况下军队也应该加强武德的培养。主要有三条途径：第一，学习战史，从过去军队作战的经验教训中悟出可供借鉴的道理。第二，向有战争实践的军队学习，从中接受符合时代需要的军事思想。第三，参加军事演习，这是和平时期获得战争锻炼的重要方法。虽然军事演习比战争锻炼效果要差一些，但接近实际的军事演习，能使每一个指挥官的判断能力和思考能力，甚至果断能力得到锻炼。

　　演习的价值比没有实战经验的人所想象的要大得多。特别重要的是它能使军人——无论哪一级军人，都不至于到战争中才第一次看到那些他们初次看到时会惊慌失措的现象。克劳塞维茨认为，"在战争中，新兵很容易把不寻常的劳累看成是整个指挥的严重缺点、错误和束手无策的结果，因而会倍加沮丧。如果他们在平时的演习中有了这方面的锻炼，就不会发生这种现象了"。除了参加军事学习外，他还强调要在平时的军事训练中培养军队的吃苦耐劳精神，并通过条令和操练加强训练，以提升军人和军队的武德。

　　孙子和克劳塞维茨，前者追求培养诸刿之勇的拼命精神，后者专注培养称职敬业的武德精神。虽然二人关注的重点和基本的方法不完全一样，但核心目的大体一致，都是旨在从思想上培养官兵们勇于流血牺牲的品质和精神。

二、活用四治之法与发挥精神力量——精神治军的异同

战争是最富于变化的领域，更是最富有危险的领域，因此它既是双方智慧与力量的拼搏，更是双方精神与意志的较量。优秀的军事将领往往注重平时培养军队的精神力量，战时用好精神力量。《孙子兵法·军争篇》中就提出了"攻心夺气"的问题。孙子首先指出："三军可夺气，将军可夺心。"其中的"夺"，即剥夺，使失去。孙子强调对敌斗争中，我方要用计、用谋击垮对方整个军队的军心士气，搞乱对方将领的心理和意志。战场上有攻就有防。反向推论，"夺"对方气和心的同时，也必须注重"守"己方的气和心。孙子把"守气""守心"概括为"四治之法"。

所谓"四治之法"，即"是故朝气锐，昼气惰，暮气归。故善用兵者，避其锐气，击其惰归，此治气者也。以治待乱，以静待哗，此治心者也。以近待远，以佚待劳，以饱待饥，此治力者也。无邀正正之旗，无击堂堂之陈，此治变者也"。意思是说，军队初战时，大都士气饱满，个个锐不可当；过了一段时间之后，士气就会变得低落，不再那么勇猛了；等到了战争后期，士气就会衰竭，所剩无几。因此，善于用兵的人，总是避开敌人的锐气，而趁敌士气低落衰竭时发起猛攻，这就是正确掌握士兵士气的方法。懂得用严整来应对敌人的混乱，用沉着镇定来应对敌人的躁动与喧哗，这就是正确掌握军心的方法。自己先行靠近战场，之后等待远道跋涉而来、已经变得疲惫的

敌人；用自己的从容来应对疲惫不堪的敌人，自然能掌握主动；用己方已经粮草充足的状态来等待粮尽人饥的敌人，这就是正确掌握用兵的方法。一定不要去迎击旗帜整齐、队伍统一的军队，也不要去攻击阵容整肃、士气饱满的军队，这就是正确掌握随机应变的方法。

显而易见，孙子所谓的"治"，是治理和掌握的意思。四治之法，既可用于战时官兵的指挥调度，更需在平时长期贯彻。一支军队只有在平时注重治气、治心、治力、治变，战时才能沉着应对各种复杂情况，才能激发官兵的战斗意志，成倍提升整体作战效能。

可以说，在中国古代军事思想发展史上，孙子"攻心夺气"的观点，堪称最早涉及心理战的战法，"四治之法"也当属精神治军的最早表述。

克劳塞维茨生活的年代，战争规模更大，更加激烈而复杂，军人的精神和意志比以往任何时候都更为重要。在与法军的多次战役中，克劳塞维茨亲眼看到装备精良的欧洲联盟军队竟然打不过工人农民武装起来的民众武装，其个中奥妙就在于法国的民众武装具有巨大的精神优势。他由此得出一个明确结论：精神要素是战争中最重要的问题之一。精神要素不仅占据首位，而且影响战争的各个方面，贯穿于战争始终。"物质的原因和结果不过是刀柄，精神的原因和结果才是贵重的金属，才是真正的锋利的刀刃。"克劳塞维茨的这种精神要素至上的观点，超越了前人的认识水平，真正把握了战争中的制胜之枢。

根据克劳塞维茨的观点，精神要素之所以是战争中最重要的问题之一，主要有三个方面的原因。

首先，精神要素贯穿于整个战争领域，是将帅意志和军心士气的支柱,良好的精神素质能激发将帅的聪明才智、鼓舞士兵的高昂斗志。因此,在战争中,精神要素有着惊人的作用,精神力量的得失是决定战争胜负的主要原因。

其次,精神要素与物质要素紧密结合,并赋予物质要素巨大的活力。受客观条件限制,物质要素通常是有限的,而精神要素的发挥却没有任何限制,它在特定的情况下能使物质要素的力量成倍地增长。所以,克劳塞维茨指出:"当我们说消灭敌人军队时,并不是仅仅指消灭敌人的物质力量,而是还包括摧毁敌人的精神力量,因为这两者是紧密地交织在一起而不可分割的。"

最后,在物质力量势均力敌的情况下,精神力量往往是战争胜负的决定因素。克劳塞维茨认为,现代欧洲各国军队在技能和训练方面差不多都达到了相同的水平,作战方法也变成了一套几乎是各国军队所通用的方法,以致不可能期待统帅运用什么个人特有的手段。在这种情况下,军队的民族精神和战争锻炼便有着更大的作用了。

正因为精神力量如此重要,克劳塞维茨不仅将其列为"战略五要素"之首,而且还进行了深入而系统的论述。其中,克劳塞维茨尤其重视将领在精神方面的表率作用。他认为,有效的治军首先取决于指挥官的精神品质。他指出:军事天才是各种精神力量的和谐的结合,克服战争中的阻力、有效地指挥军队主要在于指挥官的个人毅力、性格、情绪等"高贵素质"。指挥官必须用自己的内心之火和精神之光,重新点燃全体部下的信念之火和希望之光。只有做到这一点,他才能控制他们,并继续统帅他们。在勇气、干劲、坚强、顽强、刚强和坚定等诸多精神因素中,克劳塞维茨最为重视的是指挥官的勇气,战争是充满危险的领域,因此勇气是军人应该具备的首要品质。

在克劳塞维茨的思想中,勇气、干劲、坚强、顽强、刚强和坚定等要素都包含在军人的武德之中。武德是整个军队必须具备的品质和精神,那么勇气、干劲、坚强、顽强、刚强和坚定等要素也是平时从精神层面教育管理和训练官兵的重点内容。

三、注重文武兼施与培养方法主义——法规治军的异同

通常来说,平时怎样治军,战时就怎样打仗。治军思想与作战思想紧密相连。在作战问题上,孙子主张因形而变,克劳塞维茨则倾向于遵守规则,这种差异也明显地表现在治军思想上。孙子主张文武兼施,多手并用,克劳塞维茨则主张培养方法主义,按规则运转。

《孙子兵法》中虽然没有专篇集中讲治军问题,但综观十三篇,从不同角度论述治军带兵问题的思想观点比比皆是。

1. 法令孰行,贵在素行

孙子在分析比较双方强弱得失的重大问题上,关注的一个重点就是"法令孰行"。无规矩则无以成方圆。他在《地形篇》中指出:"将弱不严,教道不明,吏卒无常,陈兵纵横,曰乱。"一语道破,军队平时教育管理和训练的状态决定着战时的胜败。因此,必须依法治军,确立严格的军法军纪,使军队有着良好的规矩和过硬的作风。

值得注意的是,孙子不仅强调依法治军,更强调法规制度必须落地执行。他进一步提出"素行"二字。不少领导者,遇到问题注重确立规矩,出台制度,写成文件下发各部门,却往往忽略追踪执行的效果。孙子注意到法规制度要想真正起到管理作用,关键在于执行阶段,尤其要"素行"。所以,他在《行

军篇》中强调："令素行以教其民，则民服；令不素行以教其民，则民不服。令素行者，与众相得也。"

2. 士卒孰练，精练三军

孙子在分析比较双方强弱得失的重大问题上，关注的另一个重点就是"士卒孰练"。孙子生活的年代，战争规模已然扩大，他自己的成名之战——柏举之战中，双方兵力对比达到 3 万对 20 万。孙子之所以能够以 3 万吴军打败楚国 20 万大军，除了谋略上达到了攻其无备、出其不意的效果之外，另一个重要原因就在于孙子用 6 年时间训练吴军，为与楚军决一雌雄奠定了坚实的基础。

孙子在兵力对比上，不看双方谁的规模大小，人马多少，只看一个"练"字。训练出战斗力，不经训练的军队，人马再多也只能是乌合之众，一打就散。但是，具体的训练方法，孙子并没有直接涉及，只是提出了训练的标准，"其疾如风，其徐如林，侵掠如火，不动如山，难知如阴，动如雷震"。不言而喻，一支军队要想养成"风林火山"的作风，达到"难知如阴，动如雷震"的状态，绝非一日之功，唯一途径就是反复训练。

3. 赏罚孰明，重赏重罚

孙子在分析比较双方强弱得失的重大问题上，还特别强调了一个与治军密切相关的关键因素，那就是"赏罚孰明"。赏罚者，自古而然，人人皆用，是保证法规制度得以贯彻执行的重要手段。在这个问题上，孙子关注的不是赏金的大小，罚金的多少，而是重在一个"明"字。明太宗曾说："赏罚者至公之道也，赏当人心，则众劝于善，罚当人心，则众惩于恶。善为政者不以赏私亲，不以罚私怨。"孙子很早就洞悉了人们的这一心理共鸣，高度重视信赏明罚，而且强调重赏重罚。他在《九地篇》中明确提出："施无法之赏，悬无政之令，犯三军之众，若使一人。"其中的"无法"就是超越常法的重赏，"无政"则是超越常规的重罚。只有在重赏的激励和重罚的约束下，军队的官兵们投入战场时才能携手共进，各个部队才能协同作战、配合密切，如同一个人的四肢那样灵活自如。

正是基于这种认识，孙子极力反对"数赏"和"数罚"。他在《行军篇》中指出："数赏者，窘也；数罚者，困也；先暴而后畏其众者，不精之至也。"他认为，频繁地奖赏或重罚，往往难以激励和约束官兵，反而让他们不为所动，不为所忌。法制法规也因此形同虚设，失去应有的管理作用。

4. 以情带兵，爱之有度

孙子不愧为辩证法大师。在为将问题上，他既提出将帅要具备"五德"，又提醒将帅要避免"五危"。在治军问题上，他重视按规章制度严格管理、严格教育、严格训练军队。然而，他也清楚地认识到，规章制度的有效性不在于对官兵的严苛程度，而在于能否被官兵真正接受并转化为自觉行动。因此，必须辅以情感感化与精神培育。所以，他又提出以情带兵，爱之有度的管理方法。《地形篇》中提出："视卒如婴儿，故可与之赴深豁；视卒如爱子，故可与之俱死。"将帅只有把基层官兵看作自己最心爱的儿子，切实予以关心、关爱和培养，官兵们才能接受将帅教育和管理，才会在战场上勇猛冲杀。

但是，慈不掌兵，一旦关爱变成了溺爱，则会适得其反。所以，孙子紧接着上文强调："厚而不能使，爱而不能令，乱而不能治，譬若骄子，不可用也。"他提醒人们，对官兵的关心、关爱要把好分寸，不要过度，一旦过度，则很可能培养出一群不堪重用的"骄子"。为把握好这种分寸，孙子在《行军篇》中推出一种方法:"令之以文,齐之以武",即通过以情带兵为代表的一系列"文"的方法从心理上吸引和感召官兵,同时,通过以法治军为代表的一系列"武"的方法从行为上规范和约束部队,文武相济,德威并重。如此方能把军队培育成为平时上下同欲,战时勇往直前的能战之师、威武之师。

孙子有关治军的思想非常丰富,诸如"兵非多益"的精兵思想,"长山之蛇"的编制主张,"择人任势"的管理方法等,难以尽述。

或许是因为克劳塞维茨专注于研究战略问题,抑或是因为他长期担任幕僚,并非实际带兵打仗,所以《战争论》的治军思想远不如《孙子兵法》丰富,以至于三十年前笔者研究此课题时竟未能就治军这一重要方面的问题比较出二者思想观点的联系与区别。如今再次重温两部经典,笔者发现,虽然《战争论》中有关治军的思想主张不多,但还是有些亮点。除了上述培养军队武德和激励精神因素等方面的思想观点外,《战争论》的第二章第四节论述"方法主义"的字里行间还是有一些治军思想的火花。

克劳塞维茨提出的"方法主义"概念含义比较丰富,既指研究战争理论的方法,也指作战指挥的方法,还包括将领决策思维的方法。当然,也包括治军管理的方法。克劳塞维茨认为,战争是一个充满不确实性的领域,战争中行动所依据的情况有四分之三好像隐藏在云雾里一样,具有不同程度的不确实性。所以,人们不可能根据随时可能出现的变化调整一切部署。

在战争决策中,人们往往只能基于一般态势和潜在可能性进行概略估算与部署调整。值得注意的是,军官层级越低,军官的人数就会越多,其独立判断能力和专业素养的局限性便愈加显著。因此，除勤务规章与实战经验形成的认知框架外，不应要求下级军官有其他的决策依据——此举旨在规避其脱离军事常规的盲目臆断，毕竟在高度依赖经验的作战领域，此类主观臆测往往潜藏致命风险。破解此困局的核心路径，在于系统推行方法主义。

所谓"方法主义"，是指通过标准化作业流程的反复演练，使作战指挥达到程序化、精确化和可靠化的程度。其核心价值在于：一方面能有效降低战争中的不确定性，提升军事系统的运行效率；另一方面通过系统化教育训练和管理部队，使官兵们达到熟悉、掌握和精通战术技术的程度，最终实现战场上的协同一致和精准配合。这一思想与孙子的"令必素行"颇有点异曲同工的味道。

克劳塞维茨很看重方法主义，认为"方法主义不仅是不可缺少的，而且还有很大的优点"。同时，他也提醒人们，战争形式、作战方法都在不断变化，一定情况下产生的某一种方法很容易过时，因此要注意与时俱进，适时调整和变化。

当代战争的形态和方式正在发生巨大的变化：无人机、机器人广泛应用于战场，精确制导和远程打击成为主要手段；高超声速导弹、"海马斯"火箭炮、温压弹等先进武器弹药展现出强大威力；城市巷战、分散游击、埋伏狙击等传统战法，在新一代侦察探测技术的帮助下，作战效能倍增。这种新型的混合战争，需要军人具备更高的作战技能、更强的牺牲精神、更硬的战斗作风、更大的承受能力、更多的应变方法。军人要做到这"五个更"，唯一途径只能是战前的教育和训练。《孙子兵法》和《战争论》中的治军思想虽然距今久远，但是文中提到的不少观点和方法仍然具有活力，值得当代军人们参考和借鉴。

第三十章　东西方"兵经"的思想局限性

任何一个思想体系都是时代的产物，必然带有那个时代的思维特点、文化水平、生产方式、阶级矛盾、政治斗争等方面的烙印，也必然体现出那个时代认识水平的局限性。《孙子兵法》和《战争论》是公认的东西方兵学的集大成者，其中的许多思想观点深富哲理，具有长久的生命力和现实借鉴意义，但同时它们也不可避免地反映出特定时代的认识局限和阶级局限。

一、《孙子兵法》的思想局限性

所谓局限性，大体都是相对而言的，是指以今天的眼光看待过去的认识。《孙子兵法》中的思想观点，总体上适应中国春秋时期战争的特点，符合当时战争实践的要求。然而，随着时代条件的变化，特别是当人类文明进入到信息时代的情况下，其中的某些观点便逐渐失去了原有的生命力，难以适应当代战争的特点和要求。结合当代军事斗争和战争实践的特点综合分析《孙子兵法》，其思想的局限性至少体现在三个方面。

其一，重道轻器，在一定程度上制约了古代军事技术思想的发展。《孙子兵法》是一部专论军事战略问题的著作，孙子认识问题主要从战争全局着眼，从战略高度提出思想观点。因而，书中的许多见解具有宏观性和抽象性的特点，对具体方法、规则等问题则着墨不多，或者语焉不详。如果按"形而上者谓之道，形而下者谓之器"（《周易·系辞上》）的说法，孙子的思想观点可以说具有重道轻器的特点。这种特点既有积极的一面，也有消极的一面。积极的一面主要体现在有助于深刻揭示战争的基本规律和某些特殊规律，有益于人们从根本上认识战争的主要特点和基本原则。消极的一面则在于它开创了中国古代兵学重道轻器的思维传统，使后人在"言必孙子"的同时，过多偏重研究和发展宏观的、抽象的战争理论，而忽略了对战术作战，特别是军事技术、武器装备等方面理论的研究。

中国在唐朝末年发明了火药，宋朝初年即从军事上开始运用火器，均早于西方各国，但明清之后西洋火器的种类、性能却远远超过了中国，西方列强用坚船利炮打开了中国的大门。造成这种悲剧固然有多方面的原因，但不可否认的是，中国兵学重道轻器的思维传统无疑是重要原因之一。相反，近代以来，西方列强之所以能够在军事实力上超过中国，其重器轻道的思维方式也是重要原因之一。他们注重将最新的科学技术及时转化到军事领域上来，注重研究和发展各种新式武器装备及相应的战法，因而能够在军事技术和军事力量上超越中国。

其二，过分夸大了将帅个人的作用，忽略了民众的作用。孙子生活的那个年代，作战形式主要是方阵对列，整体拼搏，集团的冲击力是制胜的关键性因素，而将帅的指挥能力又是发挥集团冲击力的关键之所在。所以，孙子高度重视将帅在战争中的作用，认为"知兵之将，生民之司命，国家安危之主也"，对民众的力量则没有给予应有的重视。这方面克劳塞维茨却前进了一大步，他明确提出了民众战争的思想。

克劳塞维茨从法国大革命和拿破仑战争中看到，自从民众介入战争之后，军队的面貌和作战的方式方法都发生了深刻的变化。民众武装的散兵战术和纵队战术改变了正规军传统的横队战术，使战场作战的方式方法更为复杂多样。他指出："虽然战区内单个居民对战争的影响，在大多数场合像一滴水在整个河流中的作用那样，是微不足道的，但是，全国居民，即使在根本不是民众暴动的场合，对于战争的总的影响也绝不是无足轻重的。"民心和民意在国家力量、军事力量中都是一个重要因素。民众战争是对战争过程的扩大和增强，采用民众战争可以大大增强自己的力量。一般说来，善于运用民众战争这一手段的国家比那些轻视民众战争的国家占有相对优势。民众武装和起义尽管在个别方面还有缺点和不完善的地方，但总的说来是能起很大作用的，它"像暗中不断燃烧着的火焰一样破坏着敌军的根基"。基于这种认识，克劳塞维茨提出"民众武装是一种巨大的防御力量"的观点。

其三，奉行"愚兵"技巧，反映了新兴地主阶级的利益和基本态度。由于时代和阶级的局限，孙子在治军问题上也还是有一些错误认识的，突出表现在他的愚兵技巧上。他要求将帅指挥作战时，为了严守机密，应把士卒视作羊群，不把作战意图和面临的危险告诉他们，使之被盲目地"驱而往，驱而来，莫知所之"，"投之亡地然后存，陷之死地然后生"。这种愚兵办法，把士兵当作战争的工具，而非决定战争胜负的主体力量，鲜明地体现出新兴地主阶级利用民众而又防范民众的心理，对中国古代军事发展产生了消极影响。

今天我们要建设一支强大的人民军队，有效应对信息化条件下的局部战争和军事斗争，无疑应当坚决摒弃这种思想。当然，对这一观点也不宜全盘否定。孙子并非主观上"愚兵"，其中的"愚"字也带有比喻之意。题中之义是从作战层面强调部队处于危险状态时的应对方法。军队作战需要统一思想和行动，方能形成合力，尤其是处于敌人重兵包围，或深陷敌国纵深之处等危险境地时，更需要部队紧密团结，行动一致。此时，如果将危险、困难等不利情况毫不遮掩地告诉官兵，必定引起恐慌情绪；如果把作战计划、行军路线、驻扎地点等重要信息让官兵知晓，必定引发各种意见和建议，众说纷纭，莫衷一是。这两方面情况合起来，势必扰乱军心，动摇意志，反而难以突破险境。所以，在这种情况下，客观上要求采用种种保密的方法，使官兵不知险情、不知恐惧，不妄议将领决策对错，从而认准将领的指挥，紧跟将领的步伐，上下一心克服危险，战胜敌人。

二、《战争论》的思想局限性

《战争论》是世界近代史上的产物，距离今天并不遥远，但受阶级利益的影响，其思想观点的局限性也是明显的。

其一，绝对战争理论，反映出客观唯心主义倾向。受黑格尔客观唯心主义哲学的二重性和矛盾性的影响，克劳塞维茨的思想认识在不少方面也是充满矛盾的。例如，在"绝对战争"和"现实战争"问题上，克劳塞维茨一方面认为，"绝对战争"是战争基本的、理想的形态，它具备了战争所固有的一切特征，应把它作为衡量一切具体战争的基本尺度；另一方面又认为，"绝对战争"是不存在的，只是逻辑上的战争，纸上的战争，"现实战争"才是真正的战争。可是，在他看来，现实中的拿破仑战争又是接近于绝对形态的战争，甚至他认为绝对战争就是民众参战的全民战争，有限战争则是单纯政府或军队之间的一种理智行为。这种概念上的二重性和矛盾性不是辩证法的表现，实质上是唯心主义世界观的反映，多少影响了其对战争本质和特性的正确认识。

其二，过分迷信武力，很少考虑战争的和平目的。英国军事理论家富勒在《战争指导》中指出，克劳塞维茨有许多盲目的见解，其中最大的错误是他从来没有认识到战争的真正目的是和平而不是胜利。在富勒看来，和平应该是政策中的主要思想，胜利只不过是为达到这种目的的手段。但克劳塞维茨从未考虑暴力对最终和平的影响，实际上，"和平"这个词在《战争论》中一共才出现过六次。富勒进一步指出，由于克劳塞维茨误解了拿破仑的进攻原则，并将自己的绝对战争概念强加给了拿破仑，这样，不仅把他许多弟子引入了歧途，而且对20世纪无限战争的广泛扩展，也负有大部分的间接责任。这些评论未免有些言重。事实上，克劳塞维茨强调进行有限战争，要求战争服从于政治的需要，其目的之一就在于通过战争谋求和平。但是，他那些有关"暴力的使用是没有限度的"的观点确实有暴力至上之嫌，对后世产生了不利的影响。

其三，政治概念的含糊，制约了对战争真正本质的正确认识。克劳塞维茨认识到"战争无非是政治通过另一种手段的继续"，这是他对军事理论的一个重大贡献。但是，这里的"政治"指的是国家的一切利益，或者国家之间的政治交往，而不是建立在经济基础和阶级关系之上的政治，因而抽掉了政治的经济基础，抹杀了政治的阶级性质。按照这个逻辑，由政治引起的战争只能是国家与国家、国家联盟与国家联盟之间的战争，国内阶级战争和国内民族战争则不属此列，而且任何战争都没有正义与非正义之分。这种"政治"概念显然是片面的、不完善的，制约了人们对战争真正本质的认识。

三、辩证认识东西方"兵经"的思想局限性

　　以上只是略举数端,其实《孙子兵法》和《战争论》的思想局限性还可以列举出更多的例子,如孙子的相敌三十二法、九地作战原则等内容,都只适应于当时特定的条件,克劳塞维茨有关行军、驻营的规则及兵力使用的原则等观点,也都随着时代的推移而过时。但是,还是那句话,瑕不掩瑜。作为两部战略学专著,它们的战争、战略理论仍然堪称东西方兵学的"双璧"。我们应当辩证地看待二者的思想局限性,取其精华,去其糟粕,或者说取其神韵,略其技节。即使是那些具有局限性的思想观点,也可以为我们更清楚地认识战争问题提供反面的参考借鉴。

　　更重要的是,我们必须要有创造性思维,既吸收借鉴它们的思想精华,又赋予其思想观点新时代的内容,使其在当代信息化条件下的军事斗争和战争实践中放射出智慧的光芒,绝不能像战国时期的赵括那样死背兵书,食古不化。

第三十一章　流传久远的不朽"兵经"

"桃李不言，下自成蹊。"孙子和克劳塞维茨均未曾宣扬自己的作品，但是《孙子兵法》和《战争论》自问世之后便被一代又一代的人们奉为兵学"圣经"，顶礼膜拜，一直到今天仍在世界范围内受到青睐。追溯其流传历程不难发现，二者的思想内涵均揭示了战争基本规律，反映了战争矛盾运动的内在机制，从而具有强大的生命力。

一、中国历史上的兵学瑰宝

孙中山先生曾经指出："就中国历史来考究，二千多年的兵书，有十三篇，那十三篇兵书，便成立中国的军事哲学。"诚如其言，《孙子兵法》的问世，不仅标志着中国古代军事思想的成熟，而且为后世兵学的发展和繁荣奠定了坚实的基础。自此之后，孙子被历代兵家"举以为师"，《孙子兵法》则被誉为"百代谈兵之祖"，深刻影响着中国古代军事思想发展的方向和历程，甚至对商家、医家也有一定的影响。

从唐代起，《孙子兵法》开始东传日本，后流向西方一些国家，对世界军事学术的发展有着重要的推动作用。尤其在世界格局多极化、全球经济一体化、军事革命多元化、战争形态信息化的今天，孙子的军事思想更受人们青睐，我们中国人注重研究和运用孙子的思想，西方人同样热衷于学习和借鉴孙子的思想。全球范围内兴起的"孙子兵法热"充分说明，中国古老的军事典籍《孙子兵法》仍将在21世纪对世界军事理论与实践产生深远影响。

由于《孙子兵法》客观地揭示了某些战争规律和战争指导规律，辩证地分析了战争中的一系列矛盾，因而其思想具有跨越时空的生命力，是历代军事家和军事理论家倍加珍视的瑰宝。人们在学习它、研究它、充实它的过程中推动着中国军事思想不断向前发展。据统计，在中国历史上，研究注释《孙子兵法》者仅留下姓氏的就有200余家，研究著作500余部，存世的也有420余部。至于吸收孙子智慧，运用《孙子兵法》原理指挥作战者，则不计其数。这说明，孙子的制胜智慧不仅是中国古代军事思想的基石，而且是主线、是脉搏。

1. 走出金匮石室的桎梏

春秋时期，兵书一般藏在王侯的金匮石室中，秘不外传。究其原因主要有两方面：一是当时人们普遍把战争视为"不祥之器"，言兵之书自然不可流行于世；二是诸侯各国彼此征战，各自谋取制人绝招，当然也不会把兵书公之于众。孙子的兵法十三篇晋献给吴王时，无疑受到了这种"礼遇"。除吴王个人常习诵之外，平时一般都锁入金匮石室之中，以致百余年间世人不知孙子，更不知《孙子兵法》，就连专门记载春秋时期各国史实的《左传》也只字未提孙子其人其书。

一直到战国中后期，随着兼并战争的加剧，诸侯权势日益衰弱，卿大夫逐渐主宰军政大事。同时，作为统治阶级知识分子的"士"日趋活跃，他们撕去长期以来在战争问题上假仁假义的伪装，积极研究兵法，并往来奔走于各国之间，为那些"知己"的卿大夫出谋划策，从而使《孙子兵法》得以走出金匮石室，悄然流传于各国士人及卿大夫手中。用班固的话来说，当时"世方争于功利，而驰说者以孙、吴为宗"。《韩非子·五蠹》中曾描述当时的"孙子热"："境内皆言兵，藏孙、吴之书者家有之。"

至于孙子个人，在社会上也享有极高的声望，其用兵如神的军事指挥才能得到普遍赞扬。《尉缭子·制谈》比较孙子的军事天才时指出："有提十万之众而天下莫当者谁？曰桓公也。有提七万之众而天下莫当者谁？曰吴起也。有提三万之众而天下莫当者谁？曰武子也。"《战国策·齐策五》"苏秦说齐湣王"章载苏秦的话说："虽有阖闾、吴起之将，禽之户内。"所谓"阖闾"之将，即指孙子。

秦始皇为巩固统治、钳制思想而推行焚书坑儒政策，致使大量典籍付之一炬，其中就包括《孙子兵法》。西汉初年，刘邦令韩信、张良重新整理兵书，尤其是《孙子兵法》。从此，孙子及其兵法十三篇广为人知，孙子也成为兵家战将膜拜的祖师。正如《史记·孙子吴起列传》中所描述的那样，"世俗所称师旅，皆道孙子十三篇"。

东汉时期，《孙子兵法》的传播和影响不逊于西汉。我们在《后汉书》的《冯异传》《杨赐传》《皇甫嵩传》《袁绍传》以及王充的《论衡》、王符的《潜夫论》等文献中都可以看到大量征引孙子言论的记载。特别是东汉末年，魏、蜀、吴三大集团的谋臣、将帅都十分注重运用《孙子兵法》谋划战策，统军作战。诸葛亮以"孙武之所以制胜于天下者，用法明也"，而挥泪斩马谡；孙权则教其大将吕蒙与蒋钦研习孙、吴兵法。其中，曹操对《孙子兵法》的运用和推广更是有着不可磨灭的贡献。他熟读兵书，并特别推崇《孙子兵法》，曾高度称赞说："吾观兵书战策多矣，孙武所著深矣。"除了在战场上运用孙吴之法指挥作战以外，他还利用闲暇时间注释或著述兵书，首开注释《孙子兵法》的先河。他结合自己的实战经验和先人战例，逐句解释孙子之意，使之适于将帅阅读。曹操的《孙子注》文字浅显，用例精当，为普及和推广《孙子兵法》开辟了道路，使这部先秦兵学典籍得以传世2000多年而长盛不衰。

和曹操一样，唐太宗李世民也酷爱《孙子兵法》，曾发出与曹操几乎完全相同的赞叹。他在与爱将李靖讨论兵法时说："观诸兵书，无出孙武。"李靖年轻时刻苦攻读兵书，对《孙子兵法》情有独钟，认为"孙子之法，万代不刊"。他对孙子的思想有着深刻的理解，在与李世民论兵时多有阐发。后人根据他们君臣二人研讨的记录，撰成《唐太宗李卫公问对》和《卫公兵法》。杜佑曾说："《卫公兵法》，悉出《孙子》"，客观地指出了李世民和李靖军事思想的直接来源。

2. 位列古代武学的榜首

宋朝建立之初，赵匡胤鉴于唐后期藩镇割据的教训，采取了一系列巩固中央集权的措施，修文偃武，将兵书列为禁书，兵学因而受到禁锢，以致在很长一段时间里，《孙子兵法》几乎被打入冷宫，有关《孙子兵法》的研究成果极为罕见。这种士大夫莫敢言兵的状况，严重束缚了宋朝军事思想的发展，是造成宋朝军事上"积弱"的重要原因之一。军事上的"积弱"，再加上经济上的"积贫"，致使宋军自真宗时期起在对辽和西夏的作战中屡战屡败。

在惨痛教训和巨大军事威胁的刺激下，宋朝乃至整个社会逐渐开始重视兵学。康定元年（1040年）仁宗下令修订大型军事专著《武经总要》，三年后又饬令建立武学，一定程度上反映了官方对兵学态度的转变。社会上对兵书的研究也渐趋热烈。神宗掌政时，诏令司业朱服、武学博士何去非校定《孙子》《吴子》《尉缭子》《六韬》《三略》《司马法》《唐太宗李卫公问》七书，以官方名义颁行，号称"武经七书"，同时，重办武学，以"七书"试士。"七书"在一定意义上取得了与儒家经典同等重要的地位，而《孙子》实际居"武经"之首。从此，《孙子兵法》正式登上武学的最高殿堂，成为将帅必读的军事教科书。

明清时期，科举考试十分盛行，武学与武科考试也随之走向制度化。明朝伊始，朱元璋锐意治理，文武并用。他诏令全军，凡军官的子孙必须讲读兵书，通晓者定期参加武科考试，按成绩高低确定录用后的职务等级。于是，专门训练武技、讲授兵书的武学学堂应运而生，自公侯而下，无不遣子入学，朝廷设官以教之。清顺、康、雍三朝，武科考试备受重视，武闱之作更为盛行，其中有关《孙子兵法》的应试读本最多。据统计，这一时期共计有41种关于《孙子兵法》的著作刊刻行世，其中30种属于武科应试读本，占绝对的多数。

鸦片战争之后，由于西方兵学的冲击，《孙子兵法》的研究出现了一个明显的停滞时期。在近半个多世纪的时间里，人们热衷于"师夷长技"，中国传统的兵法却被弃如敝屣。《孙子兵法》也因此失去了往日的光彩，社会上既缺乏新的研究著作，又少有有价值的学术论文。一直到甲午战争前后，《孙子兵法》才重新受到人们重视，研究工作逐渐复苏。

3. 影响中国现代军事理论

20世纪是中国社会发生翻天覆地变化的一个世纪。近百年来，中国人民推翻封建王朝，驱除日本侵略者，摧毁国民党反动政权，建立新中国，并在社会主义革命和建设中取得令世人瞩目的光辉成就。应当说，在这一系列波澜壮阔的巨大变革中，古老的《孙子兵法》一直活跃在历史舞台上，并且逐渐焕发出耀眼的光芒。特别是毛泽东、刘伯承等无产阶级军事家对《孙子兵法》的研究和运用，真正使孙子的思想在新的历史条件下发出应有的光辉。

毛泽东研究《孙子兵法》不是为了寻章摘句，装点门面，而是为了探求孙子思想的精髓，以指导中国革命战争。在《毛泽东选集》1—4卷中，直接引用《孙子兵法》的共有7处，化解和升华之处则不计其数。格里菲斯曾说："对读过《孙子兵法》的人来说，古代军事思想家孙子对毛泽东军事思想的影响是很明显的。"此话言之有理。综观毛泽东军事思想，其中确实有一些观点来自对《孙子兵法》的创造性发展。例如，孙子说"先胜而后求战"，毛泽东主张"不打无准备之仗"；孙子说"避其锐气，击其惰归"，毛泽东提出"诱敌深入"；孙子说"实而备之，强而避之"，毛泽东强调"敌进我退，敌驻我扰，敌疲我打，敌退我追"；孙子说"我专为一，敌分为十"，毛泽东要求战略上"以一当十"，战术上"以十当一"。

毛泽东最为欣赏的还是"知彼知己，百战不殆"这句话，并给予了非常高的评价。他在《中国革命战争的战略问题》中说："中国古代大军事学家孙武子书上'知彼知己，百战不殆'这句话，是包括学习和使用两个阶段而说的，包括从认识客观实际中的发展规律，并按照这些规律去决定自己行动克服当前敌人而说的；我们不要看轻这句话。"不久，在《论持久战》中，他又引用这一名言批评克劳塞维茨的"概然性"论。他指出："我们承认战争现象是较之任何别的社会现象更难捉摸，更少确实性，即更带所谓'盖然性'。但战争不是神物，仍是世间的一种必然运动,因此,孙子的规律,'知彼知己,百战不殆',仍是科学的真理。"

毛泽东的这些论断,从孙子的"知胜"观出发,科学地阐明了战争规律的客观性和可认识性,清楚地说明战争指导规律重在知行统一,从而丰富和发展了马克思主义的战争认识论。毛泽东也正是按照这种战争认识论指导中国革命战争的。1949年5月1日,毛泽东与著名诗人兼民主人士柳亚子共游昆明湖时的一段对话非常清楚地说明了这一点。当时,柳亚子十分感慨地问道:"没有想到胜利会这么快,人民解放军很快就渡江成功,并且占领了南京,我们不知道毛主席用的是什么妙计?"毛泽东笑了笑说:"打仗没有什么妙计。如果说有妙计的话,那就是知彼知己,根据实际情况,作出正确的决策。"

在毛泽东的影响下,老一辈无产阶级军事家们都十分注重学习和运用《孙子兵法》,刘伯承就是其中的代表。刘伯承在延安时期曾被毛泽东誉为"论兵新孙武""无产阶级的孙武"。他熟读《孙子兵法》,对孙子的思想有着透彻的理解。他曾把兵法十三篇的思想概括为六大军事原则:一谋略(计),二兵势,三正兵和奇兵,四虚和实,五用兵的主动性和灵活性,六用间。这无疑是他结合现代战争特点,对《孙子兵法》精华的高度提炼,而且他也正是利用这些基本规律来指导战争的。刘伯承的一些战法,诸如"围城打援""攻其一点,吸其来援,啃其一边,各个击破""围三缺一,网开一面,虚留生路,暗设口袋""反常用兵"等,都明显地体现出孙子思想的特点,同时又结合战场实际进行了大胆的创新,达到了出神入化的程度。

毛泽东、刘伯承等无产阶级革命家、军事家虽然没有留下研究《孙子兵法》的专著,但他们的伟大革命实践却为《孙子兵法》做出了历史上最精确、最生动、最深刻的诠释，极大地丰富和发展了孙子的思想，从而赋予其新的生命和活力，使之在中国历史发生巨变的关键时期焕发灿烂的光辉。

4. 远走世界各国军事领域

《孙子兵法》是中国的国宝。然而，早在一千多年前，它就已经不胫而走，悄然流向东瀛，继而传遍世界许多国家，受到普遍赞誉，成为全人类共同的精神财富。

《孙子兵法》走出国门始自盛唐时期。公元 7-8 世纪，强盛的唐王朝成为东方文明的中心，东南亚一些国家纷纷遣使入唐学习中国的先进文化，其中，一位名叫吉备真备的日本留学生专攻中国兵法，开元二十三年（公元 735 年）学成归国，并把《孙子兵法》带回日本。日本皇室视《孙子兵法》为至宝，藏于密室，非皇室成员不得寓目。

从"平安时代"后期开始，日本武士集团的势力迅速崛起，逐渐取代世袭贵族而独揽朝政，以致天皇形同虚设。于是，《孙子兵法》也就从皇宫陆续传入武将家族手中。其中，战国末期的著名将领武田信玄，曾命人在一面突击旗上用金丝绣上"风林火山"四个大字，以鼓励士兵像孙子在《军争篇》中所说的那样"其疾如风，其徐如林，侵掠如火，不动如山"。武田信玄对孙子十三篇非常熟悉，他最欣赏孙子的"不战而屈人之兵""先为不可胜，以待敌之可胜"等思想观点，并将之灵活地运用于作战指挥过程之中。他因此获得了"日本孙子"的美称。

德川幕府时期以后，孙子学几乎成为日本的显学，以后各个历史时期都有大量研究《孙子兵法》的成果问世，到第二次世界大战前，日本出版有关《孙子兵法》的专著多达 100 种，其中传回我国的就有50余部。日本学术界大多是以崇敬的心理来学习和研究中国这部不朽之作，他们探讨领域之广，流派之多，著述之精，远非其他国家所能比拟。各种有关研究《孙子兵法》的专著几乎一致地认为：孙子是"伟大的战争哲学家""兵圣""兵家之祖""东方兵学鼻祖"；《孙子兵法》是"科学的、有生命力的、不朽的名著""具有科学体系的优秀著作""武经之冠冕""科学的战争理论书"和"战争哲学书"。

第二次世界大战后，日本学界对《孙子兵法》的研究持续兴盛，并于20世纪60年代又一次形成新的"孙子热"。与以往"孙子热"不同的是，这一次热潮中，许多专家学者根据战后经济复兴的客观需要，注重把《孙子兵法》的研究引向经济领域，出现了以大桥武夫为代表的"兵法经营管理学派"，从而为研究和运用《孙子兵法》开拓了新的领域。

《孙子兵法》西传，以法国为最早。公元1772年，法国神父约瑟夫·阿米欧在巴黎翻译出版法文《中国军事艺术》丛书，其中包含6部中国古兵书，《孙子十三篇》是其中的第2部。这是第一本西方翻译的《孙子兵法》，该书扉页上写道："中国兵法。公元前中国将领们撰写的古代战争论文集。凡欲成为军官者都必须接受以本书为主要内容的考试。"传说，拿破仑对这本书推崇备至，常在作战间隙披读。也有人说，拿破仑被放逐到圣赫勒拿岛上之后才读到《孙子兵法》，他不无遗憾地说：倘若我早日见到这部兵法，我是不会失败的。

1860年，俄国科斯特罗马团的中校斯列兹涅夫斯基根据法文版《孙子兵法》写出《中国将军孙子对其属下将领的教诲》一文，在《军事集刊》杂志第6期发表。他书中说："孙子能够了解统帅活动的所有的主要的特点，他在作战艺术里能够区分不变的和多变的情况。虽然时间过去了几个世纪，但是，我们认为，他为我们创造的军事原理至今仍然是军事理论的瑰宝。所以，现在如果有一个统帅运用孙子兵法，那么，世界上最天才的统帅也不如他。"1943年，苏联伏罗希洛夫总参军事学院下的军事学术历史教研室把英文《孙子兵法》译成俄文。这是第一部俄文全译本。

1910年，德国也出现了第一部德文版《孙子兵法》，书名为《战争之书——中国古代军事学家》，该书被献给当时的德军参谋长冯·莫尔特克将军。该书的序言中写道："好几代以来，日本的士兵按照孙子及吴子的思想投入战斗。这本书也必将为欧洲的作者及其科学著述提供参考。"据说，发动第一次世界大战的德国皇帝威廉二世流亡荷兰时读到《孙子兵法》。当他读到《火攻篇》的名言"主不可以怒而兴师，将不可以愠而致战"时，不禁感慨万千，喟然长叹道："我如果早20年读《孙子兵法》，就不至于饱尝亡国的惨痛了！"

相比之下，在西方世界中，英美两国对《孙子兵法》研究最深，译著最多，因而影响最大。1905年，在日本学习语言的英国皇家野战炮兵上尉卡尔思罗普首次把"孙子十三篇"译成英文，书名取《孙子》两字，在东京出版。1963年，美国退休准将格里菲斯又根据清朝孙星衍校勘的《孙子十家注》重新翻译，取名为《孙子兵法——翻译导论》。英国战略学家利德尔·哈特专门为之作序。哈特在序言中说："人们早就感到需要有一个《孙子兵法》的新译本，更完整、更准确地解释孙子的思想。在可能导致人类自相残杀和种族灭绝的核武器研制成功以后，这种需要变得更为迫切……《孙子兵法》是研究战争的最佳入门捷径，又是深入全面地研究战争问题时经常要参考的宝贵的材料。"哈特的序言为译本增辉添色，使《孙子兵法》在西方的影响倍增。

1983 年，移居美国的原英国作家詹姆斯·克拉维尔在美国出版了《孙子兵法》的新译本。他认为，2500 年前孙子写的这部著作，真是奇绝非凡。如果近代军政领导人研究过这部天才的著作，越南战争就不会是那种打法；朝鲜战争就不会失败；猪湾登陆就不会发生；伊朗人质问题上的丢脸事件就不会出现；大英帝国也不会解体；很可能第一次和第二次世界大战可以避免——至少可以肯定不会那样进行作战，那些被自称为将军的魔鬼们愚蠢地、无谓地断送掉生命的几百万青年就会正常地走完他们人生的路程。他真诚地希望，《孙子兵法》成为西方所有现役官兵、所有政治家和政府工作人员、所有高中和大学生的必读材料。

詹姆斯·克拉维尔还以小说家特有的幽默感假设说："如果我成为总司令、总统或总理，我还要前进一步：我要用法律的形式规定下来，对全体军官，特别是全体将军，每年进行两次《孙子兵法》十三篇的考试，一次口试和一次笔试，及格分数是 95 分。任何一位将军如果考试不及格，立即自动免职，并不许上诉，其他军官一律降级使用。"这种通俗有趣的内容和幽默诙谐的序言吸引了许多青年读者，对于在英语世界中普及《孙子兵法》有着积极的作用。

二、西方世界的军事"圣经"

克劳塞维茨曾说，他要"写一部不是两、三年后就会被人遗忘，而是对此有兴趣的人经常翻阅的书"，并预言他的《战争论》将引起军事理论上的一场革命。现在看来，人们不能不为他这种坚定的自信和准确的预见而赞叹。的确，克劳塞维茨用毕生心血撰写的这部鸿篇巨制，不仅为西方军事思想的形成和发展奠定了雄厚的理论基础，而且对东方军事理论的丰富和完善也有一定促进作用。其思想精华在当前的新军事革命中仍然具有生命力，仍将发出熠熠光辉，为当代军事家探索新思想、新理论提供参考和借鉴。

中国明代兵家茅元仪评价《孙子兵法》的学术地位时指出："前孙子者，孙子不遗；后孙子者，不能遗孙子。"这一经典评论十分精辟地阐明了《孙子兵法》在中国古代军事思想发展史上承上启下的地位。如果把这一名言稍加改动，人们不难发现，将其用以评价克劳塞维茨的《战争论》也是十分恰当的。《战争论》总结了前人的战争实践经验和军事思想精华，是近代西方资产阶级军事思想的集大成者，同时它又为西方资产阶级军事思想的继续发展奠定了雄厚的理论基础。纵观西方资产阶级军事思想发展史，我们完全可以说：前克氏者，克氏不遗；后克氏者，不能遗克氏。

1. 德国军事理论的宝库

最先给予《战争论》高度评价的是19世纪后期曾连续30年担任普鲁士和德意志帝国总参谋长的毛奇。1891年，这位91岁高龄的老人在死前几个月曾接受颇有名声的法国《杂志评论》的记者采访。当被问到哪些书籍给了他最深刻的影响时，他除了《圣经》和三本自然科学书籍外还特意指出了《战争论》这部军事著作。人们这才发现这位最权威的军事理论家原来是克劳塞维茨的继承人，他的思想和理论大多来自鲜为人知的《战争论》。于是，克劳塞维茨及其《战争论》在德意志帝国总参谋部乃至整个军队中获得了无可争议的认可。依据其思想进行论证、援引其军事观点迅速成为德国军界的学术时尚。

翻开《毛奇军事论文集》，人们不难看出，毛奇的确堪称"克劳塞维茨思想的第一继承人"。他在许多方面继承和发展了克劳塞维茨的军事思想，诸如：注重精神因素在战争中的决定作用，认为精神因素平时较少发挥作用，战时却是部队战斗力之所在，是取得战果的先决条件；强调在同等条件下防御比进攻具有突出的优点，但在实践中最后胜利往往属于进攻者，防御者要想取得最后胜利，也要领先进攻；要求战前要制定周密的作战计划，作战中执行计划要随机应变。其中最为直接的是有关战争与政治关系的观点。

毛奇赞同克劳塞维茨关于"战争无非是政治通过另一种手段的继续"的观点，认为战争是国家为实现既定政治目标所采取的暴力行动，也是最后的、极端的和完全合理的手段。但是，他不同意克劳塞维茨政治支配战争全过程的观点。他认为，政治只对战争的开始和结束具有决定性影响，而战争中的一切军事行动应由军事统帅负责；政治不仅不应干预，相反应服从于作战。他在1871年发表的论述战略的文章里写道：政治利用战争达到自己的目的；它对战争的开始和结束起决定性的影响，也就是说它保留着提高自己的要求或满足于一个较小的成果的权利；由于存在着这种不肯定性，所以战略始终只能为达到现有手段所能达到的最高目标而努力；这样，战略才能最好地为政治服务，即只是为达到政治目的服务，而在行动上必须完全独立于政治。

毛奇主张政治服从于作战的观点，虽与克劳塞维茨对"政治"概念的片面理解存在关联，但其观点实则背离了克劳塞维茨的基本思想。更重要的是，这一观点对德国军事思想，尤其是鲁登道夫的"总体战"思想，产生了深远影响。

毛奇去世后，他的继任者——施利芬元帅同样十分推崇克劳塞维茨及其著作《战争论》。施利芬曾于1905年下令再版《战争论》，并以总参谋长的身份为《战争论》第五版撰写了导言。导言中，他充分肯定了克劳塞维茨军事思想的权威性，并高度评价其对德国统一战争的指导作用，以及对毛奇等后世军人的深远影响。

文中写道：克劳塞维茨的学说实际上无论从形式还是从内容上看，都是有史以来有关战争的论述中最高超的见解；克劳塞维茨播下的种子在1866年和1870年、1871年的战场上，已经结出累累硕果；从根本上说，我们的指挥在那里所表现出来的优势，完全渊源于《战争论》这部作品，通过它造就了整整一代杰出的军人。导言最后写道：《战争论》这部作品的持久价值除了它那深邃的伦理学和心理学见解外，还在于它反复地强调了消灭敌军这一思想；对克劳塞维茨说来，战争是受用武器解决问题这一唯一最高法则支配的；在他看来，消灭敌人军队是在战争中所能追求的目的中始终高于其他一切的目的。

正是基于克劳塞维茨这种集中兵力消灭敌人军队的主张，施利芬认为在作战中仅仅削弱敌人是不够的，而必须彻底予以摧毁。经过长期酝酿，他制定了德国东西两线对法作战的完整计划，史称"施利芬计划"，为德国进行第一次世界大战制定了基本模式。

由于最高统帅部军事权威们相继推崇，克劳塞维茨逐渐成为德意志家喻户晓、有口皆碑的名字，《战争论》也成为德国军人必读的军事教科书。在1914年至1918年期间，德国社会上除了各种翻印和战地版本的《战争论》外，还迅速发行了第9至第13版。

然而，这并不意味着克劳塞维茨的军事思想已经完全深入人心。事实上，德国人对克劳塞维茨的态度一直具有双重性。一方面，人们总是以敬仰的态度把他的名字列为首屈一指的军事著作家；另一方面，真正理解他的军事思想的人并不多。第一次世界大战期间，德军最高军事指挥部中的决策人物——鲁登道夫上将的身上就集中体现了这种矛盾。

鲁登道夫像许多喜欢用克劳塞维茨的观点论证、引证问题的人一样，在《总体战》一书中多次引用克劳塞维茨的观点。他在第一章《总体战的本质》中说：大约一百年前，战争理论大师冯·克劳塞维茨根据弗里德里希大帝和拿破仑时代的战争经验，写成了《战争论》一书；书中认为，战争是一个国家迫使另一个国家屈从于自己意志的暴力行为；这是完全正确的；在研究为达此目的而采取的手段时，他只考虑了通过会战和战斗歼灭敌人的武装力量；这成了进行战争毋庸置疑的原则，也成了总体战领导者的首要任务；因此，克劳塞维茨关于在战场上消灭敌人的思想，将永远具有深远的意义。

但是，他接着又说：这部著作是过去一个历史发展阶段的产物，已远远落后于今天，甚至可以说，克劳塞维茨的研究成果会把人们的思想搞乱，将人们引入歧途。所谓"过时"，是说克劳塞维茨那个时代国家首脑单纯以军队进行的战争，即"内阁战争"，已经不复存在了，取而代之的是军队和全体人民共同参战的"总体战"。鲁登道夫认为现代战争不再具有多种多样性，战争的一切目的、一切手段都是为了完全打垮敌人，彻底毁灭对方。现代战争与近150年的所有战争相比，已经表现出完全不同的另一种特征，这一观点显然已经具有克劳塞维茨所说的"绝对战争"的特点。

鲁登道夫认为，第一次世界大战显示出与以往战争完全不同的特性：现代战争是一种全面的战争，战场已扩展到各参战国的全部领土；现代战争又是一种全体的战争，不仅双方军队相互厮杀，而且人民也同样遭受苦难并直接为战争效力。因此，他提出这样的论断：总体战的本质决定了确实需要动员全体人民的力量，因为这种战争的目标是针对整个民族的；由于战争需要最大限度地动用人民的力量去为保存自己而斗争，所以国家政治必须在和平时期就为能在战时进行这场人民生死大搏斗而做好准备，并使这场搏斗的基础强大和坚固到不致因战争的残酷而动摇、破碎，或者由于敌人的措施而彻底垮掉。

明确提出自己的观点之后，鲁登道夫紧接着对克劳塞维茨的军事理论展开了全面攻击：战争的本质已经改变，政治的本质也已经改变，因此政治同战法的关系也必须随之而改变；克劳塞维茨的一切理论都应当抛进垃圾堆；战争与政治都服务于保存人民的生命，而战争则是人民的生存意志的最高表现形式；因此，政治只能服务于战法。

鲁登道夫的总体战理论否定了战争的政治本质，否定了政治对战争与和平的控制作用，很容易以维护全民的利益为幌子蛊惑人心，因而为战争狂人希特勒提供了理论依据。尽管希特勒同鲁登道夫存在个人矛盾，但他在1933年上台后，正是依照总体战理论来准备和发动第二次世界大战的。我们虽然不能把第二次世界大战期间德国法西斯军事理论的来源直接归咎于《战争论》，但是完全否定彼此之间的思想联系也是不切实际的。

上述分析说明，《战争论》对德国的军事思想产生了深远的影响，其中关于战争本质、精神因素、主力会战、战争计划等方面的思想影响尤为明显，无论是王朝战争还是帝国主义战争时期的德国军事统帅都或从正面、或从反面吸收了克劳塞维茨的军事观点，并将之运用到战争实践之中。可以说，德国军事思想从19世纪后半叶至20世纪中叶的一百多年里之所以能够在西方军事理论界占据统治地位，克劳塞维茨的《战争论》起了至关重要的作用。

2. 风靡世界的军事"圣经"

随着德国的迅速崛起，世界各主要国家的资产阶级军事家们开始分析研究这个常常使整个欧洲震颤的国家，并很快将目光集中在使德国军事思想发生巨大变化的《战争论》上。于是，这部军事巨著不胫而走，逐渐在一些国家传播，并继而引起世界军事理论界的普遍重视，对各国资产阶级军事思想的形成和发展起了直接的推动作用。

《战争论》问世之初便传入了法国。在施利芬元帅推崇这部军事经典的同时，法国著名军事理论家福煦元帅也将克劳塞维茨视为自己的导师。他基本认同克劳塞维茨在《战争论》中所阐明的一系列观点，并在其代表作《作战原则》一书中极力用克劳塞维茨的思想来纠正法国传统军事思想的悖谬之处。他颂扬克劳塞维茨的绝对战争理论，认为现代战争的唯一目标就是彻底打垮敌人，所以要"拼命进攻"，没有进攻便不能战胜敌人，只有全力进攻才能达成战争的目的。基于对克劳塞维茨主力会战理论的认识，福煦认为进攻的最佳方式是主力会战，在主力会战中应集中大规模兵力对敌人的重心实施"决定性进攻"。他的这种"拼命进攻"和会战至上的主张，后来成为法国陆军的作战宗旨。

《战争论》很早就传入了英国，对英国军事思想产生过重要的影响。英国军事理论家对克劳塞维茨及其《战争论》研究最深的当属富勒和利德尔·哈特。他们是20世纪上半叶活跃在英国历史舞台上的两位军事理论巨匠。

富勒是一位善于独立思考的军事理论家，即便在克劳塞维茨已经享有盛誉的时代，他仍能十分客观辩证地评价这位军事理论大师。一方面，他高度重视克劳塞维茨的军事思想，在《战争指导》一书中列专章深入分析了克劳塞维茨的思想精华及其对毛奇、福煦、布洛克等著名军事理论家的影响。他对克劳塞维茨的"重心"论、会战理论、攻势防御思想和民众战争思想及一些作战原则都给予了充分肯定。其中，他尤为赞赏的是克劳塞维茨关于战争与政治关系的论述。他在书中写道：克劳塞维茨对战争与政治的关系的透彻分析，是无人可以与之相比的，而在今天，这一分析的重要性，比它第一次阐述时更加重要。另一方面，他也尖锐地指出了克劳塞维茨军事思想中的某些缺陷，特别是对其过分倚重暴力而忽略和平手段的暴力论给予了一针见血的批判。

利德尔·哈特的思想方法有许多地方与克劳塞维茨的非常一致。尤其是他对于克劳塞维茨关于政治与战争、政治与军事关系方面的见解，更是赞不绝口，并多次用以引证自己的观点。他十分欣赏克劳塞维茨关于"理智是军事行动的基础"的名言，并以此作为"间接路线"战略的理论基础。在这一著名战略理论中，利德尔·哈特主张以理智的策略和谋略把战斗行动减少到最低限度，实施翼侧迂回，以免从正面与敌直接碰撞，并用各种手段袭击和震撼敌人，使敌物质上受损、精神上失衡，最终达到不经决战而制胜的目的。

在充分肯定克劳塞维茨军事思想的前提下，利德尔·哈特也对克劳塞维茨的某些观点提出了不同看法，并着重批评了那些称之为克劳塞维茨思想继承者的德国军事学家们的错误。他认为，克劳塞维茨提出的抽象的"绝对战争"概念，以及论述问题时的"思想二重性"，含义模糊，颇为难懂，很容易被他的继承者们扩大、曲解，最终演变为无限制使用暴力的全面战争理论。人们对克劳塞维茨的理论缺乏深刻了解，致使第一次世界大战的起因和特点，受克劳塞维茨理论的影响非常之大；从逻辑发展的角度来说，在第二次世界大战中仍然可以看到这一理论的后果。不过，他相信，如果假以天年，使作者有更多的时间来考虑战争问题，那么他们有可能作出更合理和更准确的结论，这种扩大和曲解克劳塞维茨本意的情况也就可以完全避免了。

美国独立之初和所有弱小国家一样，如饥似渴地吸收外国文化，尤其是军事文化。南北战争期间，欧洲的战争经验和军事理论不断传入美国。在始建于1802年的西点军校，若米尼和克劳塞维茨关于拿破仑军事艺术的论述是经典的历史教材和占主要地位的学术研究题材。克劳塞维茨的军事思想、拿破仑的军事艺术和若米尼的军事理论，在许多美国军官的头脑中深深地扎下了根。

日本从幕府末年到明治维新时期十分注重学习西方军事理论。日本的陆军以法国为师，海军则以英国为师。1877年后，日本陆军放弃了对法国军事学一边倒的方针，开始注意采用德国的军事学。日本军政界人士视克劳塞维茨为"优秀的军事科学家"，认为《战争论》一书是日军军官的"圣经"。因此，早在 1901 年，日本就完整翻译出版了《战争论》一书，定名为《大战学理》，作为非卖品在军内发行。为了将《战争论》的作战理论贯彻到训练和作战之中，日本曾聘请由毛奇推荐的梅克尔少校在陆军大学任教，讲授作战指挥学。梅克尔与他的老师毛奇一样，崇信克劳塞维茨的学说。在梅克尔的指导下，通过现地战术训练和图上战术作业，日本部队的实战教育训练取得了极大的成果。《军事思想史入门》的作者浅野佑吾认为："日清（日清战争为日本的说法，即中日甲午战争）和日俄两次战争都最为充分地体现了德国的军事思想。"

3. 马列军事理论中的"他山之石"

克劳塞维茨及其《战争论》作为西方资产阶级军事领域的"兵圣"和"兵经"，在西方各国享有盛誉，影响深远。并且，《战争论》中某些具有客观真理性的观点经无产阶级军事理论先驱的批判吸收，对无产阶级军事思想的形成和发展产生了一定的影响。几千年来，西方军事理论著作可谓卷帙浩繁、汗牛充栋，但是能够吸引马克思、恩格斯、列宁、毛泽东等无产阶级军事理论创始人的共同关注并获得他们一致好评的，《战争论》恐怕是唯一的一本。

马克思和恩格斯，作为马列主义军事理论的奠基人，早在 1848 年 2 月发表《共产党宣言》时就曾向全世界宣布，共产党人的目的，就是运用暴力革命的手段推翻全部现存的社会制度，以建立无产阶级自身的统治。为此，工人阶级必须学习军事，掌握武装斗争规律。1848 年，以法国二月革命为滥觞的欧洲革命揭开序幕后，马克思和恩格斯对军事问题更为关注。1848—1849 年期间，他们不仅亲自参加德国境内的武装斗争，而且密切关注欧洲各国革命运动的发展和战况，从政治和军事上研究、分析斗争的策略，撰写战争评论。为钻研军事理论，他们阅读了大量军事参考资料和军事著作，其中对于克劳塞维茨的《战争论》尤为关注，并对这位普鲁士军事学术界的"第一流人物"及其某些军事观点给予了很高的评价。

恩格斯曾经充分肯定了克劳塞维茨在世界军事领域的地位，指出：克劳塞维茨"在军事方面同若米尼一样，是全世界公认的权威人士"。1858年1月7日，恩格斯在致马克思的信中说："目前我正在读克劳塞维茨的《战争论》。哲理推究的方法很奇特，但书本身是很好的。"马克思赞同恩格斯的看法，在1月11日的回信中写道："为了写布吕歇尔，我多少翻了一下克劳塞维茨的书。这个人具有近乎机智的健全的推断能力。"

马克思和恩格斯不仅高度评价克劳塞维茨及其《战争论》，并且在阐述军事问题过程中还批判地吸取了其中的某些合理成分。

克劳塞维茨在论述战争的特殊性时作了一个形象的类比。他把战争比作贸易。他认为，战争是一种巨大的利害关系的冲突，贸易也是人类利害关系和活动的冲突。恩格斯对这个思想极为重视，他在1858年1月7日致马克思的信中写道："对于是否应当使用军事学术或军事科学这一名称的问题，答案是：战争最像贸易。战争中的会战就等于贸易中的现金支付；尽管它实际上很少发生，但一切仍以它为目的，而且它最后必将发生，并起决定性作用。"

克劳塞维茨在《战争论》第五篇第二章中阐述"战局"的概念时认为，人们往往把一年中所有战区内发生的军事活动称为战局，但是更普遍和更确切的说法则是指一个战区内连续发生的军事活动。为便于说明问题，他还列举了1812年拿破仑率法军从莫斯科撤退的例子。恩格斯在为《美国新百科全书》撰写条目时，吸收了克劳塞维茨的军事思想，并以1812年拿破仑率法军从莫斯科撤退为例进行说明。他指出，克劳塞维茨正确地分析了1812年战局的结束时间问题，认为该战局显然不是在该年的12月31日结束的，因为当时法军还在涅曼河地区，他们正处于退却高潮。实际上，这个战局是在1813年2月法军渡过易北河，在那里重新积聚兵力时才结束的，因为此时追击的俄军已停止军事行动。"

克劳塞维茨在论述战斗的特点时认为，战斗往往就像潮湿的火药慢慢燃烧那样，有节制地进行。而经过长时间作战的部队又如同被燃烧的湿火药一样，体力和精力逐渐消耗殆尽。在这种物质力量和精神力量都遭受损失的情况下，部队能否继续战斗，主要取决于精神力量。恩格斯在1862年5月5日致马克思的信中评述美国的科林斯会战时，曾批判地引述克劳塞维茨的这段形象论述："战斗像潮湿的火药，慢慢地燃烧，消耗着双方的力量，而取胜一方确实争得的利益，与其说是物质上的，还不如说是精神上的。"显然，在恩格斯看来，此次战役中格兰特取胜的原因之一就是精神上占有一定的优势。

列宁在十月革命前夕，为准备进行大规模武装起义而认真阅读了《战争论》，并作了一万余字的摘录和批注。他尤其重视克劳塞维茨关于战争与政治的关系，以及用辩证方法考察战争的论述。他曾在《第二国际的破产》《社会主义与战争》《战争与革命》等著作中，针对第二国际机会主义者在战争问题上的种种错误论调，至少有五次直接引用并高度评价了克劳塞维茨关于"战争无非是政治通过另一种手段的继续"的论断。

列宁通过克劳塞维茨关于战争与政治关系的论述看清了战

争的政治本质，同时排除了克劳塞维茨定义中的模糊性，直截了当地指出："战争是政治的继续。"他不仅依据这个观点批判形形色色修正主义分子抹杀战争性质的种种谬论，而且和马克思、恩格斯一样，以此作为观察和分析各种战争的思想基础。他在揭示刚刚爆发的第一次世界大战的实质时指出："'战争是政治通过另一种手段（即暴力）的继续'，这是造诣极高的军事问题著作家克劳塞维茨说过的一句至理名言。马克思主义者始终把这一原理公正地看作考察每一战争的意义的理论基础。马克思和恩格斯一向就是从这个观点出发来考察各种战争的。"以这个观点考察第一次世界大战，人们就会看到，英、法、俄、德、意、奥这些国家的政府和统治阶级几十年来实行的政治都是掠夺殖民地、压迫异族、镇压工人运动。这场战争正是这些国家及其统治阶级强暴政治的继续，也只能是这一政治的继续。

列宁在《战争与革命》一文中回答如何理解战争与革命的相互关系问题时指出："大家知道，一位非常有名的战争哲学和战争史的著作家克劳塞维茨说过一句名言：'战争是政治通过另一种手段的继续。'这句名言是著作家在拿破仑战争时代之后不久，对战争史作了考察，从中得出了哲学教训后说的。现在这位著作家的基本思想无疑已经为一切善于思考的人所接受。大约在八十年前，他就反对了这样一种庸俗鄙陋的偏见，即认为战争同有关政府和有关阶级的政治没有关系，不论在什么情况下都可以把战争看作只不过是举行进攻，破坏和平，后来又把这种被破坏的和平恢复起来。相互厮杀而又言归于好！"简而言之，无论是革命战争还是反革命战争，都是某个国家、某个阶级在战前长期推行的政治的继续，只不过是战争性质和行动方式不同罢了。

此外，列宁还十分注重克劳塞维茨的民众战争理论和攻防理论。他在论述无产阶级已经获得胜利的国家如何严肃地对待国防的问题时，吸取了克劳塞维茨关于向本国腹地退却的思想。克劳塞维茨在论述攻势防御问题的过程中认为，主动向本国腹地退却是一种特殊的间接抵抗方式，与其说它是用我们的剑消灭敌人，还不如说是让敌人通过自己的劳累拖垮自己。他还特别强调，这种退却是一种避开敌人的锐气，等敌军疲惫和兵力大削弱之后，进而转入反攻夺取胜利的主动退却。列宁对此表示赞同，指出：无产阶级要严肃地对待国防，必须精确地估计力量的对比。"如果力量显然不够，那么最重要的防御手段就是向腹地退却（谁要是认为这只是临时拉来应急的公式，那么，他可以去读一读克劳塞维茨这个老头子——伟大的军事著作家之——关于这一点的历史教训的总结）。"

4.《战争论》传入中国

20世纪初，随着西学东渐的浪潮，《战争论》由日本传入我国，至40年代时，我国社会上先后出现5种中译本。急于推行军事改革的中国近代资产阶级军事思想家们对其推崇备至，将之作为研究西方军事理论的指南，并列为各军官学校培养新型军官的教材。但是，旧军阀只会师夷皮毛而难以真正掌握其神韵，所以这部舶来的军事"圣经"并没有引起多少共鸣，只有毛泽东等无产阶级军事家们才读懂了其中的哲学底蕴。

1931年中国历史进入十四年抗战的艰难时期，国内阶级战争逐渐转变为民族抗日战争。为了适应转变，寻求战胜日本帝国主义的思想武器，毛泽东如饥似渴地学习马列主义军事理论，同时对《战争论》也进行了认真的研读，为其思考和撰写《论持久战》提供了一些理论依据。从这篇全面分析中国抗日战争特点、科学指导中国军民进行抗日斗争的军事论文中可以看出，毛泽东批判地吸收了克劳塞维茨的某些军事思想观点，并紧密结合中国革命战争实际加以创造性地发展。

在战争本质问题上，毛泽东赞同克劳塞维茨的表述，并在对历史和同时代所进行的战争进行科学分析的基础上，对战争与政治的关系进行了全面而科学的论述。他在《论持久战》一文中，以"战争和政治"为题，作了专门论述。他指出："'战争是政治的继续'，在这点上说，战争就是政治，战争本身就是政治性质的行动，从古以来没有不带政治性的战争"。同时他也强调，"战争有其特殊性，在这点上说，战争不即等于一般的政治。'战争是政治的特殊手段的继续'。政治发展到一定的阶段，再也不能照旧前进，于是爆发了战争，用以扫除政治道路上的障碍""政治是不流血的战争，战争是流血的政治"。这些论述深刻揭示了战争与政治之间的同一性和特殊性，比克劳塞维茨的观点更为明确、更具有理论深度。它告诫人们：一方面，由于战争一刻也离不开政治，因此，无论武器如何发展，都必须把战争看作是达到某种政治目的的特殊手段；另一方面，战争不是一般的政治，因此必须善于学习和研究战争，掌握战争自身的特殊规律，以正确指导战争。

在对战争规律的认识问题上，毛泽东对克劳塞维茨一些过分强调战争的特殊性、概然性，主张靠才能、靠幸运、靠侥幸去取得胜利的观点是不赞同的。他认为，虽然战争现象较之其他社会现象更带有所谓"盖然性"，然而，战争也是一种物质运动，战争规律也是可以认识的。因此，他主张从实际出发研究战争和指导战争，指挥者不但要熟识和运用一般的战争规律，还要熟识和运用特殊的战争规律，着眼特点和着眼发展，善于按照运动着、发展着的战争情况，灵活地使用兵力，变换战法，以相对的确实性去实现战争指导上的计划性，从而使取得战争胜利成为必然的结果。

在人民战争问题上，毛泽东主要继承了马克思列宁主义军事理论中的人民战争思想，并根据中国革命战争的特点做了创造性的发展，使之远远超过克劳塞维茨有关民众战争的观点。他不是把人民战争看作"一种巨大的战略防御手段"，而是看作中国人民革命战争的基本方式；不是把人民战争看作仅仅用于对付外来侵略的临时工具，而是看作对外反对帝国主义侵略、对内打败反动政权统治的革命战争的主体和胜利之本；不是撇开阶级性，笼统地将有双方大量民众参加的战争当作人民战争，而是认为只有正义的战争才能成为人民战争；不是简单地把人民战争战法归结为游击战，而是在战争实践中提出了一整套适合中国情况的以灵活机动为特点的人民战争战略战术。

新中国成立后，毛泽东在论及如何正确掌握马克思列宁主义的方法时，曾兼顾批评了斯大林对《战争论》的错误看法。他深刻地阐述道："我们有些共产党员、共产党的知识分子的缺点，恰恰是对于反面的东西知道得太少。读了几本马克思的书，就那么照着讲，比较单调。讲话，写文章，缺乏说服力。你不研究反面的东西，就驳不倒它。马克思、恩格斯、列宁都不是这样。他们努力学习和研究当代的和历史上的各种东西，并且教人们也这么做。马克思主义的三个组成部分，是在研究资产阶级的东西，研究德国的古典哲学、英国的古典经济学、法国的空想社会主义，并且跟它们作斗争的过程中产生的。斯大林就比较差一些……他否定德国的军事学，说德国人打了败仗，那个军事学也用不得了，克劳塞维茨的书也不应当读了。"

毛泽东的这段论述值得我们很好地学习。战争既有特殊规律，也有共同规律。我们不仅要熟知中国革命战争的特殊规律，还要把握人类战争的共同规律。因此，我们在坚持以毛泽东军事思想、社会主义建设时期党的几代领导人关于国防和军队建设的思想为指导的前提下，仍然必须像马克思、恩格斯、列宁、毛泽东那样，兼学百家，博采众长，批判地吸收正确反映战争规律的军事理论。

第三十二章　信息时代的制胜圭臬

诗人臧克家在纪念鲁迅逝世13周年所作的《有的人》中说："有的人活着，他已经死了；有的人死了，他还活着。"这两句话十分精辟。人的肉身生存时间有限，灵魂却无限，甚至可以永葆鲜活。孙子与克劳塞维茨就是如此。他们虽然早已作古，但是，他们的思想结晶——《孙子兵法》和《战争论》，却走过了高山和平原，历经沧桑和巨变，流传至今，而且其思想精华丝毫没有老迈之态，依然熠熠生辉，指点着现代战争的迷津。无怪乎，美国人感叹地说："一位神秘的东方老人指挥着海湾战争。"

一、走进现代军事决策的殿堂

20世纪是东西方文化交流空前发展的世纪，特别是东西方军事文化在彼此交融的过程中，《孙子兵法》《战争论》加速走进各国军事领域，走向现代军事决策者的殿堂，甚至走上现代战争的战场，从不同的角度影响着20世纪的军事理论和战争实践。

1. 改变核战争理论走向

第二次世界大战结束后，导弹核武器的出现给战争本身和作战方法带来了许多新的特点，核战略理论应运而生，并随着核武器数量和质量的提高而不断改进。其中，美国的核战略理论先后吸取了《战争论》和《孙子兵法》的思想精髓，从而经历了以力制胜到以谋制胜的变化过程，同时也使世界经历了一次又一次的核危机噩梦。

富勒曾经认为，克劳塞维茨过分强调绝对战争理论，把许多人引入歧途，对两次世界大战的无限扩大负有大部分的间接责任。遗憾的是，第二次世界大战结束后，西方的军事理论家并没有从歧途中清醒过来，仍然沉醉于克劳塞维茨的绝对暴力和绝对战争理论中，特别是美国率先拥有了原子弹之后，更是以此为政策依据。他们认为核武器是"绝对武器"，核战争是超级大国之间最后的决战手段，交战双方都会无限制地使用核武库的所有武器和其他大规模杀伤破坏性武器。因而，从20世纪50年代初至60年代中期，美国凭借其绝对的核优势，推行"大规模报复"战略，企图在核战争中一举摧毁对手，使其丧失反击能力。

然而，"大规模报复"战略并非灵丹妙药，苏联不但没有被吓倒，反而加快了发展核武器的步伐，到20世纪60年代末至70年代，美苏双方已形成一种战略核均势。双方都拥有足以毁灭对方若干次的超量核武器，都具备了能够经受住对方第一次核打击而给对方以毁灭性反击的第二次打击力量。这就迫使双方都要考虑，不论谁先发动核战争，都无法摆脱遭受核反击的命运，在一场核大战后，将不再有胜利者或失败者，结局将是共同毁灭。在这种核恐怖平衡状态下，克劳塞维茨"彻底打垮""完全消灭"对方的理论非但不能使美国打开胜利之门，反而很可能使整个世界走向毁灭。

早在1954年，英国著名军事理论家利德尔·哈特出版《战略论》时就预言：政治家们把核武器当作一种遏制侵略的因素，这种信念的基础看来是一种完全不合现实的幻想。说得准确一些，拿使用核武器来进行威胁，只是一种虚张声势的恫吓，苏联人对于这种恫吓并不会太认真。相反，真正心惊胆战的是欧洲大陆上离苏联很近的那些国家，他们担心成为美苏核大战的试验品，最先遭到毁灭。

有鉴于此，利德尔·哈特主张：最完美的战略，也就是那种不必经过严重战斗而能达到的战略——所谓不战而屈人之兵，善之善者也。他认为，只有《孙子兵法》才能挽救美国战略体系的崩溃性危机。然而，他的主张并没有引起英美政治家们的高度重视。面对"核恐怖平衡"的局面，美国转而采取"相互确保摧毁"战略，在维持"核恐怖平衡"的同时保持必要的核报复能力，使对方不敢贸然发动核战争。

20世纪70年代末，美国斯坦福大学战略研究中心主任福斯特教授深刻领会利德尔·哈特的战略思想，与"深谙东方谋略"的日本京都产业大学三好修教授联手，运用《孙子兵法》研究西方对苏联的新战略。在1978年底，福斯特向美国国务院、国防部提交了一项名为"孙子的核战略"的研究报告。报告指出："必须以全争天下的观点非常深奥，触及了核战争的实质，具有现实意义。核战争会给人类造成巨大的灾难，理应尽力避免。眼下最理想的战略，还是孙子提出的观点，不战而屈人之兵，不付代价取天下。"基于这种认识，福斯特和三好修主要从三个方面提出了美国对苏核战略的构想。

一是上兵伐谋。福斯特认为，决定核战争甚至局部核战争以及外交斗争胜负的，不是武器和技术，而是战略的正确与否。他主张把"相互确保摧毁"战略改变为"确保生存和安全"的战略，其核心在于：明确宣示关乎国家生死存亡的核心利益；

清晰界定对盟国的安全承诺；使对手充分认识到发动战争的失败风险，从而瓦解其战争意图，达成战略威慑目的。

二是避免攻城。三好修认为，美国的"确保摧毁"战略把打击城市放在首位，而苏联全部大城市的人口仅占全国总人口数8.5%，即使全部伤亡，只要它还具有军事能力，仍然会给美国以致命反击。用孙子的观点来看，这是一种最低劣、万不得已的战略。所以，美国应当和苏联一样以对方军事力量为主要打击目标。

三是不战而胜。福斯特和三好修主张，西方应从"纯暴力"的桎梏中解脱出来，超越军事领域，力求从政治、经济、外交、文化等领域用"和平"的手段遏制苏联，争取不战而胜。

福斯特和三好修提出的"孙子的核战略"如幽谷击石，在美国社会上迅速引起强烈反响。尼克松、卡特、里根、布什政府先后采纳了其主要思想，将美国对苏核战略从"相互确保摧毁"，改变为"确保生存"和"超越遏制"，从而使得紧张对峙的"核恐怖平衡"得到缓解，避免了毁灭世界的核大战。这些战略理论的变化，固然有多种原因，但孙子的"全胜"思想无疑有点喻之功。

2. 点拨现代局部战争方略

在《战争论》中，克劳塞维茨既强调"绝对战争论"，又提出了战争的"有限目标论"。在他看来，"绝对战争"是"抽象的战争""纸上的战争"，仅仅用来说明战争暴烈性的一个理论参照模式，现实中的战争通常不会沿着战争的自然趋势发展成为"绝对战争"，而是往往表现为一种目的有限、暴力有限的战争形态。他虽然没有直接提出有限战争的概念，但已为后人指出了现实战争发展的方向。

在美国政府推行"大规模报复"核战略的同时，基辛格博士从《战争论》中解读出"有限目标"的深刻含义，找到了既维持核力量平衡又谋取战略优势的良方，那便是"有限战争理论"。他在 1962 年出版的《选择的必要：美国外交政策的前景》一书中提出，鉴于苏联也具有核报复能力，大规模报复战略只能导致双方共同毁灭，因此必须以有限战争作为实现政治目的的最佳选择。他要求进行这类战争必须把握三条原则：一是根据明确的、有限的政治目标，把实力加以分类和区别使用，使纠纷导致的战争不至于影响国家的存亡；二是使用有限的战争手段，避免引起敌人的大规模核报复，力求使双方默认相互存在着不能触及的领域；三是划分战争的阶段，对限定的目标进行阶段性的、适当程度的破坏，而不是进行连续攻击，每到一个新的阶段都要安排供政治上接触的间歇时间。显而易见，基辛格的有限战争理论与克劳塞维茨的战争本质论及有限目标论是一脉相承的。

然而，美国的军事理论家们并非简单地继承克劳塞维茨的思想，而是在继承的基础上作了很大的发展。他们把克劳塞维茨的"绝对战争论"和"有限目标论"合而为一。所谓"有限战争理论"，按照日本军事评论家小山内宏的观点，就是"战场由于战争的政治化而受到限制，但在这个战场内，则要彻底地推行克劳塞维茨的战略思想"。也就是说，战争发生的地区是"有限"的，但在该地区暴力的使用却是"无限"的。例如，越南战争，是一场典型的局部战争，但是美国并没有对暴力手段加以任何限制，而是使用了除原子弹以外所有的新式武器，对越南军民进行残酷的杀戮和大规模的狂轰滥炸。这种"凝固汽油弹和直升飞机"的战略，是把新的克劳塞维茨带进越南的战略。

实践一再证明了列宁的名言：真理向前多迈出一步就成了谬误。克劳塞维茨要求对战争的目标加以限制，无疑是正确的，他从研究战争自然属性的角度提出"绝对战争"的概念，也是无可厚非的。然而，一旦把二者生硬地拉到一起，就会曲解克氏的本意，结出苦涩的果实。美军在越南战争中，几乎打赢了每一场战斗，但最终还是输掉了整个战争。

在国际国内一片谴责声中，美国军政界领导人不得不反思这场战争的战略指导究竟存在什么问题。曾决定签署《关于在越南结束战争、恢复和平的协定》的尼克松，从《孙子兵法》中找到了答案。他认为，美国热衷于军事升级以致泥足深陷，不能自拔，而美国公众舆论是绝不会支持一场远方的毫无进展的持久战的。正如2500年前中国战略学家孙子所说："夫兵久而国利者，未之有也。""故兵贵胜，不贵久"。美国在越南战争中胜利无望正是应验了孙子的话。

美国国防大学战略研究所所长柯林斯在1973年出版的《大战略》中也指出："孙子说'上兵伐谋'。在越南战争情况下，'谋'即指革命战略。美国忽视了孙子的这一英明的忠告，愚蠢地投入了战斗。我们过高估计了我方的能力，过低估计了敌人的能力。我们热衷于使用武装力量，付出代价越来越高，结果很快产生了一个不起决定性作用的目标：战场上的军事胜利。而局面完全失去控制。"美军入越作战部队司令威斯特摩兰在回顾越南战争时，引用孙子"兵久而国利者，未之有也"的话，不得不承认"进入越南是我国所犯的最大错误之一。"

这些分析，在一定程度上揭示了美国失败的政治原因和军事原因，同时也使西方的军事家们进一步发现《孙子兵法》在现代局部战争中的理论价值和实践价值。

自从尼克松、柯林斯等人用《孙子兵法》分析越战的教训之后，美国国内的"孙子热"迅速升温。不少人不仅在核战略问题上求教于孙子，而且在常规战争理论上也以孙子思想为指导，以致美国陆军1982年制定《作战纲要》时在"作战思想"部分赫然引用了孙子的名言："兵贵胜，不贵久""攻其无备，出其不意"。这一纲要首次提出了"空地一体作战"的思想及"主动""灵敏""纵深""协同"四条基本原则。美国陆军白恩时上校认为，这一新的理论是融合克劳塞维茨与孙子思想精华的产物。他指出："贯彻空地一体战关键在于实施其由主动、灵敏、纵深和协调四原则所组成的作战方针。这四项原则形成了主要吸取孙子理论的作战指导。其具体标志包括：避实击虚；示形于敌；了解敌人和战场的特性；强调战前的'胜算'；重视速度和机动力；强调将领的作用和下属领导人的主动性；认识到水无常形，兵无常势。"

1986年，美国国防大学校长理查德·劳伦斯中将访问中国，应邀在中国国防大学作了题为《空地一体作战——纵深进攻》的报告。在报告中，他多次引用《孙子兵法》，说孙子的理论是他们确定美军作战原则的重要依据。由此可知，美军在《作战纲要》上征引孙子名言，并非装点门面，而是作为座右铭，取其神旨。

越南战争的教训，加上孙子军事思想的点拨，美国军界由崇信《战争论》转向崇信《孙子兵法》，海湾战争初期，美国军方便注重用孙子思想指导作战，并且民间也呼吁政府首脑取法于孙子。

1990年12月16日，美国《华盛顿邮报》发表了一篇题为

《孙子的弟子》的文章，作者是《波士顿环球报》副主编格林。文章的核心，是提醒布什总统注意阅读《孙子兵法》，以便从中获取解决海湾危机的良方。该文以幽默的笔调写道："在中国历史上出现了一本名叫《孙子兵法》的书。2000多年来，书的作者在战争问题上的远见卓识，影响了军事计划者和军事思想家。我愿意想象布什总统的床头柜上有一本《孙子兵法》，并且不时阅读它，以便在海湾危机中对他加以指导。在我的想象中，我看到，孙子的一些话已经被标了出来，并且还在书页边上作了一些批注。"接着，作者连续引用了"其用战也胜，久则钝兵挫锐"等11句孙子名言，并逐条对应地提示出处理海湾危机的办法，诸如争取人民的信任、避免出现第二个越南、尽快做好充分的物资准备等。

据美国1991年1月22日《华尔街日报》报道，临战前夕，美国海军陆战队的官兵仍然认真研读中国的《孙子兵法》。报道说，"海军陆战队司令阿尔弗雷德·格雷将军去年指定《孙子兵法》为该年度所有陆战官兵的必读书。如今，驻海湾的美国海军陆战队官兵争读此书。在沙漠中的帐篷里，或在待命的军舰上，他们展开了热烈的讨论。有一位军官匆忙出征沙特，忘记带上了《孙子兵法》，他便给妻子写信，让她把书从国内航寄到前线。"记者评论说："孙子颠倒了美国海军陆战队的神圣传统，比如，在敌人坚固的阵地前拼死作战，堆尸如山。孙子强调以谋克力。以往，海军陆战队会对着敌人占据的山头冲锋，而孙子却告诫说：如果敌人先占据了险要地形，你就不要跟他一样，而应该撤退并用计将它引开……负责制定陆战队作战计划的拉塞尔·萨顿准将说，'美军将尽力避免与伊军正面对抗'，这是纯粹的孙子兵法。"

尽管这些文章不是官方文件，而且多少有些夸张和想象，但毕竟反映了美国在海湾危机中力图以《孙子兵法》指点迷津的愿望。事实上，综观海湾战争的全过程，美军在海湾战争中也的确在某些方面借鉴了孙子的思想。

首先，在战略指导上，美国采取的是"先胜而后求战"的方针，政治上最大限度地孤立伊拉克，外交上获得联合国安理会授权对伊拉克实施国际封锁，经济上得到了日本、德国、沙特等富国慷慨资助，军事上聚集了足以在战场上克敌制胜的强大兵力兵器，从而使战争有可能速战速决，保证不会出现第二个越南。

其次，在作战指导上，美国作战计划的制订者们认为，指导战争的重要法则是"避实击虚""扬长避短"。因此，美军应当发挥其全部优势——技术、情报、空中力量、机动战理论和周密的计划。多国部队在持续42天的海湾战争中，前三个空战阶段即占38天，空中优势得到了充分发挥。地面作战阶段仅4天，机动部队声东击西，以"左勾拳"战术出敌不意地由南向西快速运动，长驱直入伊军主力集团西侧后部，迅速形成合围之势，从而使多国部队最终以极小的代价赢得战争的胜利。

美国国防部报告《海湾战争》一书毫不隐讳地说："总之，多国联盟成功地实践了孙子所说的'上兵伐谋'的战略思想。"其实，美国不仅从战略层面活用了孙子的思想，其"左勾拳"战术无疑也是从战术上活用了孙子的"远而示之近"的思想。

克劳塞维茨毕竟是西方的军事鼻祖，美军在海湾战争中自觉运用孙子军事谋略的同时，并没有冷落克劳塞维茨的思想，而是从多方面创造性地发展了《战争论》中的理论。诸如，每天用几十颗侦察卫星在战区上空盘旋,力求使战场透明化,以驱散战争中的"迷雾",克服作战过程中的"阻力";以精确制导弹药打击伊拉克首都和经济中心城市,力求"打敌重心",使其整体瘫痪;说服39个国家出动了80多万军队组成多国部队,并使106个国家参加了对伊拉克的经济制裁,力求从"精神力量"和"物质力量"上压倒伊拉克。这一切无疑都是取法于《战争论》的。与越南战争时期不同的是,美军在这场战争中更多地吸取了克劳塞维茨军事思想中理性的东西,而非简单地照搬其暴力至上的观点,同时融入了孙子的军事谋略思想,使力量与智慧有机地结合起来,从而避免了重蹈越南战争覆辙的悲剧。

军事思想对战争实践的影响,有时候是直接的,有时候则是间接的。《孙子兵法》和《战争论》的思想观点对美军打赢海湾战争有着直接的点喻作用,除此之外,许多现代局部战争的决策和指挥过程中都有与东西方兵圣思想的暗合之处,或者说间接地受其影响,不自觉地运用了他们的思想原则。例如,1982年4月,英阿马岛战争中,英军采取克氏"打敌重心"的战法,首先割裂东西两岛的联系,然后集中兵力进攻东岛阿军主力,以致东岛阿军节节败退时,西岛阿军却只能隔岸观火,并且随着东岛的陷落而全部投降。又如,同年6月,以色列空军袭击叙利亚贝卡谷地,以军先派无人驾驶飞机诱使叙军"萨姆6"导弹连的探测雷达开机,并快速捕捉到其频率,随即实施电子压制;紧接着便出动大批战斗机一举摧毁了这一苏制地空导弹基地,从而在随后进行的空战中获得大胜。这无疑是一次现代高技术条件下"示形惑敌""出其不意"的典型战例。

二、影响 21 世纪的战争智慧

自从苏联解体之后，美苏两个超级大国长期对立的两极格局随之结束，一个以美国、俄罗斯、中国、日本、欧共体为五大支柱的多极格局逐渐形成，"冷战"变为"冷和"。为适应新的世界格局，在看似平静而实际上充满斗争的"冷和"状态中谋取有利地位，各国纷纷调整军事战略，加强军队改革，从而促进了传统军事理论的不断更新。特别是海湾战争期间，美国将多种信息技术武器装备投入战场，充分显示出其军事技术的绝对优势，令世人瞠目结舌，同时也推动了悄然兴起的新军事革命的蓬勃发展。

恩格斯曾经精辟地指出："一旦技术上的进步可以用于军事目的并且已经用于军事目的，它们便立刻几乎强制地，而且往往是违反指挥官的意志而引起作战方式上的改变甚至变革。"纵观人类战争历史，战争的每一种形态和方式的确都是随着军事技术的进步而产生和发展的。最初出现的战争是徒手或以简单生产工具为武器的战争，自从有了冶炼技术，便出现了以金属制作的武器为主的冷兵器战争。继之，由于火药的发现，又出现了热兵器战争。尤其是近代工业革命之后，科学技术的进一步发展促进了内燃机和其他机械兵器的制造，战争也随之演变为机械化战争。到了 20 世纪 50 年代，更因核技术和火箭技术的发展，出现了远程核武器，使人类面临核战争的威胁。可以说，每一次战争形态的飞跃都是军事领域里一场深刻革命。

近一二十年来，以信息技术为龙头的新技术革命一浪高过一浪，推动军事技术迅猛发展，从而拉开了新军事革命的序幕，海湾战争则是推动这一革命迅猛发展的催化剂。美国、俄罗斯和其他国家的军事专家认识到，一些新出现的军事技术，将使今后 20 至 50 年进行战争的方式发生革命性变化，即将发生一场军事革命。他们普遍认为，"我们大概已处于这样一个时期"，作战概念和战争将发生根本性变化，"这场革命已经到来"。

较之于以往的军事革命，这次新军事革命将对战争形态的演变、军队结构体系的变化及战略战术的发展产生更为深刻的影响。目前，随着新军事革命的序幕徐徐拉开，军事领域一系列新变化已经日益明显，尤其是军事思想方面的更新已经卓然可见。

1994 年，美国空军学院教授格兰特·哈蒙德撰写《战争悖论》一文，全面分析了新军事革命引出的新观念、新形式、新手段，以及世界军事理论发展的趋势。所谓"悖论"，按照他的解释，就是"与普遍看法相反的信条，看起来似乎自相矛盾的论点和违反常理的说法"。他认为，世界军事领域已经或即将在十几个方面产生有悖于传统军事思想的新观念。诸如：

传统理论认为，战争主要是暴力冲突；新的理论认为，战争主要是和平竞争。

传统理论认为，战争重在物力较量；新的理论认为，战争重在智力较量。

传统理论认为，战争在空间中进行；新的理论认为，战争在时间中进行。

传统理论认为，战争是破坏行为；新的理论认为，战争是创造过程。

传统理论认为，战争以实际攻击开始和结束；新的理论认为，战争为道义目标开始和结束。

传统理论认为，战争重在打击敌方的手段；新的理论认为，战争重在打击敌方的观念。

传统理论认为，战争的决定因素是有形的物质力量；新的理论认为，战争的决定因素是无形的精神力量。

传统理论认为，战争是硬件驱动；新的理论认为，战争是软件驱动。

传统理论认为，战争由赢得战斗决定胜负；新的理论认为，战争由平时战略程度决定胜负。

传统理论认为，战争的目的是取得胜利；新的理论认为，战争的目的是避免失败。

传统理论认为，通过更好的作战取胜；新的理论认为，更好的方式是不战而胜。

按照哈蒙德教授的划分标准推论，当代战争理论中的悖论远不止上述若干观点。特别是最近涌现的一系列新概念、新理论，表面上与传统军事理论大相径庭，更应被纳入"战争悖论"的范畴。例如：

传统理论认为战争有战略、战役、战术之分；当代战争理论则认为战略、战役、战术已经模糊，甚至重叠。

传统理论认为战争在阵线分明的有线式战场进行；当代战争理论则认为战争在无前后方之分的非线式战场进行。

传统理论认为战争双方以短兵相接决定胜负；当代战争理论则认为战争双方非接触即可决定胜负。

传统理论认为作战双方力求势均力敌；当代战争理论则认为交战双方可能进行非对称作战。

诸如此类相互矛盾的新老概念和理论比比皆是，不胜枚举。如果都将其归纳为悖论，并以此否定传统的军事理论，无疑意味着我们对21世纪战争的目的、性质和作用的理解需要发生重大转变，同时对战争的界定、准备和实施方式也必须进行根本性变革。

严格地说，上述若干方面的新观念完全以"悖论"一以贯之，是不准确的。因为，其中不少观点早已有之，只是未占主导地位而已。从另外一个方面来说，按照哲学的解释，悖论是一种特殊的逻辑矛盾命题，即要肯定一种真的判断，就会推出一种假的判断，反之，要肯定一种假的判断，就会推出一种真的判断。其公式是："如果承认B，可推出非B，反之，如果承认非B，可推出B。"目前，一些新观点的出现并未否定旧观点，而是与之共存，或相得益彰。因此，以"悖论"一词统称军事理论上的新观念是不确切的。其实，用什么词语表述是次要的，重要的是我们应当看到当前世界军事领域确实正在发生着深刻的变革。

2003年的伊拉克战争充分说明了这一深刻变革的显著成果。这次战争中，美军并不追求完全消灭伊拉克军队，而是竭力采用"震慑"战略从心理上打垮伊拉克政府、军队和民众的抵抗意志；美军并不需要占领整个伊拉克国土，而是采取蛙跳式战术尽快夺取伊拉克首都巴格达；美军并不看重地毯式火力打击，而是采取"斩首"、精确打击之类的方法瘫痪伊拉克的政治、经济，乃至整个社会。

令人意外的是，美军这次作战的指导思想——"震慑理论"，竟源于《孙子兵法》。1997年美国海军退役上校哈伦·厄尔曼写了一本名为《震慑论》的书，主张"实力＋谋略＝速胜＝完胜"，此论为小布什政府的国防部长拉姆斯菲尔德所激赏，并应用于2003年的伊拉克战争之中。厄尔曼在这本书的前言中坦言:"震慑论"思想深受《孙子兵法》"不战而屈人之兵"经典理论的启发。其实,厄尔曼的说法并不完全准确,美军的"震慑"理论主要是通过精确而猛烈的打击来实现的。所以,更准确地说,孙子"三军可夺气,将军可夺心"的经典名言才是其真正的思想源头。

第三十三章 如何学习和借鉴东西方"兵经"的精髓

军事思想革命历来是渐进的。这种渐进是一个螺旋式上升的过程，新产生的军事思想既是对旧军事思想的否定，又是在新的高度对那些具有生命力的传统军事思想的复归。其实，只要稍作分析比较便不难发现，目前的许多新思想、新理论并非前无古人的新发现，而是继承和发展以《孙子兵法》《战争论》为代表的东西方优秀军事思想的结果。因此，《孙子兵法》和《战争论》仍然不失为新军事革命时期和信息化条件下局部战争中的"兵经"，其各有千秋的思想精华犹如永不熄灭的智慧明灯，将在以信息技术构筑的现代战争舞台上闪闪发光，为当代军事家们探索新思想、新理论照亮前程。

一、学习辩证思维方法，创新发展军事理论

军事理论的开拓创新是艰苦的探索，它需要慧眼，需要灵感，更需要科学的理性思维和研究方法。新军事革命是军事领域里一次全方位的革命，不仅涉及军事技术方面，而且涉及军事学说和军队体制等方面，其中以军事思想的革新尤为艰难。有些人不愿意做艰苦细致的工作，不是从哲学的、历史的角度运用科学的方法研究问题，而是简单地在一些新鲜名词上做文章，这样是不可能有什么真正创新的。毫无疑问，在新军事革

命形势下探索新的军事理论比孙子、克劳塞维茨所处的时代更为复杂、更为困难，因而更加需要以科学的态度进行探索和创造。在这一点上，孙子和克劳塞维茨认识和分析军事问题的辩证方法仍可资借鉴。

军事辩证法，是《孙子兵法》和《战争论》的思想精髓，也是二者生命力的源泉。正是依靠军事辩证法，他们才能在军事思维上做到观察与研究相结合、理论与实践相结合、继承与发展相结合，从而提炼出经久不衰的军事理论。当前的世界新军事革命更需要辩证法，更需要人们用辩证法的观点客观、冷静地去认识和思考面临的新问题和新挑战。一些人恐惧信息技术带来的新变化，认为将来的战争没法打；另一些人则完全迷信信息技术，认为信息技术将决定未来战争的一切问题。这两种人的观点都是片面的，都缺乏孙子和克劳塞维茨那种辩证的眼光。

毫无疑问，我们在以马列主义军事理论为指导的基础上，如果正确运用孙子和克劳塞维茨的军事辩证法，一定会有助于准确把握新军事革命的脉搏，得出客观的、科学的认识和判断，为我们在当前和未来军事斗争中立于不败之地提供正确的理论指导。

二、掌握基本战争观念，探索战争特点规律

新军事革命使战争形态呈现出核威慑下的信息化战争的趋势。有人天真地认为，这种战争将如同玩电子游戏一般，只要按动电钮就可决定胜负，不会给双方造成太大的伤亡，是一种非常文明而仁道的战争。克劳塞维茨曾指出，企图把博爱主义

塞进战争哲学的想法，是十分荒谬的。他认为，由于科学的进步，武器的不断发展，使战争成为更加"暴力"的东西。"火药的发明、火器的不断改进已经充分地表明，文明程度的提高丝毫没有妨碍或改变战争概念所固有的消灭敌人的倾向。"这一预见早已被两次世界大战、越南战争、朝鲜战争，乃至于海湾战争、伊拉克战争所证实。

美国陆军上将戈登·沙利文指出："在信息时代，战争方式将发生巨大变化，但战争的性质却不会有多大改变，仍然是达到政治的一种手段。信息时代的战争将不会是一场远距离进行的、无须流血、枯燥无味且毫无危险的战争，在其王国中流通的仍将是死亡和毁灭，不管军队采用多少先进技术，这一状况都不会改变。"由此可见，研究信息化战争理论绝不能把它看作是与政治无关的电子游戏，也不能单纯从技术角度研究具体战法，仍然必须从战争的政治本质出发，把握政治对信息化条件下的局部战争乃至核战争的决定作用。我们要时刻牢记孙子的教诲，既要高度重视战争，又要慎重对待战争，坚持以国家利益为最高准则，"非利不动，非得不用，非危不战""合于利而动，不合于利而止"。只有这样，才能处理好争取胜利与避免战争的关系。

三、运用谋略思维方法，研究战争战略战术

随着信息技术在当代军事斗争中扮演着越来越重要的角色，有的人便一叶障目，简单地认为信息化条件下的局部战争只认技术，不认谋略。相反，拥有信息技术优势的美国近年来却不断呼吁重视谋略、重视思想。如威廉逊·马雷先生指出："相比

之下，思想准备将比美军在战争中所需要的任何一种手段都更为重要。在那些思想准备中，最重要的是必须识别什么是不变的东西：诸如战争的基本性质、战争迷雾、阻力、盖然性，以及不确定性，它们都将像以往那样支配未来的战场。"美国陆军军事学院第44任院长罗伯特·斯格尔思将军在谈到未来战争的特点时也提醒人们，在战争问题上不能单凭技术，而应当使技术与战术携手并进，共同拨开战争的迷雾。对此，我们一定要有清醒的认识。越是高精尖技术，越有利于谋略的发挥和运用。因此，借鉴孙子和克劳塞维茨的谋略思维研究信息化战争的战略战术，不仅是必要的，而且是有益的。

孙子的谋略思维至少在三个方面仍能给予人们丰富的制胜智慧。

一是"全胜"思想。新的军事观念强调遏止战争，通过无形的战争手段挫败对方。那么，伐谋、伐交无疑是最佳选择，而且可以有更加丰富的内容，诸如以武力进行威慑、对思想意识形态进行渗透、从政治上造成分化、运用信息技术破坏网络等，都可促成不战而胜的目的。

二是"知胜""先胜"思想。信息化战争将是真正意义上的速决战，战争爆发迅速，持续时间也不会很长，战争胜负几乎在打响第一枪之前就已经决定。而在双方信息技术水平势均力敌的情况下，决定胜负的关键因素不外乎"先知""先胜"。只有预先对敌情了然于胸，并预先做好充分准备的一方，才能稳操胜券。因此，孙子"知彼知己，百战不殆""先为不可胜，以待敌之可胜"等思想，值得我们牢牢记取。

三是"重谋""重变"的思想。信息化战争中，武器装备的作用比以往任何时候都更加重要，一枚导弹就可以使对方一个重要军事目标灰飞烟灭。然而,"决定战争胜负的是人,而不是一两件新式武器"的论断仍然是颠扑不破的真理。如何巧妙运用信息技术克敌制胜,并不取决于电脑,仍然由人脑来决定。孙子"诡道十二法"以及"因敌而制胜"的一系列谋略思想都可以在新的平台上融入新的内涵,借助信息技术武器装备发挥出前所未有的作战效能。

与《孙子兵法》一样,《战争论》中的某些思想观点仍然富有生命力。信息化战争尽管是更高形式的较量,却依然存在着常规战争中的种种问题。例如,信息攻防战中如何打击重心和如何积极防御,纵深精确打击过程中如何正确选择有限目标,各种技术系统协同与联合作战过程中如何充分调动和发挥人民群众力量,建立网状指挥结构过程中如何克服战争阻力,战场日益透明的情况下如何制造或排除各种"迷雾",尤其是技术和武器敌优我劣时如何以劣胜优、以弱胜强等。诸如此类的问题都必须依靠指挥官运用高超的智慧去分析和决策。克劳塞维茨的攻势防御论、民众战争论、进攻顶点论、打击重心论、有限目标论等,如果取其要旨,仍可为人们解决上述问题提供有益的思路。

总之,现在人类已经开始进入克劳塞维茨所预言的"知识必将成为能力"的时代。要想赢得未来信息化战争的胜利,我们必须掌握大量知识,争取知识优势。这就要求指挥者在具备尖端信息技术知识的同时,还要有丰富的军事理论知识;在学习本国知识的同时,还要学习外国的知识。虽然《孙子兵法》和《战争论》中的某些观点已经与世界新军事革命和信息化战争的要求相去甚远,失去了原有的光泽。但是,毋庸置疑,它们那些富有生命力的思想精华仍然有着巨大的现实理论价值和实践意义,将在世界新军事革命乃至未来信息化战争中各领风骚。特别是孙子和克劳塞维茨勇于创新的精神仍然值得我们发扬光大。我们只有站在古今中外军事巨匠的肩膀上,求真务实,勇于前瞻,大胆创新,才能够真正发展具有中国特色的军事思想,使我军赶上世界新军事革命的步伐,在未来信息化战争中立于不败之地。

附录

中外名家论《孙子兵法》《战争论》异同

《孙子兵法》与《战争论》比较研究，20世纪以来受到普遍重视，东西方专家学者多有见解，兹摘录部分观点以飨读者。

一、钮先钟在《西方战略思想史》中，对克劳塞维茨与孙子的战略思想体系进行了精辟分析，其核心观点可概括为如下三部分。

1. 地位崇高之相当：克劳塞维茨在西方战略思想史中的地位，几乎与孙子在我国战略思想史中的地位大致相当，他们都同样的是空前绝后，古今一人。

2. 著作结构之相类：从全书架构上来看，《战争论》与我国《孙子兵法》颇有类似之处，《孙子兵法》以'始计'为起点，以'用间'为终点，《战争论》以'战争性质'为起点，以'战争计划'为终点，都是首尾呼应，使全书在理论体系上形成一个整体。

3. 重要观点的分析：克劳塞维茨虽曾提到小因可以致大果，但并未对此种关系作明确的讨论。反观我国的孙子却曾明白指出："昔之善战者，先为不可胜，以待敌之可胜。"

孙子之语简明扼要，并把摩擦与机会之间的互动关系表达无遗。克劳塞维茨对于军事天才曾作非常详尽的讨论，但很可惜，他并未指出天才（孙子所谓善战者）的意义就是能够了解并善于利用摩擦与机会之间的互动关系，能够先为不可胜，以待敌之可胜。

二、钱锺书之父钱基博在《孙子章句训义》中，对克劳塞维茨（钱译为克老山维兹）也有论说，并将孙子与之做出比较。

1. 战略战术之比较："战略与战术之异。""杀敌致果，用兵以为一时一地之交战者，谓之'战术'。而料敌制胜，计险厄远近，调节空间时间以运用各地之交战，而蕲以达最后之胜利者，谓之'战略'。德人克老山维兹《战争论》第二篇《论战之原理》曾剖析言之。"《孙子·计篇》："曰'计'，曰'势'，盖挈《十三篇》之要焉！""《孙子》之所谓'计'……而克氏之所谓'战略'者也。"孙子所谓"势"，而"克氏谓之'战术'者矣"。孙子重"计"甚于重"势"，即"战略"重于"战术"。"近代欧洲之言兵者，无不推本于克老山维兹，而远承法皇拿破仑。然欲究明拿破仑之用兵，不可不先立乎其大；而吾人之欲杀敌致果以制全胜，不可不知战略之先乎战术，则固揆之《孙子》而无二旨！"

2.重要思想之比较："克氏贵先，孙子贵后。""克氏之论兵也！争主动，尚攻势，蕲于先发制人，而集中兵力以催之一击，其体系一本拿破仑！""《孙子》则战术争主动，而战略不争主动！""克氏以胜必可为，敌必可胜。而《孙子》则曰：'不可胜在己；可胜在彼；故善战者能为不可胜，不能使敌必可胜，故曰胜可知而不可为！'克氏主动以争人之先；孙子后起以承人之弊。克氏先为攻，兵志所谓'先人有夺人之心'也。《孙子》先为守；《形篇》所谓'先为不可胜以待敌之可胜'也。攻守异势，先后异同，能明辨乎此，而当前大战之各国战略类型，朗若列眉矣！"

三、瑞士阿尔倍特·A·施塔尔在《克劳塞维茨与孙子战略思想的异同》中，对孙子与克劳塞维茨的思想进行了分析。

1.两位军事家的主要异同点

孙子的思想是在避免歼灭性战役的前提下，利用敌人的弱点，并尽可能通过间接战略克敌制胜，而克劳塞维茨的思想是直接投入战斗力量去击溃敌人的抵抗。在战略目标及决战过程中实施其战略方面，二人一致认为战争是政治的一种工具。此外，二人对战争的战略目标在于完全征服敌国或只是征服其边境一些地区这一点上，也是一致的。

2. 孙子、克劳塞维茨对现代战略思想的发展有决定性影响

孙子的思想以及克劳塞维茨的思想都对现代战略思想的发展起着决定性的影响——孙子对中国的战略思想；克劳塞维茨对苏联和美国的战略思想。当我们把现代的战略思想和孙子及克劳塞维茨的战略思想相比较，便会得出这样的结论：那些现代战略思想的命题同孙子及克劳塞维茨的命题是十分符合的。现代战略所改变了的，不是命题本身，而是战备武器系统；其威力与克劳塞维茨当时的普鲁士军队以及孙子当时的春秋时期中国军队相比，超出无数倍。换言之，战略软件在孙子和克劳塞维茨以后并无多大改变；相反，现代战略所用的硬件与纪元前五世纪或纪元后十八、十九世纪就大不相同了。

3. 战略软件古今相符，孙子的战略异常灵活

由于战略软件的相符，现代战略的异同和孙子及克劳塞维茨之间的异同也有相似之处。例如，美国和北约当前的战略相应于克劳塞维茨的思想，以其缺乏灵活性著称，对当今国际关系问题并不能提出解决办法；而中国的战略却异常灵活，例如根据孙子的思路，中国可以与不久前还是敌人的国家签订协议。

4. 西方可用孙子的思路来替代克劳塞维茨的思路

美国及北约由于面对一个超级大国，情况就显得更为尖锐。它根据克劳塞维茨的思想和方法制定其战略。苏联领导的决策并不是非此即彼的做法，而是一种"零和"做法，即从一个方面来看，是一种得益；而从另一方面来看，却是一次损失。美国及北约的唯一出路是改变其战略观念，用孙子的思路来代替克劳塞维茨的思路。为此目的，西方国家的战略措施必须用非

军事手段，如心理战、颠覆、欺诈、间谍、袭击和采取主动办法等来应对。历史证明，所有这些手段比拥有战术核武器更为有效。只有开拓这些战略，美国及其西方盟国才能解决诸如伊朗人质、苏联入侵阿富汗以及能源供应等问题，从而也才能在将来保证国家的独立和生存。

四、程国政在《孙子兵法知识地图》中也对《孙子兵法》和《战争论》作出了两大方面比较。

第一方面：思维模式差异。其一，理性思维不同。孙子研究战争主要从战争的全局运筹着手，克劳塞维茨研究战争主要从战争的基本属性着手。其二，辩证思维不同。孙子为中国古典哲学的相对二元论，克劳塞维茨为黑格尔的唯心二元辩证法。

例如，战争中的"攻"与"守"，用中国的二元论来分析，就像太极图，有四层意义：

（1）阴阳并立，兵法之应用则是攻守并立，攻守互倚；

（2）阴阳相生，兵法之应用则是守不忘攻，攻不忘守；

（3）阴阳合一，兵法之应用则是攻守兼备，先守后攻；

（4）回归正道，兵法之应用则是合道而战。

用黑格尔的唯心辩证法三大定律来看《战争论》中的"攻"与"守"，共有四层意义：

（1）矛盾对立统一律，兵法之应用是防御比进攻强，防御的目的在于攻击，故而需要寓守为攻；

（2）质量互变律，兵法之应用是攻防交错进行，防御一旦处于优势就须反攻；

（3）否定之否定律，兵法之应用是攻防引发的反制，把战争推向全新的发展阶段；

（4）终极概念之"绝对精神"，黑格尔认为，"绝对精神"

是主观精神（个体精神）与客观精神（社会精神）的统一，进而成为整个宇宙万物的精神基础。克劳塞维茨就此提出了"绝对战争"概念。

第二方面：军事理念差异。细说有十则：

（1）战争哲学观。孙子主张"全胜战争"，是比"百战百胜"更高一筹的胜利。克劳塞维茨则认为战争具有暴烈性、概然性和偶然性、从属性三种本质属性，认为任何战争都没有正义与否的考虑，因此，他主张彻底消灭敌人的"绝对战争"；

（2）战争使命。孙子认为战争的使命是"争利"，为了寻求最大的"国家利益"。克劳塞维茨则将战争定位为政治的附属工具，他认为"战争无非是政治通过另一种手段的继续"，而绝不是什么独立的东西，政治是"孕育战争的母体"；

（3）战争愿景。孙子主张"不战而屈人之兵"。克劳塞维茨则认为战争的唯一正确目的是消灭敌人的武装力量；

（4）战略目标。孙子主张"伐谋全胜"，克劳塞维茨则认为要消灭敌人的武装力量；

（5）决策机制。孙子认为，在多因素决策、多敌化意识、多元制胜手段的决策意识下，才可为战争全局作长远打算。克劳塞维茨则认为，在"政治工具"的号召下，战争只从属于政治单一因素的决策意志之下；

（6）战略思想。孙子注重以"诡奇虚变"来胜敌，克劳塞维茨则注重按计划行事；

（7）治军理念。孙子治军的主张是"仁法兼施"，克劳塞维茨则提出"精炼武德"；

（8）将帅素质。孙子偏重尚智重谋，克劳塞维茨则偏重尚勇重志；

（9）战术原则。孙子强调"布形造势"，克劳塞维茨则主张"数量优势论"；

（10）情报机制。孙子非常重视情报，整个思想体系以情报回馈为决策基础。克劳塞维茨则几乎完全否定情报的价值，认为战争中有许多情报都是矛盾的，甚至是虚伪的，而且绝大多数情报都是不确实的。

五、以色列当代战略家克里费德在1991年出版的《战争转型》中，提到了孙子和克劳塞维茨。

在所有的战争著作中，孙子是最好的，而克劳塞维茨则屈居第二。

六、英国军事理论家富勒在《战争指导》中，对孙子和克劳塞维茨也有评价。

克氏的著作坚持消灭敌人是战争的目的，与之相对立的是两千多年前孙子的观点。战争的目的是胜利，消灭敌人只是一种可能性，而非最佳选择。

七、英国军事理论家利德尔·哈特在《孙子兵法》英译本的序言中，对孙子和克劳塞维茨作出了评论。

"在第一次世界大战之前的时代中，欧洲军事思想深受克劳塞维茨巨著《战争论》的影响。假使此种影响能受到孙子思想的调和与平衡，则人类文明在本世纪两次世界大战中所遭受的重大灾难也就一定可以免除不少。"

"《孙子兵法》是关于战争艺术的最早论述，就其对战争艺术论述的广泛性和对战争艺术的理解深度而言，到目前为止尚没有被超越。《孙子兵法》可以说是集中了关于战争的核心智慧。在过去的军事思想家当中，只有克劳塞维茨可与之媲美。尽管克劳塞维茨的著述比《孙子兵法》晚了两千多年，但相比较而言，《孙子兵法》却更加切合时宜，更能跟上时代的变迁，具有更明确的远见、更深入的洞察力、更持久的生命力。"

八、美国当代外交家、国际问题专家、前国务卿基辛格在《论中国》中也作了评论。

"孙子与西方战略学家的根本区别在于，孙子强调心理和政治因素，而不是只谈军事。欧洲著名的军事理论家克劳塞维茨和约米尼认为战略自成一体，独立于政治。即使是克劳塞维茨的名言'战争是政治通过另一种手段的继续'，也暗示一旦开战，政治家即进入了一个崭新的阶段"。

"孙子则合二为一。西方战略家思考如何在关键点上集结优势兵力，而孙子研究如何在政治和心理上取得优势地位，从而确保胜利。西方战略家通过打胜仗检验自己的理论，孙子则通过不战而胜检验自己的理论。"

九、美国海军学院军事理论家和战略思想史家迈克尔·亨德尔在《克劳塞维茨与孙子的比较研究》中，高度赞扬了孙子与克劳塞维茨。

孙子与克劳塞维茨各自有着不同的概念体系与逻辑框架，然而，比较研究者往往因孙子的宽泛概念而不自觉地将橘子与苹果相比。学者常如盲人摸象，却不知孙子与克劳塞维茨走在不同的路径上。

后　记

　　随着信息时代的快速发展,军事技术和武器装备发生了突飞猛进的变化,世界新军事革命向纵深不断发展,推动战争观念、军事理论,特别是作战方式和作战方法的深刻变革,治军思想和军队的体制编制也随之呈现出崭新面貌,整个军事领域正由机械化形态走向信息化形态。

　　面对这场根本性的巨大变革,特别是面对当代几场大量运用信息技术的局部战争,有的人产生了一种错觉,认为当代战争拼的是技术和武器装备,谋略已经没用了。这显然是一叶障目的观点。战争形态虽然发生了变化,但是战争的一般规律和根本属性并没有本质的改变。美国以绝对军事优势对付弱小的国家,尚且还要讲究示形惑敌,避实击虚,这说明当代战争既是技术和武器装备的拼搏,更是智慧的较量。与古代战争相比,当代战争的智慧较量不仅没有减弱,反而在更高技术平台上愈发凸显,对参战者的智力水平和谋略水平提出了更高要求。所以,西方国家正在改变偏重技术和力量的传统思维习惯,越来越重视技术、力量与谋略的结合。

　　不言而喻,要想打赢未来信息化条件下的局部战争,特别是海上和太空信息化条件下的局部战争,我们不仅需要掌握现代信息技术和最新武器装备,还必须研习以《孙子兵法》《战争论》为代表的经典军事著作,以提升战略思维和谋略水平。作为军事理论工作者,深入研究和客观评价这些军事经典则是义不容辞的责任。出于这种责任感和使命感，在新时代出版社领导和编辑们的鼓励下，笔者不揣冒昧，重新修撰了这部《世界兵学双璧：〈孙子兵法〉与〈战争论〉比较》，以飨读者。

这次修编，笔者一不为稿费，二不为出名，三不为职称，纯粹是为了整理和深化对《孙子兵法》和《战争论》的认识，或者说模仿克劳塞维茨，潜心探索军事理论真谛，熔铸"纯金属的小颗粒"。本着这一宗旨，本书着重从三方面修订：一是大篇调整了篇章结构，增加了不少新的章节，比较的范围更广，内容更为丰富；二是根据信息化战争的发展，着重分析孙子和克劳塞维茨军事思想的现实意义和实用价值，并增加了当代战争案例分析；三是修正了原来某些不成熟的表述，并使语言更为精准、贴切。希望这部修订本能够帮助军事理论研究者和爱好者更加深入地把握《孙子兵法》与《战争论》的思想精髓，更加全面地理解二者的理论特色。

薛国安

2024 年 9 月于红山口